公路融资的
财政逻辑

FISCAL LOGIC OF
ROAD FUNDING

李玉涛 —— 著

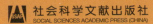
社会科学文献出版社
SOCIAL SCIENCES ACADEMIC PRESS (CHINA)

序 一

　　李玉涛博士长期关注公路投融资问题。最近，他将多年的研究成果和思考心得，进行了系统梳理和总结，写就了《公路融资的财政逻辑》一书，值得庆贺更值得尊敬。

　　改革开放以来，我国公路建设取得了巨大成就，为经济社会发展提供了强有力的支持，也受到广泛的国际关注。公路基础设施的跨越式发展有赖于"中央投资、地方筹资、社会融资、利用外资"的多元融资制度的贡献。然而这样也逐渐导致了对投融资的简单化认识。在很多人看来，似乎只要能够为发展建设筹集更多的资金，不论白猫黑猫，就一律是好猫。

　　随着公路建设告别能力短缺，地方和企业逐步形成了投资建设的路径依赖，但投融资形势和问题在悄然变化中。经济较为发达的东部地区，尽管似乎已进入公路投融资和发展的良性循环，但由于产业转移、流动人口减少，在公路投融资方面似乎也不再如过去那么得心应手，而中西部地区的投融资则进入发展任务更重和融资难度更大的两难困境。可以预见，"十四五"期间我国将面临更艰巨的建设、养护等公路全生命周期的任务。在这种背景下，重回财政本源，搭建研究公路投融资问题的理论和实践分析框架，重新审视40多年来中国公路交通发展成就和融资经验，防止陷入为发展而发展的窠臼，就成为理论界需要认真研究的问题。

《公路融资的财政逻辑》用了9章的篇幅从理论到实践、从发展经验到政府政策等方方面面，对公路融资问题进行了研究，深刻揭示了其中的财政逻辑。全书基于受益原则这一分析工具，为公路融资和发展问题提供可行的政策分析和反思框架，对于最终指导公路融资实践和有效改善发展中存在的问题具有较高的理论价值。另外，作者也能够熟练地把受益原则同其他概念工具及认识视角结合在一起分析政策问题，比如对公路融资定价的分析也充分考虑了综合运输的理念。书中提出了融资与定价政策"不仅能为公路建设养护提供有效的资金保障，也能更好满足各类运输需求，引导运输需求在公路系统与其他运输方式中合理分配"。

全书通篇体现出寓理论于实践的特点。本书看上去似乎理论味道浓一些，但实际上书中所有的理论阐述都能落脚到公路融资实践问题上来。在讲述融资故事、分析具体案例时，又能把这些理论思想贯穿其中，避免了常见的讲道理与说事例两张皮问题。

本书适合对公路融资感兴趣的决策层、管理者和研究人员。在作者看来，公路融资根植于基本财政理论基础，并不是一个算账和找钱的简单技术工作。书中对关于专款专用、专项资金、收支两条线等很多似是而非的常见财政观点，对公路收费技术与定价制度之间的关系，均提出了自己独到而又逻辑一致的见解，发人深思。因此，本书对于拓展财政学和财政体制的认识也有一定裨益。

　　总之，本书充分体现了作者对公路融资的深入研究和长期积累，我非常认真地阅读了本书，也熟悉相关研究的背景，愿意推荐给各位读者。

汪鸣

2020 年 8 月 25 日

序 二

  李玉涛博士的专著《公路融资的财政逻辑》与我
对基础设施投融资领域的思考产生了共鸣。在我的印
象中，很多投融资研究报告主要是为解决基础设施建
设发展的资金短缺问题。相关研究大多以既定的规划
目标为起点，匡算投资造价，再减去现行财税制度下
资金供给水平求得资金缺口，补缺口便成为投融资的
研究方向。在这种流行的"算账"模式中，补缺口一
般是通过各种金融创新以规避制度约束来实现的。

  投融资需要统筹解决短期问题和正确应对中长期
问题。短期措施本应充分考虑长期影响，立足减轻当
前问题的严重性，着眼为更好更深入地解决长远问题
创造条件。但是近年来的基础设施建设投融资研究，
短期看似乎缓解了资金短缺困境，长期的影响却无疑
增大了金融和财政风险。我在分析铁路投融资问题时
呼吁过，不能把投融资改革的目标定为帮铁路建设找

钱。制度建设和在财务可持续状态下的行业良性发展，才是铁路投融资改革最重要的选项。这样的道理同样适用于公路投融资。现行的基础设施融资政策体系是为缓解瓶颈制约而形成的。发展到目前的阶段和水平，投融资政策研究，不应再停留在解决建设资金短缺的权宜之计层面，而应更加强调研究工作可持续的体制机制。

从事经济学理论和公共政策研究工作的同行对"受益原则"并不陌生。几乎每一次财政体制改革，在每一个财政管理领域，都能看到受益原则的影子。我们在讨论专项资金时，必然会牵涉一般预算同政府性基金、国有资本之间的关系；在经典经济学著作中，公路网往往作为公共物品分类的最常见例子；在财政体制改革中，又要根据不同公路的属性特征在中央政府与地方政府之间进行事权和支出责任划分；至于基础设施的市场化融资，需要平衡现收现付与资本市场以实现代际公平。在很多领域探讨制度设计和体制机制问题时，谁受益谁承担常作为一种应遵循的原则出现，但鲜见更深入和系统性的研究论述。本书把使用者付费、专项资金、事权划分等投融资深层次问题都回归到收入与支出联系上并找到新的解释，提出了新的思路建议。这样化繁为简的处理方式本身就说明，受益原则很可能就是财政学中非常重要却又被主流忽略了的理论概念。

研究回到基本概念的好处是，可以发现提出基本问题，避免就事论事。越是基本问题和重大问题，越是同基本理论概念联系紧密。近年来有很多研究动不动就标榜"前沿""创新"，实际上关注的多是短期的技术性问题，视角往往局限在局部和眼下。而本书作者更强调重视传统经典文献、基本理论概念、综合分析和可持续视角，因此，本书不仅具有显见的政策实践价值，也具有重要的财政理论创新性。

也许是因为公路领域有车购税、养路费/燃油税、通行费等独立资金渠道，交通部门过去曾被谑称为相对于财政部门的"二财政"。虽然财政之于公路融资如此重要，但国内公路融资研究几乎一面倒地聚焦到金融创新上，而对公路财政逻辑的系统性研究成果却非常有限。本书可谓填补了这一领域的研究空白。相信本书的出版有助于引发对公路投融资的深入探讨并推动相应的制度完善，对其他运输方式和基础设施领域也具有重要参考作用。

荣朝和

2020 年 8 月 26 日

前　言

　　改革开放40多年来，依赖融资制度的系列创新贡献，中国基础设施实现了跨越式发展，其成就和经验引起广泛国际关注。政府要推动基础设施发展，就要解决投融资问题。公路发展在交通专项税费和"贷款修路、收费还贷"等政策的基础上，逐步形成了"中央投资、地方筹资、社会融资、利用外资"的投融资模式，有效调动了各方的积极性。在促进基础设施大发展的同时，融资环节自身也出现了很多问题，潜藏着巨大风险。融资既要满足新增建设投资任务之需，又要化解存量债务风险。投融资方案和所谓的融资创新，多是以牺牲未来的财务可持续性来支持眼前的建设投资。这使得个别地区的公路投融资落入一种日益严峻的恶性循环。专项资金、收费还贷政策对交通发展发挥着重要作用，但往往又是问题焦点和批评对象。燃油税改革初期所倡导的使用者付费原则在实践中被逐渐模糊，后来则鲜有提及。公路融资的很多深层次、长期性政策问题在现有主流的理论概念体系中没有得到合理的解释，实践对理论研究提出了挑战。

研究投融资问题需要好的理论思想和分析框架，以正确认识与把握公路融资的特征规律，探究发展背后的动力机制、制度激励等深层次的可持续问题，否则就会陷入简单为项目找钱的权宜之计俗套。本书把专款专用和预算关系、政府间财政关系、市场化融资等纷繁复杂的公路融资问题还原成收入与支出关系，通过"受益原则"这一概念打通与公路融资的理论联系，从而为公路发展融资的政策辩论提供了一个完整的框架。

除引言（第 1 章）和文尾（第 11 章）外，全书分为理论篇（第 2 ～ 4 章）、国际比较篇（第 5 ～ 7 章）和政策专题篇（第 8 ～ 10 章）。

引言主要从经济学理论和公路融资实践两个角度提出研究问题，概要介绍本书的研究方法和研究思路。

理论篇意在明确公路融资的经济学理论渊源，着眼于提供一个完整的政策辩论框架。第 2 章从财政学和公路融资两个方面按照理论研究的历史演进脉络进行了文献综述，从而发现可以拓展的研究空间。对理论感兴趣的读者可以根据参考文献进一步对理论寻根溯源。第 3 章运用受益原则理论，根据公共物品在不同维度上的收入与支出关系，提出了一个关于公共物品融资的概念框架。这是全书的核心思想内容。第 4 章运用公共物品融资的受益概念框架，在收入的使用者付费、支出的专款专用、政府间财政关系及市场化融资的代际公平四个方面对公路融资进行了相应的受益机制分析，揭示了公路融资所遵循的财政学原理。

国际比较篇提供了美法中三国公路融资的比较分析。第 5 章从美国高速公路发展的百年历史回顾中探讨了交通规划同财政制度之间的关系。研究发现，早期的物业税与后来的燃油税在融资功能与激励功能两方面存在很大差异，联邦政府的交通资金分配政策变化对规划理念及其实施效果产生了重大影响。第 6 章重点回顾了法国收费公路的发展历程,分析了公路项目特许经营制度的关键特征。其经验教训对当前我国收费公路的制度完善具有重要启示意义。第 7 章梳理总结了中国公路融资政策的演进,总结发展经验,运用受益原则对中国公路融资制度进行了评估,为进一步探讨具体政策问题打下了基础。

政策专题篇主要运用本书的分析框架,探讨中国公路融资的重点政策议题。第 8 章以公路专项资金的改革为重点,指出了目前财政制度在使用者付费方面的缺陷,重点分析了公路专项"费改税"过程,并就交通专项资金政策的调整方向给出了建议。第 9 章通过对使用者付费机制的解析,结合《收费公路管理条例》、审计结果公告等深入分析了收费公路的定价机制,并对相关的政策热点给予了评述分析。第 10 章把受益原则应用到政府和社会资本合作(PPP)项目的打包/分拆和全生命周期管理中,从中可以看出受益原则在微观项目方案设计和中观行业政策制定中的理论价值。

文尾是对全书的总结,根据收支联系的强弱展示了公路融资所涵盖的不同制度模式在政府和市场体制格局中的位置和逻辑关系。

全书通篇体现逻辑与史实相一致的原则。理论篇不是单纯的理论说教,而要尽可能地体现史实规律,并有助于获取新的认识视角;国际比较篇和政策专题篇则寓理论于实践中,以避免过于具体地就事论事。

目　录

引言

1.1 研究背景

中华人民共和国成立之初，全国公路网里程仅 8 万余公里，建设的资金来源由财政预算拨款和地方自筹资金两部分构成[①]。资金短缺问题使得公路交通长期落后于经济发展，甚至成为制约国民经济发展的瓶颈。这种状况一直延续到改革开放初期，其间有两项政策对行业的影响意义深远，分别是 1958 年公路建设由以中央政府为主向以地方政府为主的转变和 1960 年起开始实施公路养路费政策。由此以地方政府为责任主体和以使用者付费为主要资金来源的公路投融资体制初步形成，并经过不断变迁延续至今。

[①] 桑恒康：《中国的交通运输问题》，北京航空航天大学出版社，1991。

20 世纪 80 年代初期，公路建设投融资体制改革创新在广东省起步，"贷款修路、收费还贷"的尝试取得成功，并得到中央政府的肯定。1984 年 12 月，国务院第 54 次常务会议研究通过了开征车辆购置附加费、提高养路费征收标准、征收通行费和开征客货运附加费四项政策，以解决公路建设资金问题。① 这次会议做出的决定，为以后我国公路的快速发展奠定了政策基础。我国也从此开始建立起以"使用者付费"为主的公路税费规则，并逐步形成了具有中国特色的公路建设投融资体制。

收费公路政策促进了我国经济的持续快速增长。从微观动力机制看，收费公路政策的贡献在于为满足经济持续快速发展所引致的巨大公路基础设施需求建立了融资体系。该政策的实施，使得我国公路建设投资得以利用政府担保的银行贷款与私人投资两种不同方式进行融资，因而对增大公路投资、完善路网等级结构至关重要。收费公路政策实施以来的 30 余年成为我国公路交通事业跨越式发展的黄金时期。从宏观经济视角看，收费公路政策使得公路建设得以作为国家"铁公机"投资政策的重要工具。在 1998 年和 2008 年两次国际金融危机中，公路行业抓住了国家利用基础设施建设提高投资需求的历史性机遇，在为稳增长做出贡献的同时，行业自身也实现了跨越式发展。

为促进公路发展，国家先后设立的养路费（成品油税费改革后被燃油税取代）、车购费（税）等专项费税，专门用于公路基础设施建设和养护。如果说通行费是直接的使用者付费，那么交通专项资金多属于间接的使用者付费。专项资金政策在不增加财政负担的前提下，大幅提高了公路基础设施建设投资，其杠杆作用非常显著。一方面，专项资金作为公路基础设施建设市场化融资资本金部分的主要来源，撬动了大量的银行贷款。另一方面，中央专项

---

① 《交通部行政史》，人民交通出版社，2008。

资金成为地方政府配套资金的基础保障，从而调动了各级地方政府发展公路的积极性。

使用费基础上的债务融资在我国基础设施建设发展中发挥了中流砥柱作用，但也带来了诸多问题，积累着重大风险。2013 年全国政府性债务审计结果公告显示，截至 2013 年 6 月底，全国交通运输设施建设形成的地方政府债务总额达 70109.52 亿元。其中政府还贷高速公路债务余额 19422.48 亿元，取消收费政府还贷二级公路债务余额 4433.86 亿元。① 收费公路统计公报显示，2018 年末全国收费公路债务余额为 56913.6 亿元，比上年末净增 4070.1 亿元。② 总之，已形成并在迅速膨胀的巨额债务，连同在建项目与规划项目的巨额投资需求及不断攀升的运营性支出负担，共同构成了目前交通行业严峻的资金形势。

在公路交通市场化融资的背后，使用者付费和专款专用的价财税基础在逐渐松动。第一，面临着巨额债务负担、社会批评质疑、降低物流成本等阻力，《收费公路管理条例》的修订一再推迟。第二，车购税和燃油税的专款专用财政制度基础并不稳固。2009 年以来对 1.6 升及以下排量车辆的购置税减收政策虽然刺激了汽车消费市场，但亦昭示出公路财政基础不再像过往那么牢固。党的十八届三中全会以来，在国家"事权和支出责任相适应"的改革大背景下，"取消车购税公路专项并转变为地方税种"的声音日盛，政策走向备受关注。第三，燃油税改革的收支脱钩问题更为明显。虽然成品油价格税费改革后成品油消费税收入增速明显低于原养路费的平均增速，但是自 2014 年末至今我国在多次提高成品油消费税税率时并未考虑公路融资的现实需求，这同改革既定的交通资金"四不变"原则相去甚远。

令人担忧的是，在过去几十年我国公路等基础设施领域的投资严重依赖

① 债务不包括城市交通，数据来源于：http://www.gov.cn/gzdt/2013-12/30/content_2557187.htm。
② 数据来源于：http://xxgk.mot.gov.cn/jigou/glj/201908/t20190829_3243792.html。

借贷和地方政府对未来收入的隐性担保并且财政制度基础不确定性增大的背景下，当下的投融资政策依然聚焦在资金保障和融资创新上，政府交通主管部门极力提倡在交通产业投资基金、PPP 方面加强融资创新的研究工作。

实践中的问题也带来了理论困惑。我国收费公路面临的规模、债务、社会批评等问题，是不是收费公路政策的必然结果？与之形成对比的是，美国等西方国家的公路等基础设施行业近年来正在大力推广使用者付费，看重的不仅仅是融资。我们需要重新审视使用者付费的基本定位。交通行业在资金收支管理上具有典型的专款专用特征。车购税、燃油税，以及通行费，在财政上被列为专项资金。在讨论重大政策问题、面临重大改革时，我们明显缺乏连贯性和一致性。实质上，在环境保护、社会保障等许多领域，也存在类似的问题。是采用预算拨款的方式，还是征收专项税？这些资金在支出管理上如何开展？这说明，研究公路发展融资需要更好的理论指导来厘清公路的财政逻辑。

1.2　研究意义

1.2.1　夯实公路融资的理论基础

公路融资本是一个财政与金融相贯通的领域。国内的公路基础设施投融资政策研究，大多把遵循现行财政制度规则作为前提条件，重心落在了引入社会资本、金融工具创新、资产证券化等现代金融学层面[①]，而从公共收支的财政学概念框架下分析认识问题的系统研究则相对匮乏。事实上，在财政逻辑不清晰、制度基础不稳固的条件下开展的市场化融资，会经常违背基本的经济学原理。

在对公路融资问题长期的研究中，笔者逐渐认识到受益原则可能是目前

———————

① 赵志荣：《财政联邦主义下的交通设施投融资》，格致出版社和上海人民出版社，2015。

所接触到的概念模型中最能系统描述公路融资的理论工具。受益原则的核心是把公共收入和公共支出两个方面联系起来考虑财政问题。在传统的收支问题上，受益原则鼓励使用者付费和专款专用；在政府间财政关系的处理上，受益原则是职能划分和税费设置的出发点；对于市场化融资，受益原则提倡代际公平，鼓励适度借贷。

运用受益原则这一财政学理论概念分析中国公路融资改革，可以发现很多基本性问题，这对于我们未来的改革方向调整具有重要的指导意义。

1.2.2　挖掘受益原则的政策价值

公路融资是受益原则的典型例证。作为一个一般性的理论概念，受益原则的理论意义和政策价值有待深入挖掘。

多年来，正确处理政府与市场关系一直是我国经济体制改革的核心问题。政府与市场之间，存在着由此及彼的连续渐进空间，其界限是相对的。在本书看来，理解这种相对性的关键就是受益原则。如果把市场价格机制与政府财政预算比作坐标的两个极端，那么加强受益原则意味着趋向市场价格，弱化受益原则等同于强化支付能力原则和趋向财政预算（见图 1 - 1）。当受益原则强化到极端情形，也就是说，收入与支出严格对应时，也就转化成了价格机制；反之，当完全放弃受益原则时，收入与支出完全脱钩，公共资源配置完全由公共财政预算实现。换言之，受益原则可以看作财政中的市场机制，或者说是政府（预算）与市场（价格）之间的过渡地带。

国内外的主流财政学以市场失灵为起点，主要遵循、更多体现支付能力原则[①]。在我国整体的财政制度框架中，受益原则呈现一种碎片化状态，缺乏

[①]　李森、韩清轩：《实现受益原则和支付能力原则耦合的思考》，《山东财政学院学报》2005 年第 2 期。

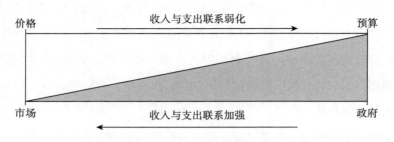

图 1 - 1 受益原则在经济学中的理论位置

一以贯之的主线，甚至有时自相矛盾。比如当前的制度环境，"专项"经常作为问题和批评的对象，取消或弱化"专项"、加强统筹成为一种流行的财政观念。但是当强调债务风险防控时，我们又提出了普通债务和专项债务的分类。

受益原则不仅是分析具体行业政策的工具，同时也为分析公共资源配置提供了新的视角。通过对公路融资的深入系统研究，可以进一步挖掘受益原则的理论意义和政策价值，并为其他行业政策完善提供镜鉴。

1.2.3 丰富受益原则的时空含义

一般意义上，我们述及的受益原则概念不涉及具体时空维度上的收入与支出关系。从时间维度看，金融正是为解决跨时间分配资源问题而出现的。代际公平是受益原则在时间维度上的必然要求。从空间维度看，主流的西方财政学研究成果在很长时间内未考虑中央政府与地方政府的空间差异。随着分权与集权等问题逐渐成为财政学的研究热点，受益原则的含义内容进一步扩大，其在空间方面的作用亦需要总结归纳。

近年来，以荣朝和教授为代表的国内学者在时空经济学领域进行了开创性研究，取得了一系列研究成果①。其中，郭文帅以交通基础设施发展为例，

---

① 荣朝和：《经济时空分析——基础框架及其应用》，经济科学出版社，2017。

运用权力尺度这一概念工具，对中央与地方关系对公共资源配置的影响进行了时空分析①。在学科分类上，"权力"概念大体是一个政治学的概念，而"尺度"又是地理学意义上的。如果从公共经济学角度来说，最适宜的概念工具无疑正是受益原则。

1.3　主要概念

1.3.1　受益原则

受益原则是指政府所提供公共物品或公共服务的费用分配，要同纳税人从物品或服务中所获得的收益相联系。如果不考虑受益原则，税收与政府开支在很大程度上是作为两类独立的理论问题来探讨的。受益原则的优点在于它使税收与预算的支出方面对应起来，从而与公共物品理论相关联②。

在诸如国防、教育等公共物品的提供和消费中，由于非排他性和非竞争性的存在，每个人从中获得的效益高低很难测量，私人主体为了规避纳税成本往往具有隐藏自己受益和"搭便车"的偏好动机，也就不可能根据其受益情况确定其应纳税额。分摊公共物品成本只能相对地遵循受益原则，并不能解释和解决有关税收公平的所有问题。

另外，受益原则不容许财政过程发挥再分配作用③。这里面有两层含义。第一，受益税是基于补偿特定行业的成本支出而设置的，不应被列入一般财政预算用于其他非相关行业的支出，否则就丧失了其基本功能。第二，受益

① 郭文帅：《中央与地方关系对公共资源配置影响的时空分析——以交通基础设施发展为例》，博士学位论文，北京交通大学，2014。
② 约翰·伊特韦尔等编《新帕尔格雷夫经济学大辞典》，经济科学出版社，1996。
③ 大卫·N. 海曼：《财政学：理论在政策中的当代应用》，张进昌译，北京大学出版社，2006。

原则在公共收支政策实践中的运用是相对的，只能在一定的范围内发挥作用。因此，基于特定公共服务征收的受益税可以在该服务内部的细分类型中进行统收统支的再分配。例如，燃油税收入是专用于公路建设养护支出的，不应该作为一般财政预算收入用到教育、卫生等领域。但在公路网内部，仍然存在一个燃油税的分配问题，只有分配好燃油税收入才能平衡不同地区、不同等级公路的发展。

受益原则除了广泛用于讨论一般性的财政收支关系问题，同时在空间和时间方面也具有明确的理论和政策价值。当公共物品概念出现不同空间范围的区别时，我们需要讨论政府间的财政关系问题。这时的常见思路是从受益原则出发，围绕事权、支出责任、财力和财权四个层次概念来展开讨论中央和地方各级政府之间关系；在时间维度上，基础设施融资同样面临着收入与支出的匹配问题。代际公平要求基础设施的经常性开支按照现收现付制通过当前税收来筹资，而资本预算可通过贷款等市场方式来融资。

在实践中受益原则是作为一种基准，或者说决策的平衡要素。在项目财务与融资层面，专款专用与交叉补贴具有一定的相对性；在政府间财税职能分工时，受益原则要求发挥分权体制在贴近当地公众需求中的优势，但同时又不能忽视集权体制在规模经济和处理外溢性、再分配问题等方面所具有的制度优势。

1.3.2 使用者付费

使用者付费是通过政治的而非市场的互动作用所确定的价格①。通过使用费可以获得收入来为基础设施建设和养护融资，同时用户的需求信息可以在交易中显现出来，从而使得基础设施提供处在"有效率"的水平上。在使用

---

① 大卫·N. 海曼：《财政学：理论在政策中的当代应用》，张进昌译，北京大学出版社，2006。

者付费基础上，基础设施建设可以通过借款取得长期性的资金支持。基础设施的受益周期很长，如果把付费期延长、与受益周期匹配，这样的融资安排就既能坚持使用者付费原则，又能促进代际公平①。

使用者付费的价格确定既可以基于平均成本，也可以遵循边际成本定价原理。在 Winston 的有效率基础设施定价理论中，基于边际成本的定价方式可以使公共资源分配更有效率②，但是实践中使用者付费通常要低于政府提供产品和服务的平均成本。平均成本与收费的差额，则是政府用征税筹集的资金来为使用者提供的补贴。当然，有时使用者付费确实弥补了某些政府提供服务的全部成本。

对使用者付费最常见的批评是认为，使用者付费妨碍了穷人享用由政府提供的服务③。流行的观点往往从公益性出发，把高等级公路当作全民税收支付的公共物品，因而理所当然地应免费通行。这是对效率与公平关系的一种误解。实际上使用者付费作为公共收入的重要来源，区别于一般竞争性商品的价格，可以具有再分配功能。国际实践中，从高流量路段征收的通行费收入用于低流量路段的养护支出，燃油税用于轨道交通发展，都是使用者付费再分配功能的体现。从资源配置效率来看，公共物品的免费观念往往建立在收费的排他成本过高等条件限制的基础上。然而只要收费的排他成本足够低、人们要享受收益就必须付费，使用者付费就可以成为公共物品的有效筹资工具。

1.3.3 专款专用

"专款专用"的含义往往因语境不同而不同。专款专用通常是指对有规定

---

① 黄佩华：《改善中国城市财政的几点建议比较》，《比较》2013 年第 1 期。
② Clifford Winston，"Efficient transportation infrastructure policy"，*The Journal of Economic Perspectives*，1991，5 (1).
③ 托马斯·库恩：《科学革命的结构》，金吾伦等译，北京大学出版社，2016。

用途的专项资金，各用款单位要保证按资金的既定用途使用，不得未经许可私自改变用途、相互挤占挪用。这是各种企事业单位用款必须遵守的财务原则。本书是财政学意义上的专款专用（Earmarking），指各级政府通过法律程序，从特定的税费来源获得收入，用于满足政府特定公共服务的支出需要。

在国际上，专款专用是一个重要的财政概念，在政策中的意义远远超出了目前国内的一般性理解。政府在制定某项支持鼓励政策时需要考虑两方面内容：从什么渠道安排资金，也就是说，要为特定的投资进行筹融资。另外，要考虑支付这些资金的纳税人和用户的需求和意愿。专款专用可以在政策导向与公众需求之间建立起联系，在政治上是可行的。美国的信托基金制度是专款专用的代表。国内交通、环境等涉及专款专用的部门多重视行业技术，对专款专用的政策逻辑缺乏深入的研究。忌惮专款专用影响预算弹性的问题，各国财政部门始终排斥专款专用的做法，财政系统的研究成果和专家言论对专款专用颇有讳莫如深之意。

在理论界，专款专用得到了以布坎南为代表的公共选择学派的支持①。在他看来，一般财政预算职能对单一整体的公共服务提供量表示接受或反对，专款专用则允许公众对每一分开的公共物品表达意见，因而可提高个人的福利。

专项资金泛指具有专款专用特征的公共资金。不同专项资金具有不同的受益特征。税费收入源于用户并且征收同使用消费行为挂钩的专项资金，具有使用者付费特征，符合财政受益原则。有些专项资金的收支关系并不体现受益原则，如从一般预算切块的专项资金，与使用者付费无关，并不符合受益原则。车购税主要是针对车辆购买行为征收，并不直接体现和影响用路行为，因此是否属于使用者付费范畴存在一定争议。经济学家一般支持受益税和使用费。城际交通基础设施融资主要利用使用者付费机制，而城市交通基

---

① James M. Buchanan, "The economics of earmarked taxes", *Journal of Political Economics*, 1963 (5).

础设施除利用使用者付费机制之外会更大程度地依赖土地的受益机制。城镇化过程中的土地价值捕获，是一种外部性内部化行为，同样体现受益原则。燃油税通常不被列入使用费，属于受益税，但是燃油税所体现的使用者付费机制其实也属于受益原则的范畴。

1.3.4　公路融资

公路是连接不同城市、乡村、工矿基地，供汽车行驶的交通基础设施，可以按照行政、技术和功能进行分类（见表1-1）。公路的分类是确定政府管理责任的重要标准。世界各国的公路资源目录通常把路网分成三个至四个级别。不同类型公路的潜在受益者是不同的，因而也要求由不同边界范围、不同行政级别的政府提供，而同一类型级别的公路在管理目标、资金安排、建设与养护标准等方面遵循一致的标准①。

表1-1　公路的分类

类别	分类结果
行政	国道、省道、县道和乡道
技术	高速公路、一级公路、二级公路、三级公路和四级公路
功能	干线公路、集散公路、地方公路

传统意义上，公路融资定位于为发展提供资金保障。可持续的公路融资机制强调受益人在投资决策中的作用，重视建设和养护的平衡，仅在公路养护资金有保障的条件下才建设新设施，把投资控制在有效范围内。融资机制应当防止公共机构通过高收费的方式将由于效率低下而导致的成本转嫁给公

---

① 艾·G. 海根、皮尔斯·维克斯：《道路的商业化管理及融资》，财政部预算司译，中国财政经济出版社，1999。

路用户。因此，解决资金不足问题并不是投融资工作的全部或核心，更重要的是看基础设施的受益与出资是否匹配。

从国际比较的视角来看，本书中的公路融资并不局限于金融，而是把财政和金融放在统一的框架中。在美国，Financing 是金融层面的融资，Funding 才是涵盖财政和金融更为宽泛的筹资含义。因此公路融资所对应的英文是 Road Funding 而非 Road Financing。

在研究范围上，虽然本书主要针对公路，但是在个别地方为了解释某些理论逻辑，也会把城市道路纳入进来。也就是说，本书不再刻意区分公路和道路的外延差别。另外，为了解释受益原则，会例示一些非道路领域的税费融资，如环境税、遗产税等。这样的好处是，我们可以更全面地理解公路融资在财政理论和制度中的渊源和脉络关系。

1. 公路融资的国际经验规律

从 20 世纪 80 年代以来，世界各国的交通基础设施建设资金来源正在由"纳税人付费"向"使用者付费"转变①。使用者付费是介于普通商品价格和税收之间的类型，既有商品价格的某些特征，在收支上又要符合财税的管理要求。从字面含义上看，使用者付费表现为"多使用、多受益、多付费"，体现市场交换思想，遵循财政受益原则，其更深层的意义在于使得交通行业相对于一般预算具备了财政独立性。在英文中比较接近的概念是 Self-financing 或 Self-sustaining，可译作自我融资，接近于国内常说的"自筹"、内源性融资或滚动发展等概念。Self-financing 概念源自金融，在交通财政的政策含义是强调行业自身的平衡，不依赖一般财政补贴②。

---

① Darrin Grimsey, Mervyn K. Lewis, *Public Private Partnerships: The Worldwide Revolution in Infra-structure Provision and Project Finance* (Edward Elgar Publishing Limited, 2004).

② 伊瑞克·维尔赫夫、王雅璨、胡雅梅编著《市场和政府：运输经济理论与应用》，社会科学文献出版社，2019。

虽然使用者付费表现出财政独立性的市场价格特征，但作为一个财政概念，使用者付费本质上包含再分配功能。从世界各国财政的角度看，交通发展采用使用者付费后，一般财政预算的支持必然会大大减少。作为世界上最早利用通行费政策大规模建设高速公路的国家，法国和西班牙普遍采用了路网的交叉补贴，用车流量高、财务效益好的路段支持车流量和财务效益相对差的路段①。在美国，联邦政府倾向于为狭小和偏远的州提供更多的燃油税收以支持其地面交通②。

相比轨道交通等其他方式，公路基础设施对土地资源融资的需求并不强烈。世界很多国家公路与航空业的收入一般足够自保，所归集的收入足以覆盖各自的特定成本，往往还有超额收入。因此，公路发展主要依赖内源性资金，而不必诉诸外源性资金；铁路行业由于成本很高且票价水平承受着社会及政治压力，一般存在亏损，需要政府补贴③。

2. 中国公路融资特征

公路的通行费是最典型的使用者付费，中西国家均如此。燃油税在国际上属于使用者付费的范畴，但是在中国早期属于政府性基金范畴，目前作为成品油消费税放在一般财政预算，有时冠以专项税或专项资金的说法。中国的公路网管理明确了高速公路和普通公路"两个公路体系"，其实质是高速公路以通行费作为融资基础，而普通公路依赖财政筹资。因此，公路 PPP 中的使用者付费特指通行费，其中的政府付费和可行性缺口补贴的资金来源于财政，而燃油税/车购税往往是财政资金的主要来源。从国际视野审视，通行费和燃油税使得公路基础设施具备相对独立于一般财政预算的财政基础，但是中国目前的预算分类和财政体制反而模糊了这种差异。

---

① 约瑟·A. 戈曼兹－伊伯尼兹、约翰·R. 迈耶：《走向民营化——交通运输业民营化的国际经验》，曹钟勇译，中国铁道出版社，2000。
② 国外交通跟踪研究课题组：《美国2045年交通发展趋势与政策选择》，人民交通出版社，2017。
③ 芭芭拉·韦伯、汉斯·威廉·阿尔芬：《基础设施投资策略、项目融资与PPP》，罗桂莲、孙世选译，机械工业出版社，2016。

中国过往的政策研究和媒体宣传常常过分夸大高速公路使用者付费的"市场"特征，而忽视了再分配功能。由于公路交通还在保持着高速发展的态势，补短板扩大投资的融资需求依然强烈，意味着无论是PPP，还是政府举债，都需要路段项目之间的交叉补贴，需要发挥存量资产的作用。

中国的普通公路，特别是很多农村公路和旅游公路，难以采用通行费的方式，同时交叉补贴在中国面临着法律法规的约束和管理体制的掣肘。这使得普通公路相对于高速公路，具有更强烈的土地等资源融资需求。当然，必须承认，行业间推进融合发展和项目采用资源补偿融资，采用PPP模式相对于政府开发可以最大限度利用社会资本企业在项目开发中的商业模式和技术中的创新动力，发现市场需求和经济联系，拓展盈利模式和收益来源。

1.4　研究方法

人们常常根据对问题的直观认识，针对现实问题直接诊断开方。短期内这对及时满足政策实践需求是必要的。随着政策实践中更多深层次矛盾和复杂问题的显现，决策者将不满足这种就事论事处理问题的方式，转而寻求专业化的基础理论对问题做出系统化、战略性的应对。

本书试图在一个逻辑自洽的理论框架内讨论公路融资问题。该框架由三组相互关联的理论命题构成，统称"受益原则"。从受益原则的视角来研究问题，本身就是对个人主义方法论的回归。个人主义方法论主张，在宏观层面上以总体集结形式出现的结果，必须从微观层面上的个体策略行为与互动来理解。公路等公共物品的融资方式，不能仅关注对宏观经济的影响和效率公平的整体评价，也应从成本与收益对称的个体视角来判断是否有效与公平，因为个人才是公共物品筹资方式的最终承担者和筹资方式是否合理有效的评判者。

库恩认为，大部分科学研究是基于当时流行的范式，经验数据也是根据范式来解释①。笔者深感，在目前国内对公路融资的研究阶段，为了获得对问题整体性的认识，概念模型最为实用。未来随着认识的深入，在对本领域的整体体系框架大致形成统一范式的条件下，学术的专业化分工必然会大大加强，数理模型的价值才能真正发挥出来。因此，本书在实证方面提倡用基本数据和事实、充分发掘已有研究成果等途径来说明问题及内在逻辑，验证基本的理论模型，没有进行复杂的建模和大规模的数据采集工作。

实证的目的首先是检验理论，观察理论模型是不是解释现象的有效方法，要检验对现实世界的解释力。从整体结构看，本书的很大篇幅可以看作受益原则在公路领域的实证研究。公路融资的受益机制分析，既是受益原则纯理论的实证，也可以看作公路融资理论的深化。

在理论概念的运用上，本书强调理论概念的相对性。理论概念的绝对化必然导致实践行为的教条化，从而降低理论概念对现实问题的解释力。本书中的受益原则在很大程度上是在倡导收入与支出的平衡关系，但这种平衡关系是相对的。基于此，本书对美国公路信托基金的结构与演变、法国高速公路收费的交叉补贴以及中国收费公路中资金专款专用等研究，都是在体现受益原则与再分配之间的张力。

比较研究是确定对象间异同的一种逻辑思维方法，也是一种具体的研究方法。国家间的比较研究可以为我们认识本国问题提供宽广的国际视野。本书利用受益原则这一理论工具作为主线，对中美法三国的公路融资体制进行了国际比较研究。尽管三个国家的公路融资体制大相径庭，所包含和体现的受益机理不尽相同，但从比较过程与结果都可以看出受益原则在公路融资问题研究中的解释力，公路融资实践都在不同程度地体现和遵循着受益原则。换言之，本书的国际比较整体贯彻了"先求异、后求同"的策略安排。

---

① 托马斯·库恩：《科学革命的结构》，金吾伦等译，北京大学出版社，2016。

　　在比较研究中，横向的国际视野与纵向的历史视野都不可或缺，两者经常交互在一起。本书把每个国家公路融资体制尽可能放在一定的历史进程中进行纵向的比较，以在历史长河中加强对问题整体感的认知。

　　在实证的国际比较之外，本书在理论工作方面也进行了相应的比较研究。围绕受益原则进行了理论学说史的回顾，对公共财政与公共选择两大流派理论进行了比较分析，这样可以更好把握受益原则在财政学体系中的相对位置。另外，本书在国际公路融资和财政学两个领域的文献对比，旨在揭示两者思想渊源的一致性。

　　在具体的政策探讨中，本书较多地运用了思辨方法来探讨我国交通专项资金政策和收费公路政策所包含的经济理性，对许多关于使用者付费和专款专用的模糊认识做出了澄清，对一些政策进行了评述。

　　本书的逻辑主线如图 1 − 2 所示。

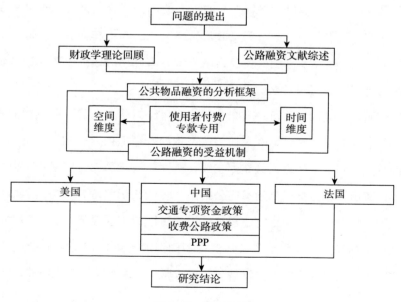

图 1 − 2　逻辑主线

理论溯源

公路融资是在相应的财政制度框架下展开的。在
财政学理论中，公路基础设施投融资是受益原则的典
型例证。本章分别对财政学理论和公路融资两个领域
进行文献回顾，以揭示两者的一致性。

2.1　财政学理论的回顾

收入与支出关系是理解财政学演进的一条主线。
传统的财政学研究定位于财政收支问题，后来的公共
经济学则更加注重财政收支对经济的影响。本节以财
政收入与支出的关系为主线，梳理财政学理论，揭示
受益原则的财政逻辑。

2.1.1　早期财政学理论的演进脉络

财政学和公共物品理论在古典经济学的早期就居

于重要的地位。大卫·休谟注意到某些任务的完成对单个人来讲并无什么好处，但对整个社会是有好处的，因而只能通过集体行动来执行①。例如，相邻的几个家庭可能协商排干牧场里的积水，然而一千个人就无法达成这样的协议，因为每个人都想将全部的负担转嫁给其他的人。因此需要政府反映大部分人民的利益，组织建设桥梁和管理其他公共事务。休谟把政府作为能提供公共物品"最精微、最巧妙的一种发明"。

亚当·斯密在 1776 年出版的《国民财富的性质和原因的研究》（简称《国富论》）第五篇"论君主或国家的收入"中，较为系统、完整地阐述了公共支出、公共收入和公债等问题，从而确立了财政学体系。亚当·斯密在论述赋税的原则时，提出了一个经典的公平标准，即一国国民须"按照各自在国家保护下享得收入的比例，缴纳国赋，维持政府"②。这一标准可以看成综合了支付能力原则和受益原则。亚当·斯密的财政理论和财政思想为后来财政学的发展搭建了基本框架，在学说史的研究中被称为"古典财政理论"。此后的西方财政学尽管对政府职能的看法存在差异，但总体而言都是在亚当·斯密财政理论基础上的分化和综合。

大卫·李嘉图在 1817 年出版的《政治经济学及赋税原理》中总结了很多经济思想和赋税原理③。除了比较成本学说，其关于公债的研究也很有影响。他认为，政府无论是用债券还是用税收为其支出筹资，对居民消费和资本形成的效果影响是相同的。后人称之为"李嘉图等价定理"。它可以看作在时间维度上分析受益原则的基准。

约翰·穆勒在 1848 年出版的《政治经济学原理》中，指出了受益原则存在衡量问题、人际比较问题以及忽视初始的收入分配是否公平的问题④。他指

① 约翰·伊特韦尔等编《新帕尔格雷夫经济学大辞典》，经济科学出版社，1996。
② 亚当·斯密：《国民财富的性质和原因的研究》，郭大力、王亚楠译，商务印书馆，1974。
③ 大卫·李嘉图：《政治经济学及赋税原理》，周洁译，华夏出版社，2005。
④ 约翰·穆勒：《政治经济学原理及其在社会哲学上的若干应用》，胡企林等译，商务印书馆，2009。

出，同样一些法官和士兵在保护一个人的同时也保护了其他人，因此拥有较大规模收入的人并不必然需要更多的警察，倒是那些一旦取消国家的保护遭受损失最大的体力与脑力上的弱者从国家的保护中受益最大。按受益原则的逻辑，对于这些最没有能力自助和保护自身的人反倒应该强迫他们分担公共物品价格的最大份额，这种累退性质的税收显然是不符合分配正义的。穆勒的批评对财政学发展产生了深远影响，此后受益原则在财政税收理论中的地位逐渐被其所提倡的支付能力原则所取代①。

从上述的回顾中可以看出，亚当·斯密、大卫·李嘉图、约翰·穆勒等古典经济学家习惯于把支出与税收作为两个独立的问题来研究，并且着重政府收入的筹集，相对忽略政府支出问题。尽管受益税是一种理想的税收，但大部分税收收入还是与支付能力原则相联系的。

19世纪后期出现的边际效用分析，先是应用于私人物品，随后扩展到公共物品的分析。运用边际分析方法可直接给出社会效益等于社会边际成本的资源配置实现条件。这样，包括私人物品和公共物品的全社会每一种物品或服务，当其社会边际效益和社会边际成本相等时，这样的经济制度资源配置是有效率的②。庇古是最早研究外部性的经济学家。他采用局部均衡分析方法研究发现，通过征税和补贴的政府干预方式，可以实现边际社会成本和边际收益相等，从而纠正市场失灵。同时，庇古还针对收入分配问题进行了开创性研究，使得收入分配逐渐成为财政学研究的核心。他提出，税收理论依托于各种"牺牲"的观点，将税收看作纳税人的纯粹损失，导致"按能力纳税"原则的流行。

在此基础上财政学的研究分别按两条不同的脉络发展③。一条脉络关注公

---

① 约翰·伊特韦尔等编《新帕尔格雷夫经济学大辞典》，经济科学出版社，1996。

② 詹姆斯·M. 布坎南、理查德·A. 马斯格雷夫：《公共财政与公共选择：两种截然不同的国家观》，类承曜译，中国财政经济出版社，2000。

③ 詹姆斯·M. 布坎南、理查德·A. 马斯格雷夫：《公共财政与公共选择：两种截然不同的国家观》，类承曜译，中国财政经济出版社，2000。

共物品的有效供应问题，以威克塞尔和林达尔为代表。这一学派认为，当人们在消费公共物品存在隐瞒偏好信息和躲避负担责任的"搭便车"倾向时，价格竞争机制失灵，就必须诉诸投票表决的政治程序来解决问题。因此，公共选择与财政可谓一体两面。另一条发展脉络则假定信息是完全的。在信息完全的假定条件下，财政学的研究重点应该是如何在私人物品和公共物品之间实现资源有效配置。其中，保罗·萨缪尔森对公共支出进行了规范性研究，提出并解决了公共支出的核心问题。他对公共物品研究的理论突破在很大程度上决定了此后财政学的研究进展。

2.1.2 公共物品与公共财政

公共物品理论的产生在公共财政制度的研究历史中具有里程碑意义。正是由于探讨预算政策的配置职能问题具备了公共物品的理论基础，财政学进入了现代公共财政阶段。

公共物品理论的代表人物萨缪尔森，其研究受到了马斯格雷夫研究成果的启发。1939 年马斯格雷夫在《经济学季刊》发表了《财政自愿交换论》，介绍了威克塞尔和林达尔关于公共物品—税收决定的交易模型，引起萨缪尔森等英美经济学家的关注。随后，萨缪尔森相继发表了两篇关于公共支出的规范性研究文章：1954 年发表的《公共支出的纯理论》用数学方法推导出了经典的萨缪尔森条件 $MC = \sum MB$ (i)，即每个人对公共物品和私人产品的边际替代率之和等于生产的边际转换率；1955 年的《公共支出理论的图解》一文，用几何图形的方法推导出了公共物品的最优化条件[①]。

---

① 约翰·伊特韦尔等编《新帕尔格雷夫经济学大辞典》，经济科学出版社，1996。

1959 年，马斯格雷夫的《财政理论：公共经济研究》出版面世。作为财政学经典著作①，该书按照配置、分配和稳定的三部门分析法把庞大的财政学体系整合在一起。配置职能以公共物品和福利经济学为理论基础。配置职能，是指为纠正市场失灵，政府可通过提供公共物品与服务，实现全社会资源最优配置；分配职能是指通过税收和财政转移支付，解决社会财富与收入分配不平等的问题。其实质就是要实现某一客观标准下的分配正义；稳定职能研究的问题是为实现物价稳定和充分就业目标，如何有效利用财政政策工具，理论思想源于凯恩斯主义宏观经济学。鉴于当时凯恩斯主义的盛行，这部分内容占到全书的1/3，但实际上马斯格雷夫认为，传统上财政学主要应对预算的两方面，即收入方和支出方的分析构成。在后来的发展中，与稳定职能有关的内容在财政学体系中被逐渐淡化。

受益原则相对于支付能力原则的优势在于它能够将预算的收支联系起来。马斯格雷夫认识到了这一优势，从而拒绝了英美财政学传统中占主导地位的只考虑税收的方法，引入税负分担的受益原则。虽然后来马斯格雷夫将财政支出的分析纳入了英美财政学传统，但他对欧洲大陆传统的继承是选择性的，其关于财政支出与财政收入的分析总体上是割裂的②。在马斯格雷夫为代表的新古典公共财政理论体系中，收入和支出是两个相对独立的问题，这样能够保证通过预算程序配置公共物品的效率。如果采取专款专用使收支挂钩，那么会大大降低预算弹性，造成财政体制僵化③。

萨缪尔森的理论假定公共物品的提供与消费者的偏好相适应，政府完全知晓公众的需求，知道所有的公共物品在什么样的配置水平上。在公共选择学派看来，这是不现实的。针对公共物品的偏好表露问题，蒂布特于 1956 年

---

① Richard A. Musgrave, *The Theory of Public Finance：A Study in Public Economy* (McGraw-Hill, 1959).
② 马珺：《财政学：两大传统的分立与融合》，《经济理论与经济管理》2012 年第 10 期。
③ 陈冰波：《交通专项税：理论与实践》，《交通财会》2014 年第 10 期。

发表了《地方公共支出的纯理论》①，指出萨缪尔森的研究结论并未考虑中央政府与地方政府的空间差异。当居民在不同社区间流动的转换成本很低时，他们自然就会选择与其公共物品偏好相符合的社区。这种"用脚投票"的做法解决了地方公共物品的偏好表露问题，成为财政分权理论的思想源头。

奥茨于 1972 年出版了《财政联邦主义》一书，提出了著名的"分权定理"②。其大致含义是，由于地方政府更贴近基层和更了解当地公众的偏好需求，故对于特定的公共物品，由各地方政府单元分别提供比中央政府统一提供要更有效率。也就是说，如果就公共物品的提供能力而言，下级政府和上级政府不存在能力差异，同时假定不存在外部性等，那么就应该尽可能地采取分权而不是集权制度。

埃克斯坦进一步把受益原则作为分权的基本原则，提出了财政分权的基本思路③。他认为不同层级政府之间权力划分在空间上应该遵循受益原则，并在此基础上进行财权的分配。中央政府负责提供有益于全体国民或对全社会和国家的发展至关重要的公共物品，前者如国防，后者如义务教育、灾情疫情补助。受益范围仅限于地方的公共物品则由地方政府负责提供。

总的来看，蒂布特之前的主流公共财政理论把收入与支出看成完全独立的。蒂布特的贡献在于，他认为收入与支出在空间上是存在内在联系的。全国性公共物品和地方性公共物品的空间划分实质上是受益原则在空间上联系的体现和加强。

---

① Charles M. Tiebout，"A pure theory of local expenditures"，*Journal of Political Economy*，1956，64（5）.

② 华莱士·E. 奥茨：《财政联邦主义》，陆符嘉译，译林出版社，2017。

③ 张恒龙、陈宪：《当代西方财政分权理论述要》，《国外社会科学》2007 年第 3 期。

2.1.3　财政交换与公共选择

财政交换论源于威克塞尔的财政学自愿交换理论，后来由布坎南等转化成为公共选择理论，两者一脉相承。财政交换论把财政作为纳税人对公共物品的交易合约。在公共物品的需求满足过程中，纳税人同时也是享受公共物品的人，财税制度应当是纳税人共同协商选择的结果。纳税人要想获得公共物品利益，就要支付税收。税收就是公共物品的价格，这是财政的本质所在。财政交换论强调受益原则，提倡采用收入与支出挂钩的专款专用制度，以实现资源的有效配置①。

1. 威克塞尔的财政交换论

在威克塞尔的"公平"税制体系中，税收是对公共服务的自愿支付，并且公共服务的种类及数量同社会个人的偏好相符②。这种观点同 19 世纪后期得以发展的主观价值论一致，它意味着公共服务的供应被置于满足市场经济对私人商品需求的同等地位。

按照受益原则，组织财政制度的第一步是确定公共服务的效率水平。将每一支出决策与收入来源决策联系起来，直到预算账户在不同范围都能实现平衡时，公共服务才能达到有效率的水平。威克塞尔提出普通多数投票的民主决策规则不能用于多样化的财政决策。在财政决策中，应用一些相对一致的规则代替简单的多数原则。相对一致是一种有限定的大多数，或者说是议会成员的 5/6③。

根据威克塞尔计划，一个新的公共支出项目和相应的税收负担分配方案

---

①　钱益：《财政交换论的历史发展与当代意义》，硕士学位论文，天津财经大学，2009。
②　詹姆斯·M. 布坎南：《民主过程中的财政》，唐寿宁译，上海三联书店，1992。
③　詹姆斯·M. 布坎南：《民主财政论》，穆怀朋译，商务印书馆，1993。

可能要同时提出。一旦这些分配方案中的一个获得所要求的多数，那么支出和税收的议案便被采纳。如果能获得必要支持的税收分配方案不存在，那么所提出的支出方案就会被否决①。

威克塞尔的理论可以用一个例子来解释。假如一个城市正在试图决定是否建一个新的民用大礼堂。如果市民真正希望有一个大礼堂，即对它的需求超过了所需资金，他们就必须统一为礼堂做出筹资安排。如果他们不能的话，那么他们就不会把礼堂的价值当作与那些需同等资金购买的私人物品一样高。这样的话，该项目投资决策就不是有效的，应被否决。威克塞尔用这些模型提出为保证中性的或有效的财政系统而可能要求的现实制度。

现实中一些物品或服务常常过度提供，其他物品服务又往往低于"最优"水平，完全中性和有效率的财政制度在现实中是不存在的，现实财政与威克塞尔的期望计划相距甚远。在任何现代财政制度和满足效率条件的财政制度之间必然存在着尖锐的矛盾。现实财政制度很少考虑中性和效率，相反，被过多其他目的所支配②。

2. 公共物品供给的林达尔均衡

如果说威克塞尔的自愿交易学说使财政交换论开始初步形成，那么林达尔的公共物品理论则使财政交换论得到了进一步发展。财政交换论的规范化，以及被当作政府提供服务的代价而要征收的各种税收所意味的均衡概念，是由埃里克·林达尔提出的。林达尔做出的最为重要的个人贡献，就是对"公平"税收问题的论述。他指出，一些重要的"公平"税收问题，通过运用人们所说的受益原则便可得到科学的分析③。

林达尔的税收与政府开支理论，首先是他在 1919 年的博士论文中提出并

---

① 詹姆斯·M. 布坎南：《公共财政》，赵锡军等译，中国财政经济出版社，1991。
② 詹姆斯·M. 布坎南：《民主过程中的财政》，唐寿宁译，上海三联书店，1992。
③ 约翰·伊特韦尔等编《新帕尔格雷夫经济学大辞典》，经济科学出版社，1996。

在 1928 年做出详尽阐述的，这一理论是按照他的导师威克塞尔的记述整理的。同威克塞尔一样，林达尔假设有关收入的分配问题是由纯粹的政治原因决定的。因此，应将它同对政府开支和税收原理的科学分析分开。在对政府开支和税收原理分析中，林达尔是从一种确定的、公平收入分配的假设出发的。

在林达尔的模型中，政府开支只涉及通常所说的公共物品或集体物品。林达尔认为，由于对个人课征的税收被看作边际单位的政府开支，每一个人都希望政府的活动可以扩展到与他所分担的税额相等的支付提供公共服务的边际意愿的那一点。当纳税份额按照个人支付的边际意愿的不同而不同，并且如果政府开支的选择使所有纳税份额都增加到政府开支的边际单位时，林达尔均衡形成，此时公共物品资源配置达到最优状态。林达尔均衡的前提是每个成员都愿意披露自己的边际效益，并了解其他成员的情况。因此严格的林达尔均衡只存在于人数很少的群体中，众多人口的社会中，存在"搭便车"的问题。这就必须借助强制性融资手段——税收工具解决①。

林达尔将受益原则运用于税制分析，旨在确定政府开支与对纳税人的税收总额和税率的水平。由于均衡税率反映所得到的边际效益，所以林达尔认为征税的结果应该看作公平的。此外，他认为，受益分析方法也体现支付能力分析方法，因为在均衡中，所获得的边际效益可以说是反映了边际支付能力。因此，所获得的边际效益越大，边际支付能力也越大，而纳税份额也就越高。这后一点是林达尔受到批判的地方，因为支付能力原则是要改变最初在收入分配上的不公平。

3. 布坎南的公共选择理论

萨缪尔森的公共物品概念所要求的完全信息条件在现实中是不存在的，这使得威克塞尔的财政交换论在财政学理论中有着存在的必要，需要一致同

---

① 　王传伦、高培勇：《当代西方财政经济理论》，商务印书馆，1995。

意的机制和投票表决的方式。预算的税收和支出必须共同决定。林达尔提出的公共物品之"税收价格"包含两层含义：从投融资角度看，税收是政府提供公共物品的融资工具；从公共选择角度分析，税收是一种作为个人对公共物品偏好信息表露的机制①。

布坎南把财政交换思想进一步延伸到公共选择理论中。他认为，当收入与支出分离时，投票规则和政治程序只对公共物品的"总收入支出水平"产生作用，具体公共物品支出的比例和规模则只能借助于技术论证方式。当收入与支出挂钩时，多个具体的公共物品支出项目可以通过选民投票进行表决取舍。通常而言，两种表决的结果并不一样。在公共选择学派看来，专款专用的分开表决显然更能符合选民的偏好②。

布坎南致力于把关于政治结构的考虑引入公共财政学的中心位置，主张约束政府的行为③。他认为征收专项税收和使用者付费是有潜力的好事，而一般财政预算应该居其次。当公众存在不同偏好时，他们只能对一个单一整体的公共服务提供量表示接受或反对。专项安排则允许公众对每一种分开的公共物品表达他们的意见，因而可提高个人的福利。

在公共选择学派看来，国家在能力上并不具备完全信息和精准判断的先天条件，在道德层面也同其他经济人一样具有利益动机。当政府在公共物品供给上不可能完全体现公众的选择偏好时，选民和立法者们既不愿在不知其最终用途的情况下同意增设新税，也不愿在不明税负最终归宿的条件下同意提高税收负担。而收入的专款专用恰恰具有这方面的先天优势。它对收入与支出之间联系的加强，可以看作向纳税人做出的政治许诺，保证他们所付出的资金必定用于为他们谋求福利的事业上。因而，专款专用能够将其他情况

① 詹姆斯·M. 布坎南：《民主过程中的财政》，唐寿宁译，上海三联书店，1992。
② Charles M. Tiebout, "A pure theory of local expenditures", *Journal of Political Economy*, 1956, 64 (5).
③ 钱益：《财政交换论的历史发展与当代意义》，硕士学位论文，天津财经大学，2009。

下难以达成一致的收入与支出的可能性转化为现实性①。

2.2 公路融资的文献综述

在公路融资这个领域，国际上比较系统的研究文献基本是作为公共物品融资的具体应用，沿着受益原则、强调收支联系的思路展开的。

2.2.1 亚当·斯密的可持续道路融资政策原则

国际道路联合会在第十四届世界会议上整理出了亚当·斯密关于道路公共工程的 12 条基本原则（见表 2 - 1），并辅以注解评价②。本部分结合《国富论》的研读，对这 12 条原则进行更具体的诠释。

表 2 - 1　亚当·斯密的可持续道路融资政策原则

原则			评注
I 国家经济水平	1. 扩大开支需求的原则	第 1 原则	每年对道路部门的公共开支都要与国民生产总值、交通量的增长同步
	2. 基础设施的自筹原则	第 2 原则	大多公共工程与道路设施的开支不一定影响国家预算，相反，可以由行业自身的专项收入来支付承担
		附则	其他基础设施设备，如造币，尤其是邮政服务不仅能自筹，而且是可盈利的
	3. 道路养护的使用者付费原则	第 3 原则	道路使用者根据其对道路造成的损毁程度进行付费
		附则	道路养护最终由用户直接支付价格的筹资原则是非常公平公正的

---

① 方福前：《公共选择理论》，中国人民大学出版社，2000。
② International Road Federation（IRF），"Adam Smith and the principles of a sustainable road policy"，http://zietlow.com/docs/adamsmith.pdf.

续表

原则			评注
Ⅱ政府管理水平	1. 对穷人的交叉补贴原则	第4原则	对奢侈品的运输相对于普通商品的运输征收高额税，从补助穷人角度而言简便可行
	2. 新建道路的投资效率原则	第5原则	只有当道路用户愿意而且具备支付能力时才能新建道路
		结果	新建路桥要摈弃非用户缴费的融资来源
	3. 民营化原则	第6原则	道路机构只有追求合法利益，道路养护才能达到预期的效率水平
		注解	道路基金的公共管理仍然普遍缺乏法律框架
		警告	但是也存在以公共基金为道路养护融资的观点
Ⅲ财政管理部门水平	1. 收入的专款专用原则	第7原则	道路税费的专款专用非常重要，因为政府各部门的财政需求趋势几乎是无限的
	2. 车辆累进税原则	第8原则	根据卡车/货车的重量对道路的损毁程度征税，只要用于道路养护就是正确与合适的
		警告	但是，如果这些重车税用于其他公共开支，就会加重穷人而非富人的负担
	3. 税收增长的稳健性原则	第9原则	如果道路缺乏养护是由已有道路用户税被相关公共机构不合理分配造成的，那么此时引入新的专项税是不合理的
		注释	在中国、印度和亚洲其他国家，公路的融资来源主要有财产税和土地收入税，这同道路税及车辆税形成鲜明对比
Ⅳ地方自治政府管理水平	1. 地区平等发展原则	第10原则	在像法国这样的中央集权国家，保持最完好的路是国家公路，而没有人关注许多小型的农村公路，不论后者有多高的效率。显然，这种情况在中国和亚洲其他国家都存在
	2. 农村公路的最小干预原则	第11原则	农村公路分散的地方自行安排养护通常是较好的选择，即使会因道路税收额太低而产生重要影响
	3. 城市管理自治原则	第12原则	经济效率要求城市街道通过直接的当地受益人负担，而不是通过一般预算基金
		附则	虽然分权确实可能增大腐败的危险，但是结果仍然可忍受和可纠正

资料来源：http://zietlow.com/docs/adamsmith.pdf。

1. 国家经济水平的要求

第1原则——扩大开支需求的原则

每年对道路部门的公共开支都要与国民生产总值、交通量的增长同步。

斯密指出，一个国家的商业是否兴旺发达，关键看是否具有完好的公共基础设施，如道路、桥梁、港湾、运河等。基础设施的开支包括建设和养护费用，在社会不同阶段是不同的。道路货物运输量随经济产出的变化而变化，从而对道路的建设费和维持费开支产生不同的需求影响。斯密关于基础设施开支的原则，反映了交通与国民经济之间的高度相关性。

第 2 原则——基础设施的自筹原则

大多公共工程与道路设施的开支不一定影响国家预算，相反，可以由行业自身的专项收入来支付承担。自筹是指基础设施的费用可以由使用者付费来负担，而无须同其他公共服务一起去竞争一般预算资金，从而增大财政负担。斯密的基础设施的自筹原则，清晰揭示了道路用户税费与一般财政预算关系。不在国家收入项下开支，可以理解为现在我们常说的预算外资金。

第 3 原则——道路养护的使用者付费原则

交通基础设施的使用者根据其对设施的使用率或造成的损毁程度进行付费。斯密提出，车辆行驶在公路或桥梁上，船舶通过运河或港口，可以按照其载重缴纳通行费，当车主或船主的支出恰和他所得的利益成比例时，正好符合受益原则。因此在斯密看来，使用者付费是最公平的公共收入形式。

2. 政府管理水平的要求

第 4 原则——对穷人的交叉补贴原则

对奢侈品的运输相对于普通商品的运输征收高额税，具有"劫富济贫"的再分配效应。在斯密看来，对豪华车辆及四马大马车、驿递马车等收取的通行费，应该高于二轮运货马车、四轮马车等所课征的税，那就可使富人对贫民的救济有所贡献。因此，对不同价值的货物征收不同的运费，具有重要的收入再分配效应。

第 5 原则——新建道路的投资效率原则

使用者付费所特有的偏好显示机制意味着只有当道路用户愿意而且具备

支付能力时才能新建道路，这在政治上具有显著的公共选择含义。当基础设施建设采用一般税收建设时，由于缺乏来自用户的直接监督，许多投资是缺乏效率的。在斯密那个年代，英国出现了许多车流量水平很低的基础设施项目，这在很大程度上源于决策机制的缺陷。

第6原则——民营化原则

道路养护业务非常适宜采用民营化的方式。道路机构只有追求合法利益，道路养护才能达到预期的效率水平。在很多国家，道路基金的公共管理仍然普遍缺乏法律框架，但是也存在以公共基金为道路养护融资的观点。

3. 财政管理水平的要求

第7原则——收入的专款专用原则

道路税费的专款专用非常重要，因为政府各部门的财政需求趋势几乎是无限的。按照重量比例而征收的通行费，如其唯一目的在于发展道路，就非常公平；如是其他目的，或为了满足国家一般的急需，那么就非常不公平。通行费用于道路建设养护，车辆可以说就是恰恰按照其对道路所损耗程度的比例，完纳税金。如果违反专款专用原则，道路通行费用于道路交通之外，那对于车辆的纳税负担就超出了其道路毁损程度，也就是违背了受益原则。

第8原则——车辆累进税原则

根据卡车/货车的重量对道路的损毁程度征税，只要用于道路养护就是正确与合适的。但是，如果这些重车税用于其他公共开支，就会加重穷人而非富人的负担。

第9原则——税收增长的稳健性原则

如果道路缺乏养护是由已有道路用户税被相关公共机构不合理分配造成的，那么此时引入新的专项税是不合理的。在中国、印度和亚洲其他国家，公路的融资来源主要有财产税和土地收入税，这同道路税及车辆税形成鲜明对比。

4. 地方自治政府管理水平的要求

第 10 原则——地区平等发展原则

在像法国这样的中央集权国家，保持最完好的路是国家公路，而没有人关注许多小型的农村公路，不论后者有多高的效率。显然，这种情况在中国和亚洲其他国家都存在。

第 11 原则——农村公路的最小干预原则

农村公路由分散的地方自行安排养护通常是较好的选择，即使会因道路税收额太低而产生重要影响。

第 12 原则——城市管理自治原则

经济效率要求城市街道通过直接的当地受益人负担，而不是通过一般预算基金。虽然分权确实可能增大腐败的危险，但是结果仍然可忍受和可纠正。

总体上看，亚当·斯密的可持续道路融资政策非常清晰地体现了财政受益原则。他的这些政策观点即使置于当代，仍对实践具有很强的指导意义。

2.2.2　埃莉诺·奥斯特罗姆的可持续基础设施制度方法

基础设施是经济增长的基础和必要条件。但是在大多发展中国家，大规模投资的基础设施设计和建设得很差，后续的养护投入不足，延期的养护项目一再积压。当快速的设施毁损和资本侵蚀达到一定程度时，大面积的重建又需投入巨额的资金来保证经济社会需要的设施功能。埃莉诺·奥斯特罗姆、拉里·施罗德和苏珊·温在《制度激励与可持续发展——基础设施政策透视》一书中，运用"制度理性选择"方法对发展中国家灌溉系统、公路网和其他农村基础设施的难以持续问题给出了一种解释：现有的制度安排为基础设施各相关环节的人们提供了一种不良的激励。通过系统的建模和比较制度应用分析，该书提出了针对各种不良激励的抵制性制度设计原则①。

1. 基础设施可持续的概念

第二次世界大战后许多发展中国家存在基础设施不可持续的问题。基础设施的可持续性，是指受到外界支持的项目，在技术、管理和财政等各种外部支持结束后，计划项目继续提供服务与维持利润的能力。因此基础设施的可持续问题主要针对养护，旨在使得最初的投资长久地发挥效益，减少资源浪费。

怎么理解养护的经济特性？在奥斯特罗姆看来，养护是一种投资，需要成本投入，但是收益要到更久远的未来才能表现出来，并且难以测量。养护的质量与水平不仅取决于养护环节本身的投入，也同设计、融资、建造、使用等其他阶段密切相关。养护的这种特性对公共部门工作人员提供的养护激励严重不足，容易使其忘记或推迟养护工作。

奥斯特罗姆提出了在不考虑交易成本条件、限定私人物品设施范围内的养护决策基本模型。在此模型中，养护决策取决于预期收益、投入成本和未来贴现率。在其他因素相同的情况下，较高的替代费用（预期收益）、较低的养护费用和较低的贴现率都会导致养护的较高投入。该模型也隐含假定了"沉没成本"概念的逻辑：养护投入是最初投资决策必不可少的部分，但当进入运营使用阶段时，有关养护投资的决策又应独立于初始投资决策。该书用固定资产更新决策的思路来界定基础设施可持续问题，不仅相对简单易懂，还可以为后面更好地理解公共资产管理及制度分析方法提供一个清晰的参照系作为比较标准。

2. 公路建设养护的财政逻辑

公路产生的收益在一个较大的空间区域内分散到一批难以确定的受益者

---

① 埃莉诺·奥斯特罗姆、拉里·施罗德、苏珊·温：《制度激励与可持续发展——基础设施政策透视》，陈幽泓等译，上海三联书店，2000。

中，对于任意一个人来说公路收益相对于公路的整个用户团体的受益而言极其微小。即使主要的受益者是本地居民也是如此，对于单独的养护，减少运输成本所增加的收益可能太小，不足以刺激个人对公路改善贡献力量。在这种情况下，很难依靠个人或消费者小团体去养护公路。只有在有可靠的证据表明计划中的受益者将对开发成本和养护投资做出实质性的贡献时，资助机构和中央政府才应为这类基础设施投资提供援助。

首先，公路基础设施的供给方面，供给单位的组织工作应该有助于用户和供给者之间偏好的交流。针对不同类型公路的多样化供给单位允许偏好的有效集合，地方性单位适合主要服务于本地居民的次级收费公路，再大一级的单位适合同市场中心相连接的公路，更大的单位适合区域高速公路。

其次，资助基础设施投资的决策应视情况而定，在前期投资中要求用户至少补偿资本成本的一定比例。但是，贷款偿还的要求同样意味着，供给单位本身必须拥有某种常规的收益权。在地方层次，这些收益能够通过受益税和使用费筹集，体现因道路可通行而得到的收益，如以产权为基础的征税或收费。由地区或国家当局供给并且以机动车通行为主的公路，采用与机动车相连的投入如汽油和轮胎间接税的方式更易于实施。在那些已经由中央政府征收这些税种的地方，税收分享简单地基于应用水平的差别，如以行车英里数作为交通量的精确计量基础是最合适不过的。

最后，在供给领域，使用和支付基础设施费用的人必须具有能向供给部门表明其偏好，并且能掌握使供给单位对其决策负责的手段。这要求所有层次决策过程都公开化，使用户和纳税人认识到他们所缴纳的资源支撑着公路服务，并且具有对作用于服务质量的决策的某种影响能力。还应给予利益集团，如汽车和卡车拥有者联合会，甚至区域公路服务范围的镇和村以表达它们对拨款决策偏好的发言机会。当允许多样化的团体在公开场合参与决策时，当多个管辖单位能够控制自己公路收入的决定时，任何单一团体的寻租能力就被限制住了。同样地，当公共部门决策者被迫为其地位而竞争时，可以期望服务数量和质量会提高，因为这些决策者会对此做出反应，以增大其继续保持权力的可能性。

综观全书不难发现，奥斯特罗姆非常娴熟地把制度经济学和财政学结合在一起，用一致的概念框架研究了发展中国家基础设施不可持续的制度成因和防范策略。从财政的视角分析，过往的相关研究基本上是技术化的路线，缺少对制度激励的洞察，奥斯特罗姆的贡献在于提供了研究资本性支出与经常性开支之间制度关系的新范式。

2.2.3 艾·G. 海根的道路商业化融资政策体系

海根（Heggie）是世界著名的公路政策专家，他的改革思路对世界许多国家，尤其是发展中国家的公路管理与融资的改革产生了广泛而深远的影响。为表彰海根的贡献，国际道路联合会在第十四届世界会议上授予他"MAN OF YEAR 2001"的称号。海根在和维克斯合著的《道路的商业化管理及融资》中提出了合理划分管理责任、建立所有权、确保稳定充足的融资和引入商业化管理实践四项基本要素，由此形成了道路商业化融资政策体系①。

1. 合理划分管理责任

划分管理责任，大致可以理解为我们常说的事权划分。要划分管理责任，需要先建立一个协调统一的组织机构，再明确分派道路网络各部分的管理职责。这种分权不仅发生在政府内部如不同层级政府和不同部门之间，同时还发生在政府和社团机构之间。道路功能分类是职责划分的前提。在明确的道

---

① 艾·G. 海根、皮尔斯·维克斯：《道路的商业化管理及融资》，财政部预算司译，中国财政经济出版社，1999。

路资源目录基础上，对应分配管理职责。当路网由于新建项目等因素造成重新分类时，管理职责也应相应调整。因此，保持道路资源目录的准确性至关重要。

海根进一步总结了世界各国对不同类型道路划分管理职责的做法。国家级主干道网络通常由中央政府部门负责管理。在许多国家，中央道路机构负责管理交通流量高的国家级道路和高速公路。同时许多国家开始利用私营部门管理国家级收费公路，或通过特许经营协议兴建并经营收费公路。一些国家对中央道路机构的职能进行了重新定位。地区道路网络的管理有四种办法：或由中央政府部门管理，或成立一个项目执行机构管理，或建立联合服务委员会管理，或将道路项目的规划与管理职责承包给私营机构。城市地区道路网络的管理模式则根据城市规模的大小相应决定，对于最低级别道路，成功的做法是将管理职责移交地方当局。

2. 建立所有权

海根所指的"所有权"，是赋予道路使用者作为道路的产权主体进行道路管理的权力。道路使用者积极参与道路管理是一种对市场规则的替代，目的是鼓励监督道路公共机构管理好道路资源，防止其垄断权力滥用。同时道路使用者的参与，能够有效减少缴费、超限超载问题的发生。所有权通常通过"道路委员会"行使，后者由广大道路使用者与公众代表组成，包括道路协会、货运协会、商业部门、农民组织、工程机构，这些组织同道路的"所有权"关联度最高。

芬兰、加纳、马拉维、南非、瑞典和赞比亚等国就采取了这一做法。大部分的道路管理委员会通过各种宣传计划向广大道路使用者和公众通报道路行业的情况及其管理状况。换一个角度讲，道路管理委员会正是财政交换论和受益原则在公路行业管理和融资实践中的政治形式，是公共选择理论的鲜活案例。

3. 确保稳定充足的融资

目前大多国家的财政紧张状况使得道路难以获得所需的预算资金，通过建立明确的道路使用费制度、将道路融资从政府统一预算中分离出去，成为一种新的趋势。海根提倡"固定费用＋可变费用"的两部制收费方式。车辆牌照税可用于道路设施通行的收费，通行费和燃油税则是对道路设施的使用收费。

海根进而提出了商业化道路基金的设立要求：第一，作为道路管理商业化整体方案的一部分；第二，进入道路基金的只能是向道路使用者收取的费用；第三，不能减少政府从其他部门收取的税收收入；第四，道路基金应由来自公共部门和私人部门的代表组成的管理委员会加以监管，并由独立的秘书处加以管理；第五，必须进行独立的技术和财务审计。显然，这些要求充分体现了使用者付费原则。

另外，道路基金要有坚实的法律基础，其管理则通过一个独立的行政机构或主要道路机构的独立部分来进行，道路建设与养护的资金在各道路机构之间分配的方法要由道路基金委员会制定并公布。

4. 引入商业化管理实践

海根认为，道路的商业化管理，核心是建立一个类似企业的道路机构。参与道路管理的道路使用者通常要求推行良好的商业惯例，以便确保其所支付的资金得到高效使用，他们希望道路机构具有一个明确清晰的公司宗旨，道路网络的规划管理职能与工程施工职能在策略上相互分离。通过合同外包给私人企业、改善薪酬以招募到有能力的员工、建立良好的管理结构和恰当的管理信息系统，能够加强市场纪律，赋予经理人员按商业方式运作的自由，同时亦能加强经理人员的负责程度。

引入商业化管理运作的优势在于，道路部门的设施和设备得到更高效的利用；促使更多的工作通过承包方式来完成；有效控制机动车超载并改善道路的安全状况。

海根的道路商业融资管理可以看作斯密可持续道路融资政策原则的现代版，两者都非常显著地遵循了财政受益原则。

2.2.4　佩塔斯尼克关于美国信托基金的研究

美国学者佩塔斯尼克从政治承诺与弹性关系的角度对美国预算中的信托基金进行了研究[①]。信托基金是长期政治承诺的具体体现，可以为那些具有非常长远目标的项目提供保障。然而，如果信托基金按既定意愿发挥作用，就会收窄未来主管人员在配置预算资源时的机动性，从而对他们行使他们认为应该履行的公共职权形成限制。佩塔斯尼克按照承诺的互惠性和依赖性来对信托基金进行分类（见图2-1）。一方面，对于信托基金的承诺是否建立在

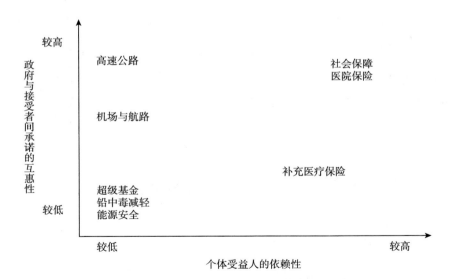

图2-1　信托基金承诺的策略结构：案例按照互惠性和依赖性分布

资料来源：塔里克·M. 佩塔斯尼克《美国预算中的信托基金》，郭小东等译，格致出版社，2009。

---

①　塔里克·M. 佩塔斯尼克：《美国预算中的信托基金》，郭小东等译，格致出版社，2009。

互惠的基础上，即用现在的特定税换取未来的预期收益；另一方面，受益人个体后来是否依赖政府。信托基金的支付者和受益者重叠得越多，收入与支出间的联系越紧，计划受一般预算资金转移支付的资助越少，信托基金的承诺就越是建立在互惠交换的基础上。受益人越被引导到一个长期的承诺，他们个人对政府违背承诺会变得越脆弱，他们对政府依赖的程度越大。

高速公路信托基金是高互惠性和低依赖性的例子。机动车使用者每次加油都向信托基金缴费，并且信托基金每年的收入基本可以支付联邦高速公路的支出。这使得信托基金的保护者能够把任何企图将燃料税的收入转而用于非高速公路用途的行动指为"背弃信任"。但是当跨州高速公路的建设彻底改变了美国人经济社会生活时，为了保护自己的经济安全，人们对高速公路的依赖要比社会保障信托基金小得多。

此外，赵志荣在对美国交通投融资的研究中提出了一个关于基础设施受益机制的 5W 分析框架①。这 5 个维度包括受益对象（whom to benefit）、受益范围（where to benefit）、受益时机（when to benefit）、受益回收机制（which mechanism to benefit）、受益定价水平（at what level）。5W 分析框架对公路融资的中西比较具有很好的适用性。

2.3　国内关于受益原则和公路融资的研究综述

2.3.1　关于受益原则的研究

1. 熊伟对政府性基金的研究

熊伟在《专款专用的政府性基金及其预算特质》一文中，对现行法规进

---

① 赵志荣：《财政联邦主义下的交通设施投融资》，格致出版社和上海人民出版社，2015。

行了梳理，认为政府性基金是各级政府及其所属部门对公民、法人和其他组织无偿征收的具有专项用途的财政资金。在分析中，熊伟特别强调政府性基金中缴费与基金目的之间的关联性，这种关联性可以理解为更宽泛的受益原则。他的研究成果集中体现在政府性基金同行政事业费、财政专项资金以及政府性基金预算的比较分析中①。

在政府性基金同行政事业费的比较中，熊伟认为政府性基金的缴费人虽然也和基金项目之间存在利益关系，但是这只是一种潜在的受益关系，跟行政事业费类似于市场交易的直接受益关系确实有很大不同；在政府性基金与财政专项资金的比较中，熊伟认为，财政专项资金不是政府性基金，但其作用与政府性基金并无实质性差别；在政府性基金与政府性基金预算比较中，文章指出了我国政府性基金预算中包含大量不属于政府性基金的政府性收入；最后，熊伟主张将我国复式预算分为公共预算和基金预算两大类。财政专项资金归入基金预算，而不是列入公共预算。

熊伟对政府性基金的分析非常深入，发现并提出了许多潜在问题和制度缺陷。但是他在对政府性基金和行政事业费的比较中关于受益关系的观点值得商榷。

2. 杨丹妮关于受益原则的研究

杨丹妮在其博士论文《政府筹资方式选择与约束：一项思想史考察及对中国财政体制改革的意义》中，从受益原则出发，将政府所提供的物品或服务划分为普惠型物品与特惠型物品，政府提供物品或服务的不同性质决定了不同的政府筹资方式②。

在她看来，研究收入来源必须看支出了什么，这种支出需要何种收入来源与之相匹配。这为我们研究设施投融资提供了重要的启示。本书后文尝试

---

① 熊伟：《专款专用的政府性基金及其预算特质》，《交大法学》2012 年第 1 期。
② 杨丹妮：《政府筹资方式选择与约束：一项思想史考察及对中国财政体制改革的意义》，博士学位论文，浙江大学，2015。

从交通设施的功能定位出发，根据功能研究确定相应的资金来源。交通基础设施具有两个基本功能：一是人员和货物实现移动的载体功能；二是对城市区域空间发展和土地利用的引导功能。相应地，通过使用者付费来为交通基础设施建设融资更符合其运输功能要求，而利用土地溢价等受益者负担机制进行融资可以更好体现基建的土地价值提升功能。

2.3.2　关于公路融资的研究

多年来，国内理论界以实践中的问题为导向，对公路投融资政策进行了积极的理论探索。周国光先后从收费的合理性、相应的财务会计政策和投融资体制改革等多个角度对收费公路进行了持续的研究①；申燕较系统地研究了公路成本补偿理论，特别是对美国公路融资的历史变迁做了考察②；史际春等从产权角度对公路经营权进行了法与经济学分析③；周望军对收费公路的定价和融资机制进行了框架性分析④。

近年来国内基础设施投融资的热点转向 PPP，相关的研究多集中在财务和法规条款的技术性分析中。江春霞基于多案例研究方法，选取了世界范围内 24 个失败的交通基础设施公私合作项目，通过确认项目的失败原因，按责任归属方及所属项目阶段对各原因进行排序，并寻找上述失败因素之间的关联性，最终形成了 10 条失败因素之间的关系链⑤。贾康等对刺桐大桥的教训

---

① 周国光：《公路收费的合理性分析》，《当代经济科学》1998 年第 6 期；周国光、卫静：《中国公路投融资体制改革探索》，《经济问题探索》2009 年第 6 期。
② 申燕：《高速公路成本补偿的理论与政策研究》，安徽大学出版社，2009。
③ 史际春、邓峰、刘祥武：《公路经营权所折射的体制改革问题》，《战略与管理》2001 年第 5 期。
④ 周望军：《收费公路的定价问题研究》，《宏观经济研究》2002 年第 5 期。
⑤ 江春霞：《交通基础设施 PPP 项目失败诱因及启示——基于 25 个 PPP 典型案例的分析》，《北京交通大学学报》（社会科学版）2016 年第 3 期。

分析①、李飞对兴延高速的经验总结②，都是近期公路 PPP 研究的重要成果。

　　总体上看，国内公路投融资政策研究还处在一种起步阶段。第一，与前述国际上围绕受益原则而形成的公路融资理论不同，国内的同类研究语言概念呈现零散化特征，尚未形成能够刻画公路自身融资规律特性的专业概念；第二，大多研究建立在非常单薄的文献基础上，对本领域国际理论前沿和政策实践动态的跟踪体现不够；第三，许多研究往往先入为主地隐含了假定前提，为规划项目筹集资金的"就融资谈融资"现象非常普遍，缺乏同定价、竞争、民营化、收入分配及外部性治理等内容的有机联系，更没有同政治可行性结合起来。这种状况客观上降低了理论研究对现实的解释力和指导作用。

---

① 贾康、孙洁、陈新平等：《PPP 机制创新：呼唤法治化契约制度建设——泉州刺桐大桥 BOT 项目调研报告》，《经济研究参考》2014 年第 13 期。
② 李飞：《北京兴延高速公路 PPP 项目的成功实践》，《中国财政》2016 年第 22 期。

公共物品融资的分析框架

政府收支的连接是研究公共物品融资方式的关键。只有当公共物品的成本与受益者紧密相关时，其投资才能更加高效和公平。公共物品在不同维度上的受益机制特征，决定了相应的融资制度设计。

3.1 逻辑起点：基于受益特征差异的公共物品分类

政府提供的物品或服务必须有相应的收入来支撑，但是主流公共财政理论的公共物品概念主张支出与收入相互独立，无法同筹资方式联系在一起。研究公共物品的融资，需要回到受益原则的轨道上来。按照"谁受益、谁负担"的受益原则，政府筹资的目的是给公民提供公共物品，公共物品的分类则是筹资方式选择的依据。这样，根据支出方向的受益特征差异，对公共物品进行分类，就成为公共物品融资研究的逻辑起点。

公共物品的分类见表3－1。

表3－1　公共物品的分类

分类标准	分类	
受益对象	纯公共物品	准公共物品/俱乐部物品
受益空间	全国性公共物品	地方性公共物品
受益时间	资本性公共物品	经常性公共物品

根据受益对象的不同，公共物品可以划分为纯公共物品和准公共物品/俱乐部物品。纯公共物品或服务的供给依靠税收的筹资，而准公共物品或服务则可以尽可能地利用使用者付费。或者说，税收与纯公共物品或服务的供给相联系，而收费针对的则是有部分私人性质的准公共物品或服务。

根据受益空间的不同，公共物品又可以划分为全国性公共物品和地方性公共物品，并由中央和地方各级政府分级提供。对于受益范围为全国的公共物品，由中央政府负责提供；对于受益范围仅限于某一区域的地方性公共物品，由相应区域的地方政府安排提供。国防是典型的全国性公共物品，路灯和消防则属于地方性公共物品。全国性公共物品和地方性公共物品的分类在政府间财政关系的处理上指导着事权和支出责任的划分，在此基础上再在各级政府之间进行收入的划分，不匹配的话，再通过上级政府的转移支付弥补资金缺口。

根据受益时间的不同，公共物品还可以划分为资本性公共物品和经常性公共物品，在预算上对应着资本性支出和经常性开支。资本性投资形成的资产能够在很长的时间内发挥效益，所以采用举债筹资分期偿还的方式可以实现代际公平。经常性开支往往针对即期产生的效益，不宜采用举债筹资方式。

3.2 受益的一般维度：税费方式选择与专款专用

3.2.1 基本的收支对应关系

在一定的时空条件前提下，我们可以从受益原则出发，根据公共物品的受益特征，在税收和使用费之间做出选择。在支出端的资金管理上，需要通过专款专用来加强收支之间的联系。表 3 - 2 概括出了公共收入与支出的一般对应关系。以交通行业为例，交通收入来自各种交通方式和非交通来源，从各种使用费到财产税、消费税。同时交通收入既可以用于交通投资支出，也可以用于非交通投资支出。当交通收入投资于交通用途时，投融资就成为一种接近于价格工具的使用者付费机制，而不是一般预算和普通税。

表 3 - 2　公共收入与支出的一般对应关系

收入	支出	
	特定目的	非特定目的
特定税费	汽油税和为投资建设高速公路收取的使用费用于公路建设养护，社会保险税用于失业救济	惩罚性税收（对烟酒课税）及彩票收入用于社会福利支出，来自油田的税收与使用费用于经济发展支出
一般性税费	用于特定项目（如教育）的总收入的固定份额，为某一特定目标进行收入分成	各级政府间的收入分享

资料来源：布莱恩·泰勒《城市交通投资地理学》，载苏珊·汉森、吉纳维夫·朱利亚诺编《城市交通地理学》，商务印书馆，2014。

3.2.2 使用者付费的政策机理

1. 公共收入的分类

根据收支关系的不同，政府收入可以分为普通税、受益税和使用费三大类。

普通税与具体项目、部门行业的支出均没有直接联系，如增值税、所得税、营业税等；受益税和使用费是按照受益人从政府所提供商品或服务中获益的比例而征收的税（费），如通过对道路车辆消耗的汽油、柴油征收燃油税用于公路建设养护，可以合理地接近公路设施服务提供的成本。受益税往往有明确的部门或行业支出方向，但并不与具体的项目相联系；使用费收入的使用可以与具体的项目相联系，如政府对高速公路、桥梁和娱乐设施等服务采取收费方式来筹集资金。除此之外，政府还可以通过借款、发放债券或出售国有资产来获得收入。

使用者付费简称"使用费"，可以看作对一些（准）公共物品的政府定价，或者用户对公共物品的付费①。但是私人企业提供的电力服务，其收费价格也往往使用"使用费"这个术语。使用费往往意味着政府定价，而价格则往往蕴含着竞争性市场机制。政府要利用使用者付费机制为特定产品和服务筹资，前提条件是排他性，即用户不付费就不能享受收益②。

使用费收入的使用往往与具体的项目相联系，为诸如路桥设施等政府提供的服务筹集资金。近年来，在世界范围内通过征收通行费为高等级公路筹资的项目在大幅增加。使用费的一大优点是，它使得这些服务的直接消费者至少为这些服务的生产成本支付了部分费用，从而促使公共服务的使用者将使用公共服务的边际收益同由使用者付费所形成的成本进行比较。此外，使用费以避免拥挤的方式对公共设施的使用进行了分配。

使用费与受益税存在细微的差别，用户支付使用费是一种自愿支付，而纳税人缴纳受益税往往是非自愿的。在实践中，大多数受益税与使用费非常接近，如燃油税虽有"税"之名，但在美国被看作使用者付费而非税收。另外，考虑地方税的空间受益特征，蒂布特理论认为地方政府的所有税收都可看作受益税③。

---

① 约翰·伊特韦尔等编《新帕尔格雷夫经济学大辞典》，经济科学出版社，1996。
② 刘树杰：《政府收费的理论思考》，《价格理论与实践》2009 年第 10 期。
③ 约翰·伊特韦尔等编《新帕尔格雷夫经济学大辞典》，经济科学出版社，1996。

从公共服务的付费筹资机制和项目评价来看，使用费与受益税之间的差别往往被忽略。受益税收入来自特定的受益群体，支出虽然用于相应的特定行业，但是在行业内部仍存在一个针对不同项目的资金分配问题。在这一点上，受益税与普通税一样，都不与具体项目相联系。使用费收入可以与具体的项目支出相联系，从而构成项目民营化运营的融资机制。但是"可以"并不代表"必然"，当政府作为公共服务提供者时，使用费可以与受益税一起，构成特定行业内统收统支的资金池。

在制度实践中，使用费（Charge）容易与行政管理费（Fee）相混淆[1]。一般来说，使用者付费适用于那些能够体现"谁受益、谁负担"和"多受益、多负担"的物品和服务，如在高速公路驾车、水电消费等，服务的程度或频次容易确定。在一些付费与服务的使用程度关系不显著，但按标准数额收费的服务领域，这时的收费就是一种行政管理费。Bahl 等认为行政收费是对政府提供的特殊服务所需成本的补偿[2]。使用者付费有时以行政收费的形式出现，如我国交通领域过去的公路养路费[3]。

2. 使用者付费的功能

应用受益原则，通过使用者付费为公共服务融资，可以达到几个重要目标[4]。

第一，通过"使用者付费 – 价格"机制为公共服务融资。

---

[1]　勾华：《公共部门的市场机制：理论、机制与技术》，北京大学出版社，2006。

[2]　Roy W. Bahl，Johannes F. Linn，Deborah L. Wetzel：《发展中国家大都市政府融资》，陶然等译，科学出版社，2013。

[3]　本书对使用费与行政管理费区别的理解，不同于前述熊伟对政府性基金与行政事业费区别的分析。

[4]　Roy W. Bahl，Johannes F. Linn，Deborah L. Wetzel：《发展中国家大都市政府融资》，陶然等译，科学出版社，2013；乔治·彼得森：《城市基础设施的筹资原则》，《外国经济与管理》1987年第 9 期；黄佩华：《费改税：中国预算外资金和政府间财政关系的改革》，《经济社会体制比较》2000 年第 6 期。

使用者付费可以在一般预算之外创造新的财政收入，从而增大公共投资。公路、机场等基础设施采用使用者付费，可以免受医疗、教育等行业对财政投入的竞争压力，资金来源相对稳定。当地方政府征收使用费时，可以促使其制订更有效的方案来回收本地的公共服务成本，也可以减少地方政府对上级政府预算的依赖。

一旦采用"使用者付费"，基础设施就可以更大程度地依赖市场化融资方式，更灵活地引入各种创新性金融工具来支撑交通基础设施建设。

第二，提供适当数量的公共服务，投资更有效率。

居民在缴纳使用费获取公共服务时，不仅为融资创造收入，而且使自己的偏好需求在交易中表露出来。特别是采用合理的定价方式，可以把居民对服务的需求限制在合理并符合效率要求的水平上，同时也有助于居民了解服务的社会成本。因此，使用者付费也是提供信号的重要方式。这种信号能告诉消费者公共服务的稀有价值，也能告诉供应者需要提供多少公共服务才能满足需求。通过迫使需求者和供应者面对提供公共服务所需的真实机会成本可以在需求和供给之间建立密切的联系。这样，那些人们真正需要并愿意支付的公共服务便能获得更多资源，公共服务的供应才能更有效率。

随着世界各国和地区对基础设施的需求急剧增长，人们逐渐认识到，单纯依靠建设供给的增加来适应满足需求，越来越不现实。使用者付费不仅可以为供给端提供资金，也可以在需求端调节抑制需求，从而对供求产生双向调节作用。

第三，使用者付费针对具体服务，更具公平性。

很多物品或服务的受益对象非常集中，且在消费上具有明显的排他性。如果采取全体纳税人共担方式，显然有失公平。使用者付费把物品的利益与成本分摊联系起来，可以有效地规避"搭便车"行为。

第四，减少"拥挤"和"负外部效应"，降低补偿社会成本。

如果设施使用存在明显的经济外部性，边际成本还应该包括对其他用户乃至整个社会经济或环境的影响。在货运领域，根据车型与核定吨位征收养路费，对重型车辆征收重车税或柴油税；在城市交通领域，可以针对私人小汽车征收交通拥堵费。这种使用者付费机制在补偿外部性的同时，也成为交通基础设施重要的收入来源。

尽管使用费在受益原则方面具有上述诸多优势，但是长久以来在财政实践中的应用程度并不高，一个重要原因是其价格调整背后的政治逻辑。这些服务通常被认为是必需品，其使用费率应当是累退的。因此，反对意见更多来自使用这些服务最多的人，他们通常并不穷，却是取消其现在享有服务使用补贴的主要反对者①。另外，当公共服务质量低下或只间歇性地提供时，使用者会拒绝支付更高的费用，这在低收入国家更为普遍。

3. 使用者付费的国际趋势

基础设施具有典型的网络性、公共物品、外部性、自然垄断性、巨额投资等多方面的典型技术和经济特征。为了应对市场失灵问题，大多国家采取了以公共机构为主的投融资模式，交通等基础设施多由政府及其所属机构来开发、融资、建设和运营。然而，由于垄断问题的存在，政府主导的基础设施的公共开发模式出现了效益低下、资产管理不力等问题，并且财政负担越来越重，用户和公众的意见越来越大，改革的呼声要求日渐高涨。

世界性的私有化和放松管制运动对交通基础设施的提供产生了重要影响。为了降低政府的财政负担，交通设施的资金来源逐渐由"纳税人付费"向"使用者付费"转变②。20世纪70年代以后，使用者付费在地方公共收入中的比重在上升，税收的比重在下降。德国的各种政府收费占财政收入的比重，

---

① 塔里克·M. 佩塔斯尼克：《美国预算中的信托基金》，郭小东等译，格致出版社，2009。
② Darrin Grimsey, Mervyn K. Lewis, *Public Private Partnerships*: *The Worldwide Revolution in Infra-structure Provision and Project Finance* (Edward Elgar Publishing Limited, 2004).

在 1960 年、1980 年、1994 年分别为 1.5%、5.5% 和 8.1%，呈现明显的上升态势①。美国地方政府预算中，使用者付费能占到收入的 25%，包括各种基础设施和公共服务②。

发达国家使用者付费的增加有多种原因③。

第一，公共选择和新公共管理理论的推动影响。在单纯的一般性税收模式中，公共服务的价格与成本分摊不相联系，对用户的需求反应迟钝，生产效率自然大打折扣。传统的官僚体制使得政府具有强烈的投资饥渴症，不断寻求扩大公共开支范围，从而造成资源的浪费。使用者付费类似一种价格机制，可以促使提供方重视用户的支付意愿，对公共机构产生制约作用，从而做出有效率的产出决策。公共选择和新公共管理理论同时推动了世界各国财政分权实践的不断深入。当地方政府的税收权限和增加转移支付的可能性较小时，使用费和借款就成为地方政府偏好的筹资途径。当地方政府不能借款时，使用费就显得更为重要了。

第二，相对税收融资的政治阻力小。一般而言，增加税种和提高税率的难度很大，要求利用使用者付费把特定收入和支出联系起来就成为改善政府服务和降低预算赤字的现实选择。使用者付费除了具备经济效率优势外，它能够使地方政府不与中央政府就税基进行直接竞争，因此在设定收费水平时，中央政府更倾向于给地方政府更大的自主权④。尽管如此，使用者付费也同样面临着不小的公众压力。对本来免费提供的服务收费，或提高政府补贴比例

① 勾华：《公共部门的市场机制：理论、机制与技术》，北京大学出版社，2006。
② 洪关：《预算外资金管理的国际经验与比较》，《经济社会体制比较》1998 年第 5 期。
③ 勾华：《公共部门的市场机制：理论、机制与技术》，北京大学出版社，2006；Roy W. Bahl，Johannes F. Linn，Deborah L. Wetzel：《发展中国家大都市政府融资》，陶然等译，科学出版社，2013；洪关：《预算外资金管理的国际经验与比较》，《经济社会体制比较》1998 年第 5 期。
④ Roy W. Bahl，Johannes F. Linn，Deborah L. Wetzel：《发展中国家大都市政府融资》，陶然等译，科学出版社，2013。

极高的服务的价格，将不可避免地引起公众的敌对情绪。当付费和受益不匹配时，这个问题尤其严重。

第三，技术进步也在挑战基础设施的传统提供方式，使经济上更为合理的定价机制能得到更广泛的应用①。与其他市场一样，只有当所有成本收益都能完全呈现并让用户和经营者一目了然时，基础设施服务市场才能有效运转，而定价是实现有效市场运转的最直接方式。采用新技术后，在很多桥梁、高速公路甚至街道上就可以推行收费融资和定价，并根据交通情况的变化来确定收费。从经济学角度讲，公路使用费将收入流直接与公路的使用（需求）联系起来，使公路融资决策更为有效，并减少决策的政治性因素。由于电子收费方式可以向特定设施的用户收取费用，故也能提供激励措施，减少因过度使用造成的低效现象。

相对而言，使用者付费在发达国家的地方预算中占据很大比例，而在发展中国家占政府预算的比例较小②。近年来，不少发展中国家的政府也开始重视利用使用者付费。如果说发达国家采用使用者付费的目的是提高资源配置的效率和公共服务的质量，那么发展中国家的动机则主要是解决融资问题、减轻政府财政的负担，两者截然不同③。

3.2.3 支出管理的专款专用

1. 预算外的含义

财政履行资源配置的职能是通过"预算"这只"看得见的手"来实现的。

① Darrin Grimsey, Mervyn K. Lewis, *Public Private Partnerships: The Worldwide Revolution in Infrastructure Provision and Project Finance* (Edward Elgar Publishing Limited, 2004).
② Roy W. Bahl, Johannes F. Linn, Deborah L. Wetzel：《发展中国家大都市政府融资》，陶然等译，科学出版社，2013。
③ 洪关：《预算外资金管理的国际经验与比较》，《经济社会体制比较》1998 年第 5 期。

每一个政府拥有的财政资源都是有限的，预算是国家如何使用有限的公共资源的一种政策工具。预算解决的问题是如何使用财政资金，或者说使用的优先顺序是什么。从理论上讲，预算应该根据经济回报率的高低来安排使用财政资金，回报率高的行业部门根本不可能出现资金短缺。理论原则成立的前提是预算程序运转良好。但是实际上，在许多国家，一些高回报率行业反而得不到资金，预算编制过程更大限度地体现各利益集团在政治上的争论与讨价还价。一旦各方的意见都得到考虑，所有的争论就得到暂时平息。最后大家都接受预算事项的优先排序，预算就会变成一个法律。因此预算制定过程中强调排序的透明性，执行中强调法律的严肃性①。

西方国家的传统做法是，政府的行政部门编制支出预算。然后，作为立法部门的议会或国会赞成或否决行政部门提交的预算。行政部门从来都没有决定税收方向和规模的权力，征税权极为严格地集中于立法机关。

我们在谈论预算内资金和预算外资金时，必须首先明确是针对收入还是支出。很多专项资金在收入端可能来自预算内，也可能源于预算外，但是在支出端，专项资金不需经过每年预算审议，因此被作为预算外资金。事实上，许多预算外活动是作为对预算过程中存在问题的反映而自发产生的。在财力紧张和预算过程逐步崩溃的情况下，专项资金和预算外资金通常会增加②。

在西方国家，预算外资金是为了保护一些在正常的预算程序下得不到财政资金支持的公共服务，以基金形式和专款专用的方式避免预算审议。也就是说，西方的基金，如果从收入端看则归为预算内资金，而在支出端分析则

---

① 黄佩华：《费改税：中国预算外资金和政府间财政关系的改革》，《经济社会体制比较》2000年第6期。
② 黄佩华：《费改税：中国预算外资金和政府间财政关系的改革》，《经济社会体制比较》2000年第6期。

为预算外资金。这与我国（以及原东欧国家）过去的预算外资金有很大不同①。我国过去常说的预算外资金是针对收支两端的。

2. 专款专用的特性

在财政学与基础设施融资中，专款专用的英文 Earmark 或 Dedicate，有时也被译为"特定用途拨款"，意为将来自特定税收的收入拨出一部分，专门用于指定公共开支项目的做法。从国际范围上看，在环境保护、社会保障、遗产继承等领域的税收支出安排，都存在一个是否专款专用的问题。美国是以信托基金的方式实现专款专用的②。在我国的复式预算体系中，公共预算可以用"一般性款项、一般性用途"来形容，但政府性基金预算、国有资本预算、社会保险基金预算都在某种程度上遵循着专款专用原则③。

对专款专用的评价，存在着明显的褒贬不一。批评者认为，专款专用会使政府开支决策僵化，降低预算弹性④。一些行业领域的项目得到过多的资金，而另有紧缺的项目却得不到资金，由此造成资源的错配；支持者则认为专款专用最好地体现贯彻了受益原则，是一种类似价格工具的准市场机制，也可以更好地实现民主。

专款专用与预算是相对的。从预算收入角度看，受益税依然是预算内收入，征收管理应该按照财政程序要求进行；从支出角度看，很多受益税就要按照专款专用原则专门用于特定行业的支出，不能用于平衡一般预算，属于预算外支出，如公路用户税和环境税。曹立瀛认为，专款专用税，如汽油税只不过是在公路基金方面粗略地应用受益原则，不能有效地确定新路建设需求。支出决策是针对特定方案做出的，而税收是独立于各条公路征收的，所

---

① 马海涛、李燕、石刚等：《收支两条线管理制度》，中国财政经济出版社，2003。
② 塔里克·M. 佩塔斯尼克：《美国预算中的信托基金》，郭小东等译，格致出版社，2009.
③ 熊伟：《专款专用的政府性基金及其预算特质》，《交大法学》2012 年第 1 期。
④ 洪关：《预算外资金管理的国际经验与比较》，《经济社会体制比较》1998 年第 5 期；凌岚：《受益性税收理论与专税专用的收支实践》，《税务研究》1994 年第 3 期。

以公路税收与特定项目支出并无直接联系，受益原则是就特定区域范围内的道路总支出与总收入的对应联系而言的[①]。

实行专款专用必须符合两个标准：首要，价格和税收制度必须使资源在部门中得到合理的配置；其次，这些制度必须产生足够的资金使特定支出自动得到满足，即支出项目的筹资独立于一般性预算[②]。

关于专款专用的传统理论通常要求预算是平衡的，也就是说，受益人（纳税人）支付的费用恰好足以补偿因提供商品和服务而付出的成本，专项支出无须动用其他资金。但是预算平衡需要很多严格的条件限制，不考虑规模经济、投资的不可分性、外部效应以及公共部门的金融限制等。实践中，这些因素都是广泛存在的。因此，特定项目的支出必然与一般性预算有关。如果允许借贷，又和金融市场产生联系。总之，仅靠特定收入来满足专项支出的需要，可能导致资源的不合理配置。

实践经验也表明专款专用的自动筹资安排难以完全奏效。原因在于，一是专项支出的资金也常常依靠额外的、非特定的收入来源，不能不涉及一般性预算；二是在通货膨胀的情况下，特定来源的收入很容易被侵蚀，政府应定期进行价格调整，否则，要满足专项支出的需要，要么寻求一般性预算支持，要么开征新的税费；三是政府在必要时，干脆取消专款专用安排。

3.3 受益的空间维度：政府间财政关系的处理

3.3.1 收支关系的空间对应关系

财政学中的政府间财政关系，可以理解为公共收入与支出的空间对应关

---

① 曹立瀛：《西方财政理论与政策》，中国财政经济出版社，1995。
② 洪关：《预算外资金管理的国际经验与比较》，《经济社会体制比较》1998 年第 5 期。

系（见表 3 - 3）。在支出方面，公共物品根据受益范围的不同由各级政府分级提供。在界定清楚事权和支出责任后，再安排财权和财力的匹配。

表 3 - 3　公共收入与支出的空间对应关系

收入	支出	
	地方	中央
地方	地方税提供地方性公共物品	地方收入上缴中央
中央	财政转移支付弥补外溢性、协调地区关系	中央税提供全国性公共物品

3.3.2　事权和支出责任的分配

马斯格雷夫把政府财政职能划分为资源配置、收入再分配和经济稳定三种，并在中央和地方之间进行分工。在他看来，宏观经济稳定职能归属于中央政府，收入再分配职能也主要归属于中央政府，但地方政府可以发挥补充性作用。分权主要是指资源配置职能在中央政府和地方政府之间的分配，即公共物品的提供及相应财政来源在中央和地方之间的分配[①]。

根据受益的空间特征差异，可以把公共物品进一步划分为全国性公共物品和地方性公共物品。全国性公共物品或服务是指那些与国家整体有关的、各位社会成员均可享用的物品和服务，其受益范围是全国性的，如国防。全国性公共物品或服务的受益范围被限定在整个国家的疆域之内，无论国土面积大小，都是如此。地方性公共物品或服务，是相对于全国性公共物品或服务而言的。具体地讲，地方性公共物品或服务是指那些只能满足某一特定区域（而非全国）范围内居民的公共需要的物品或服务，如路灯等一系列城市

---

① Richard A. Musgrave, *The Theory of Public Finance*: *A Study in Public Economy* (McGraw-Hill, 1959).

基础设施，其受益范围具有地方局限性。相应地，全国性公共物品或服务的提供者为中央政府，而不应该是某一级地方政府。地方公共物品或服务的提供者应该是各级地方政府，而不应该是中央政府。

蒂布特、马斯格雷夫、奥茨等经济学家认为，支出责任的地方分权能显著提高公共物品的资源配置效率①。奥茨提出的财政分权定律为公共物品制定了一个规范，即公共物品应该由最基层的政府提供，这是符合效率考量的。在大多经济学家看来，提供公共物品和服务的职能尽可能下放地方。在一般情况下，只有全国性公共物品和服务才应由中央政府提供。如果地方性公共物品和服务会产生跨地区外部效应和规模经济效应，应由层级尽可能低的一级政府负责将外部效应内部化，并充分实现规模经济效应。只有当地方政府无力实现该目标时，才能把相应职能上交给上一级政府。

世界各国不同级别政府间的职能分配和支出分配存在着显著差异，但是共同的经验表明，明确支出责任分配可以加强行政人员问责制，减少公共服务供给责任重复交叉。通常，中央政府将承担规模经济特征显著、具有正外部效应和跨辖区溢出效应的支出项目，尤其是养老金和失业救济金，以及部分教育和卫生医疗费用。多数私营市场无法完全满足这些支出需求，而且这些支出需要在更大范围内统筹风险和进行再分配，这在地方层级内是无法实现的。地方公共服务则通常由地方政府承担。因此，在涉及共同职责的领域应当明确支出责任分配。

---

① 亚当·斯密：《国民财富的性质和原因的研究》，郭大力、王亚楠译，商务印书馆，1974；詹姆斯·M. 布坎南、理查德·A. 马斯格雷夫：《公共财政与公共选择：两种截然不同的国家观》，类承曜译，中国财政经济出版社，2000；Wallance E. Oates, "The effects of property taxes and local public spending on property values: An empirical study of tax capitalization and the Tiebout hypothesis", *Journal of Political Economy*, 1969, 77 (6).

3.3.3 财政收入权的分配

政府在提供受益范围各异的公共物品和服务时，需要在不同层级政府财政之间对各种收入进行划分。由于公共物品在空间维度的受益特征，各辖区政府都负有为其管理范围内提供公共物品的责任，需要有征税、收费及其他地方预算来源的自主权力来匹配支出责任。

从受益原则出发，所有的地方税种都具有受益税的性质。奥茨最早明确了财产税应该作为地方性公共物品融资的主要来源①。马斯格雷夫提出了财政收入权在各级政府间划分的基本原则。在严格的受益税情况下，地方政府的融资应利用不动的要素，尽可能多地征收用户税和用户费，而将高度流动性税基的征税权留给中央政府②。政府间转移支付正是建立在合理的征税权分配基础上的。

地方政府税收自主权是财政分权体制有效运作的核心。国际经验表明，地方政府收入和支出责任分配达到高度平衡后，财政分权的效率会显著提高。这就要求地方政府拥有一定的税收自主权，即设定税基和税率的权力。大多数国家将税收工具分配给承担相应公共服务职责的地方政府。通常，发达国家的地方政府拥有拟定税率的权力，在加拿大和瑞士，地方政府可决定90%以上的税率，在美国接近100%③。地方政府通过征收消费税增加财政收入的做法也很普遍。然而，这些措施很难满足所有支出需求，因此要弥补资金缺

---

① Wallance E. Oates, "The effects of property taxes and local public spending on property values: An empirical study of tax capitalization and the Tiebout hypothesis", *Journal of Political Economy*, 1969, 77 (6).

② Richard A. Musgrave, *The Theory of Public Finance: A Study in Public Economy* (McGraw-Hill, 1959).

③ Roy W. Bahl, Johannes F. Linn, Deborah L. Wetzel:《发展中国家大都市政府融资》，陶然等译，科学出版社，2013。

口，就要进行政府间财政转移支付。

3.3.4　政府间财政转移支付

坦基认为，地方分权虽然在理论上能够提高效率，但在实践中可能由于体制限制而受到严重的破坏，从而加大区域发展差距、影响社会稳定。在各辖区缺乏协调的情况下，一些存在外溢性的地方公共物品将会出现供应不足的问题。因为每个辖区在选择公共物品的供应时，都仅考虑给区内居民带来的好处①。

马斯格雷夫认为，要解决这些问题，就要依赖中央政府的再分配职能。通过将税收集权化与支出的分权化结合在一起，就可以打破集权/分权与再分配/非再分配问题之间的联系②。实践中，各国分权模式和程度虽然千差万别，但也存在一致性。通常政府支出的分权程度高于政府收入，产生的缺口通过政府间转移支付进行弥补③。

在发达经济体中，财政转移支付是解决地方政府资金缺口的重要手段。自 1995 年以来，在经济合作与发展组织国家中，转移支付占地方政府总收入的平均比例为 40%。但各国间该比例的差异也很大，冰岛和瑞士为 11%，而荷兰和英国则高达 70%④。财政分权会加剧地区间的不平衡，而财政转移支付则起到关键的平衡作用。贫困地区的人均资金筹集能力不如发达地区，而

---

① Vito Tanzi, Ludger Schuknecht, "Reconsidering the fiscal role of government: The international perspective", *The American Economic Review*, 1997, 87 (2).

② 詹姆斯・M. 布坎南、理查德・A. 马斯格雷夫：《公共财政与公共选择：两种截然不同的国家观》，类承曦译，中国财政经济出版社，2000。

③ Richard M. Bird, Francois Vaillancourt, *Fiscal Decentralization in Developing Countries* (Cambridge University Press, 1998).

④ Roy W. Bahl, Johannes F. Linn, Deborah L. Wetzel：《发展中国家大都市政府融资》，陶然等译，科学出版社，2013。

地区间公共物品的分配往往也不平衡。财政转移支付可以确保公共服务供应的效率及公平性。

当然，政府间转移支付可以补充下级政府的财力缺口，但同时也限制了地方政府的自主性①。

3.4 受益的时间维度：市场化融资与代际公平

作为一种公共收入，债务和私人资本是政府在为公共物品融资时对税收的重要补充。之所以能够进行市场化融资，是因为公共物品在时间维度上具有不同的受益特征。按照赤字财政预算规则要求，经常性财政收入和支出应保持平衡，政府债务等只能用于投资等资本性支出②。

3.4.1 受益的代际公平

不同的公共支出项目发挥作用、让公众受益的时间差异很大。有些投入的效益主要在当期，如政府机关的日常运营、社会维稳和民生救助；有的设施建设设计寿命几十年，能在未来很长的时间里发挥效益，如建立一条高速公路或者一座桥梁，设施建成后的受益期限很长。受益者是现在的居民纳税者，还是将来的居民纳税者，在很大程度上决定了项目融资是采用现收现付制还是市场化融资。从公平的角度来看，如果受益对象集中在未来群体的话，那么我们不应该让现在的纳税者来承担所有的成本。一般来说，政府举债适用于资本投入大且具有长期效益的基础设施，也就是财政意义上的资本项目，

---

① 凌岚：《受益性税收理论与专税专用的收支实践》，《税务研究》1994 年第 3 期。
② 钱益：《财政交换论的历史发展与当代意义》，硕士学位论文，天津财经大学，2009。

而不宜用于补偿仅具有当期利益的公共物品和服务，如基础设施的养护、政府的日常开支等。如果受益者是现在的纳税人，但是以后还债的是将来的纳税人，这就把现在的成本摊到了将来的人身上，结果有失公平。财政收入与支出的时间对应关系见表 3 - 4。

表 3 - 4　财政收入与支出的时间对应关系

收入	支出	
	当代	未来
当代	经常性开支的现收现付制（运营养护开支）	通过资本积累来进行特定项目建设
未来	资本预算的市场化融资，逐步偿还贷款或收回投资	经常性开支的现收现付制（运营养护开支）

代际公平要求公共物品的经常性开支应按照现收现付制通过当前税收来筹资，而资本预算可通过举债的方法来融资。其原理是将收入流与支出流相匹配，如果现在的资本开支会在今后 30 年产生服务流，在这 30 年中通过合理的制度设计使得受益者分摊他们将接受服务的资本成本，普遍认为是公平的。为经常性开支而举债，未来的纳税者要为当代居民获得的服务偿付，因而不具有公平性①。

3.4.2　债务融资

不论是发达国家，还是发展中国家，在开展基础设施建设市场化融资时需要把握好以下原则。

第一，债务并不是基础设施融资的一个直接来源，因为这些债务最终还

① 张恒龙、陈宪：《当代西方财政分权理论述要》，《国外社会科学》2007 年第 3 期。

是要偿还的。但是，举债可以被看作生命周期较长的公共物品资产融资的最有效手段。通过将基础设施债务的偿还期限结构与其受益的时间阶段匹配起来，政府可以通过抽取部分基础设施投资得来的收益来偿还这些债务。

第二，长期效益是市场化融资的必要但不充分条件①。有长期效益的资本项目可以考虑投融资手段，但也可能采用现收现付制。政府采用市场化融资也有高昂的成本代价。从政治成本角度审视，具有任期的政府为了当期政绩，可能会过度举债，产生寅吃卯粮的超前透支危险；从管理成本分析，市场化融资需要基础设施行业和金融专业技能，需要在融资成本和金融风险之间做出平衡，这对身处基层的地方政府能力提出了挑战。

第三，中央政府的救助往往会产生道德风险。从原则上说，地方政府借债属于借款人和贷款人之间私人交易。但地方举债几乎总是存在一种假设，即当必要时，中央政府一定会出面②。即使地方政府的收入流不足以支持债务偿还，但是由于预期中央政府总会采取某种形式的救助，地方政府仍然有很强积极性进行债务融资。在布宜诺斯艾利斯、圣保罗、约翰内斯堡等发展中国家的大都市区，中央政府的救助曾经导致比较严重的过度借贷③。中国的金融体系以中央政府的国有银行为主，而公路建设以地方政府为主，两者相结合构成了近年来中国公路债务激增的体制性原因。

在政府为基础设施建设进行的债务融资中，银行贷款和发行债券在融资机制上存在着差别。与银行贷款相比，债券市场筹措资金的透明度、规范性和可持续性更强。为了规范地方政府债务管理，自 2015 年 1 月 1 日起施行的《中华人民共和国预算法》（简称新《预算法》）规定，中国的地方政府只能通过发行地方政府债券方式举债。

---

① 赵志荣：《财政联邦主义下的交通设施投融资》，格致出版社和上海人民出版社，2015。
② 胡书东：《经济发展中的中央与地方关系》，上海三联书店，上海人民出版社，2001。
③ Roy W. Bahl，Johannes F. Linn，Deborah L. Wetzel：《发展中国家大都市政府融资》，陶然等译，科学出版社，2013。

3.4.3 利用私人资本

在基础设施建设投融资中，吸引利用私人资本是同政府债务融资平行的另一市场化融资方式。私人资本由于承担了较高的风险，往往要求更高的回报率。如果有合理的竞争机制，私人投资的基础设施项目的建设、运营及维护效率要高得多，节约的经营成本可以抵消或大大超过所付的高额利息费用①。私人资本的高效率是有一定条件要求的，产权制度需要和竞争机制相互结合。在缺乏竞争的环境中实施私有化，基础设施绩效往往会出现服务质量下降的结果。

为了同时获得私人资本的高效率和公共服务的高质量，很多国家在吸取民营化教训的基础上采取了 PPP 的组织模式。它的核心特征是全生命周期方法，即将公共基础设施资产的规划、建设、融资与运营，在一定期限内整体外包给私营部门②。在 PPP 中，第二个 P 指的是私营部门。我国的 PPP 含义转为政府和社会资本合作，第二个 P 既包括民营企业，也包括大量的国有企业。

从受益原则角度理解吸引私人资本融资有两方面含义。第一，需要放在代际公平和财政可承受的视角下审视 PPP 和利用私人资本问题。无论是债务融资，还是利用私人资本，必须是财政可以支撑得起的服务。无论短期内的资金提供者是谁，长远来看资金都是来源于基础设施的受益人。第二，在确定项目的投资回报率或目标收益率之前，就需要统筹考虑主体项目与关联项目、主体项目自身的收支结构，通过合理地设置项目单元范围，把收入与支

---

① 莱斯特·C. 梭罗：《中国的基础设施建设问题》，《经济研究》1997 年第 1 期。
② 芭芭拉·韦伯、汉斯·威廉·阿尔芬：《基础设施投资策略、项目融资与 PPP》，罗桂莲、孙世选译，机械工业出版社，2016。

出在项目层面做出合理的组合配置，来实现政府公共利益和企业利益的平衡。

3.5　本章小结

在不同维度上协调好收入与支出之间的匹配关系构成了公共物品融资体制与政策设计的核心。本章通过对受益原则理论和各国政策实践的回顾，提出了一个关于公共物品融资的概念框架。该框架由三组相互关联的理论命题构成。

第一，传统的受益原则以税费工具的设置作为理论起点，不同的收入来源体现了不同的受益回收机制，在支出端一些国家利用基金制确保了使用费的专款专用。这种一般意义上的受益原则所述及的收支关系，并不涉及具体的时间和空间。

第二，在空间维度上，蒂布特模型中的受益范围与财政辖区空间安排的配合提供了一个效率规则，也提出了一个类似市场的实施机制。当公共物品概念出现不同空间范围内的区别时，受益原则就成为在空间上讨论收入与支出是否匹配的理论主线，事权、支出责任、财力和财权成为讨论政府间财政关系问题的四个层次概念。

第三，在时间维度上，基础设施融资同样面临着收入与支出的匹配问题，也就是常说的代际公平。代际公平要求基础设施的经常性开支按照现收现付制通过当前税收来筹资，而资本预算可通过贷款等市场方式来融资。不论是政府债务融资，还是 PPP，都需要遵守代际公平准则。

从不同维度的分析可以看出，受益原则的优点在于它使税收与预算的支出方面对应起来，其缺点是在实践中只能用来解释某些特定的征税范围，并且理论上不容许财政过程发挥再分配作用。因此，公共收入与支出之间的联系是相对的，都是在一定范围内体现受益原则。公路行业在整体上采用使用者付费和基金制度，但是在行业内部还存在一个如何分配资金的问题，后者是无法严格遵循受益原则的。另外，不同维度之间的收支关系并非相互独立，而是相互关联。在处理中央和地方之间财政关系时强调事权、支出责任同财力、财权的对应，债务融资的合理利用，都是加强收支联系的受益原则体现，都可以看成具体时空条件下的专款专用；政府债务的形成和还款机制，有的是建立在一般税收基础上，有的则是建立在使用者付费基础上，这可以看作中国目前的政府债务按照普通债务和专项债务的区别实施分类管理的一种理论解释。

4

公路融资的受益机制分析[*]

公共物品和受益原则作为抽象的理论概念，在现实中只有很少领域的物品服务能够与之对应，更多时候是作为一种研究思路或理论基准。公路基础设施恰恰是集中体现受益原则思想的典型例证，其经济特征分析与融资制度安排都可以循着受益原则来展开。本章根据公共物品融资的受益分析框架，从收入的使用者付费、支出的专款专用、中央和地方财政关系及市场化融资的代际公平四个方面对公路融资进行相应的受益机制分析。

本章的部分内容源自：李玉涛、樊一江、马德隆《国际公路融资模式比较及启示》，《中国公路》2015 年第 15 期；李玉涛、马德隆、乔婧等《我国收费公路制度改革的基本原则探讨》，《价格理论与实践》2019 年第 7 期。

4.1 公路基础设施的经济特征

4.1.1 受益对象的公共性

受益对象的公共性，用一句民谚可以概括为"取之于车，用之于路，服务于民"，对应的专业语言则是指萨缪尔森关于公共物品的经典定义中的非排他性和非竞争性①。路网是由农村公路、干线公路、城市道路组成的网络性基础设施，不同类型道路在排他性与竞争性两个方面的经济特征存在很大差异。农村公路具有典型的非竞争性和非排他性，增加一辆车引起的边际成本几乎为零，同时实施排他性收费的成本很高，因而很多时候作为纯公共物品的例证出现；干线公路具有可排他性，随着技术的不断进步，对过往车辆征收通行费的收费成本呈现不断下降的趋势，同时大多干线公路路段常态下较少出现拥挤状态，因而常被作为一种俱乐部物品；城市道路在交通高峰期非常拥堵，并且很难阻止其他人使用。

显然，可以实施直接收费的干线公路在路网中占比不高，开放性道路的非排他性使得公民的偏好需求不可能通过完全交换交易直接反映出来。如果不能排除免费使用者使用公路设施服务，就不能完全依赖直接的使用费方式来融资。当然从燃油、轮胎征收的税款可以合理地接近提供公路设施服务的成本，但这种以税收方式出现的间接使用费筹资需要依赖政府对公民的普遍强制力②。

---

① 约翰·伊特韦尔等编《新帕尔格雷夫经济学大辞典》，经济科学出版社，1996。
② 埃莉诺·奥斯特罗姆、拉里·施罗德、苏珊·温：《制度激励与可持续发展——基础设施政策透视》，陈幽泓等译，上海三联书店，2000。

4.1.2 受益空间的多层次和外溢性

就一般意义而言，公路具有显著的地域性，受益范围集中于沿线区域，但每一类型公路在空间上的受益特征差异很大。全国性干线公路网的受益范围基本上覆盖了全国，具有全国性公共物品的特征；州、省等区域级的公路受益范围主要是本区域，应由相应层级政府负责提供，但是由于穿越本区域的过境交通存在，可以借助于中央政府的转移支付来使外部性内部化；公路的受益范围也常常超出运输本身，增加了沿线的土地价值。在美国，物业税构成了地方公路建设的重要资金来源。此外，高速公路的受益者不仅包括付费高速路使用者，也包括那些平行公路上的免费道路使用者，这些平行公路由于高速公路的开通而减少了拥堵①。

4.1.3 受益时间的长周期

公路基础设施一经建成，就会在很长的时间内发挥效益。因此公路需要强调合理的融资框架和现代资产管理方法，确保已建成资产的可持续性和经济服务性能。这就需要对道路预算分配的决策在以下方面达到适当平衡：常规和阶段性养护；修复和重建；新公路的资本投资。随着公路网的扩建和成熟，更多的预算将用于道路养护。这一平衡对于确保在公路网上投入巨大资源的可持续性而言是非常重要的②。一般来说，常规和阶段性养护属于经常性开支，应该遵从现收现付制；重建和新建属于资本性支出，既可以采用市场化融资，也可基于当期收入。

---

① 赵志荣：《财政联邦主义下的交通设施投融资》，格致出版社和上海人民出版社，2015。
② 世界银行：《中国的高速公路：连接公众与市场，实现公平发展》，2007。

4.2 公路的资金来源

从财政基础看，基础设施的资金来源不外乎一般性税费、受益税和使用费三种。目前在全世界范围内，交通基础设施融资呈现一种从财政拨款向受益者负担转变的发展趋势。融资方向的转变更加符合政府对基础设施建设的功能定位和目标追求。

4.2.1 交通基础设施的功能

交通基础设施既是运输系统中的必要组成部分，又是通过改变空间连通形态调节区位或地点价值的系统。王辑宪从交通基础设施的上述双重身份出发构造了一个新的交通运输地理系统分析框架①。从运输功能出发，交通基础设施大多可以通过对运输工具采取收费的方式取得收入和补偿成本，但是从时间上必须在运输的生产过程发生后才能实现。同时如果从场所空间来看，交通基础设施从建设开始就已经在改变土地价值。比如机场投资者关心所在城市的收益，而不是航空运输本身的收益。同理，中国地方政府在新区建设高铁站，为的不是高铁，而是区位增值带来的利益。传统方法是将运输看成人类如何通过提高移动性受益的过程，而新的框架指出，这个过程其实同时也是一个如何通过提高可达性受益的过程。该分析框架亦具有非常直接的财政含义，即交通基础设施的两种身份分别对应着使用者付费和受益者负担两种不同的融资机制。

---

① 王辑宪：《探讨交通运输地理的两个理论基石》，载《北京交通大学第二届运输时空经济论坛文集》，2014。

城际交通基础设施融资主要利用使用者付费机制。铁路行业仅仅依靠使用费很难取得财务平衡，需要政府补贴。大多公路基础设施主要依赖使用者付费，大多国家的公路与机场能够通过使用费收入来覆盖各自的成本，甚至有所结余，这就导致出现是否应再分配到轨道交通等其他领域的争议。城市交通基础设施除利用使用者付费机制之外会更大程度地依赖另一种受益机制，即合理捕获设施外溢的土地价值。

交通基础设施建设利用使用者付费，实质就是从交通基础设施的运输功能出发充分利用价格工具的作用，后面的章节会以公路融资系统阐述。在此仅从交通基础设施的区位增值功能讨论一下如何利用土地价值捕获来为交通基础设施融资。

面向当地产业主或开发者的"价值捕获"是比较典型的正外部性内部化。在很多情况下，基础设施的改善，不仅便利了设施的使用者，还造福了处于特定区位的某些群体。由于区位优势，一些房地产价值上升，获得了更好的开发机会。在传统的使用者付费或一般性税费模式下，这些群体不需要承担额外的设施成本来匹配他们的区位所得，特别是因城市扩张而带来的城郊土地的价值提高。价值捕获，就是通过某些特定财税手段，如物业税，合理有效地回收部分增长的区位价值，用于反哺基础设施建设。

土地价值捕获使公共物品的受益人承担相应的成本，不仅在物品使用上是公平的，而且有助于促进资源的合理配置。一方面，公众作为受益人，可以根据物品的价格和准价格信号，权衡他们使用物品服务的成本和受益，据此做出相应的行为调整。另一方面，公共部门可以通过公众的行为反馈，获取准确的公众需求信息，并做出相应的投资决策。

香港政府用特许经营权赋予地铁发展上盖与周边物业来补贴地铁的做法，其实就是将双重身份各自的收益用最短的途径使其回到交通运输系统内，同时让消费该系统的人得益，从而构成交通运输系统与土地使用系统的正反馈型互动。推而广之，目前世界范围内倡导一种可持续交通融资趋向，其实质正是受益原则，难点和关键是如何利用交通设施的区位增值功能，适时适当捕获土地价值。

4.2.2 公路的主要税费来源

与大多基础设施的融资建立在单一的使用费基础上不同，公路融资的特殊性在于形成了一个由通行费与多种受益税构成的融资体系[①]。排他性收费使得公民对公路的偏好需求通过交换交易反映出来，因而符合经济效率原则。但是考虑到排他成本等因素，征收通行费的方式仅适于具有一定车流量水平的城际干线公路，并不适用于农村公路和大多城市道路等。除了通行费外，燃油税/养路费、吨公里费、停车费等都可以成为公路融资的收费工具。海根和维克斯认为，公路收费工具应该容易识别与管理，且与公路使用相关，容易与间接税收和其他服务收费或使用费区分开来，不易出现大规模的逃费、避费或漏费现象[②]。

在公路交通领域，最典型的设施使用者是机动车驾驶者，如果他们的受益（路面使用）状况用燃油消耗来衡量，燃油税就成为一种相对应的使用费。在美国，燃油税是公路交通的主要资金来源。尽管燃油税名为"税"，但在美国交通领域被普遍看作一种使用费。因为其缴纳程度和公路使用密切相关，符合使用者付费的基本原则。当然，燃油消耗只是机动车出行从公路系统中受益的衡量方式之一，而且随着新能源车辆的使用，正逐渐变得越来越不能准确反映道路使用程度。

---

① 李玉涛：《高速公路的投融资机制与管理体制问题》，《改革》2005 年第 10 期。
② 艾·G. 海根、皮尔斯·维克斯：《道路的商业化管理及融资》，财政部预算司译，中国财政经济出版社，1999。

车辆行驶于公路上会对公路造成磨损与破坏，这些磨损与破坏将降低行车速度，并造成其他公路车辆的磨损与破坏增加。由于这种磨损与破坏的程度与车辆轴重成正比，所以不同国家制定不同的税费政策以补偿公路损毁的外部性，如根据车型与核定吨位征收养路费、对重型车辆征收重车税或柴油税。

在流量较大的干线公路与城市道路中，比较容易发生拥堵，一辆车的加入会造成其他车辆行驶速度的下降，说明产生了拥挤的负外部性，因此征收交通拥堵费可调节车流量进而减少拥挤，使得拥挤的负外部性内部化。交通拥堵费则成为交通基础设施重要的收入来源。早在 20 世纪 50 年代，经济学家威廉姆·维克里（William Vickrey）在国会做证时就呼吁华盛顿大都市区借助无线电发射器来征收综合性拥堵费①。如今全球定位系统（GPS）和快易通电子收费系统（E-Zpass）等新科技的产生大大提升了这个建议的可行性，而大都市区日益严峻的交通状况也为其赢得了广泛的民意支持。

4.2.3　收费公路定价的原则方法

征收通行费的收费公路定价有边际成本定价、平均成本定价和拉姆齐定价三种基本方法，分别体现了不同的问题导向和理论原则②。

1. 边际成本定价

从效率原则出发，经济学家推崇边际成本定价。在他们看来，对新建公路和机场等设施的需求，部分地取决于对现有设施收取的使用费价格。基于

---

① 西蒙·哈奇姆、保罗·塞登斯塔特、加里·W.鲍曼：《运输业的民营化》，林晓言、蔡文燕译，经济科学出版社，2004。
② 李玉涛、马德隆、乔婧等：《我国收费公路制度改革的基本原则探讨》，《价格理论与实践》2019 年第 7 期。

边际成本的有效定价，将会减少对新建交通基础设施的需求，并能从中获得足够多的收入来为有堵车问题的道路提供资金，而无须依靠税收资金。近20年来，遵循交通基础设施效率定价原理，西方发达国家广泛寻求经济工具作为实现可持续交通的最佳选择。随着人们对环境问题的重视程度提高，边际成本逐渐延伸覆盖到外部性领域。对于公路而言，边际成本定价主要指导针对货车道路毁损和小汽车拥堵的定价。

2. 平均成本定价

平均成本定价，既要补偿养护的经常性开支，也要覆盖建设的资本性支出。我们常说的"收费还贷"政策主要基于弥补资本性支出。但是，该政策明显缺乏对长远养护的持续性经常性开支需求考虑。平均成本定价的优点是可以在不用政府财政补贴的条件下补偿全部的成本支出，实现财务平衡。然而，实践中收费还是经常不能完全补偿平均成本，这时就需要用财政补贴的方式填平缺口。

3. 拉姆齐定价

在平均成本定价和边际成本定价之间，还有一种结合了两种优势、根据细分商品和服务的需求弹性的定价方式——拉姆齐定价。拉姆齐定价公式也常常称作弹性倒数定理，需求弹性大的收费就低，需求弹性小的收费就高。其定价原理如下：以社会福利最大化为基础建立数学模型，考虑经营者利润最大化，求解一组偏离边际成本价格的次优价格。拉姆齐定价虽然不能实现资源的最优配置，但在保证企业收支平衡的前提下实现了资源的次优配置。

三种定价方法有不同的着眼点和目标，因而很难简单比较政策效果。建立能够反映成本的使用者付费机制，既可以基于平均成本，也可以遵循边际成本定价原理。各国交通基础设施的收费总是与社会边际成本相差甚远，而更多迫于财政平衡压力趋向于平均成本定价。但是，这不否认边际成本定价的价值。基于成本定价并不是忽略需求，拉姆齐定价正是按照需求弹性的差别来决定车辆的最佳收费水平,从而进行合理的成本分摊。从这个角度看,拉姆齐定价是趋向资源配置效率的差异化收费定价方法。

4.2.4 公路用户税费的国际趋势

世界上很多国家将燃油税作为公路资金的重要来源。由于燃油税通常是按照每升征收固定税额,税率必须定期上调,才能与通货膨胀、更高的燃油效率和公路网支出需求保持同步。同时,燃油税无法完全回收重型车辆导致的成本,不能因位置和时间差异化来收费以缓解交通拥堵,也不能充分反映环境成本。近年来,提高燃油税税率面临着重重政治阻力,许多国家转向开发更具可持续性的公路使用收费方式。

1. 探索更可持续的公路资金来源

从本质上看,燃油税符合"使用者付费"基本原则。不过随着汽车油耗的降低和新能源汽车的普及,燃油税为公路筹资的作用和公平性在逐渐下降。新能源车辆也使用公路设施,但政府无法从相应的驾驶行为上得到足够的燃油税收入。如果任此发展,作为交通专项资金的燃油税也就失去了原来"使用者付费"的经济学基础。在此背景下,按照里程和重量征税成为一种新的可行选择①。

自 2005 年 1 月起,德国开始借助车载单元（OBU）和基于卫星的系统,对利用德国高速公路、最大允许载重量在 12 吨以上的重型货车征收里程费。该计划利用车辆的实际行驶里程计算公路使用费,收费还会参考道路拥堵情况和车辆的环保性能（欧洲排放等级）。波兰、捷克、奥地利和瑞士等其他欧洲国家也开发了类似的重型车辆里程收费系统,其中大部分系统采用

---

① 赵志荣:《财政联邦主义下的交通设施投融资》,格致出版社和上海人民出版社,2015;樊建强、John Liang:《美国公路基础设施融资危机、变革趋势及启示》,《兰州学刊》2014 年第 3 期。

电子收费方式。美国已经开始对基于里程的收费计划进行调研，但目前仍处于开展研究或制订和实施试点方案的阶段。俄勒冈州开展了最全面的试点计划，对采用不同技术方法实施全州收费计划的可行性进行了评估[①]。

2. 征收多种形式的拥堵费

收费具有缓解拥堵、有效利用稀有道路资源的功能。不论是城际收费公路的通行费，还是城市道路拥堵费，都是针对机动车这一相同的路面出行主体。传统针对城市道路征收的拥堵费，其定价和支出机理同样适用于公路。从经济角度看，定价过低是路面交通拥堵的直接原因。因此，征收拥堵费就成了缓解路面交通的政策工具。在政策设计中，拥堵费政策不仅要关注需求方的定价和需求调控问题，如何合理使用拥堵费收入满足融资和平衡不同支出需求，也是题中之义。

政府可以通过多种方式征收拥堵费，可以对个别公路/车道或个别设施收费。例如，伦敦的车辆在进入警戒线隔离的特定区域时必须交费，人们还可以制订出覆盖整个地区公路网的全面收费计划[②]。国际上拥堵收费大致可以分为四类（见表4-1）。

表 4 - 1　拥堵费的分类

拥堵费的分类	简要介绍 （四种收费方式都将道路拥堵程度和车型作为确定不同费率的依据）	范例
公路使用费	车辆在特定的时段里在特定的公路/车道上行驶时需交费，而使用旁边的公路/车道则不用交费。同里程费一样，公路使用费也取决于车辆的行驶里程	弗吉尼亚州的 HOT 车道、新泽西州收费高速公路、加利福尼亚州的 91 号收费高速公路

---

① 亚洲开发银行：《中华人民共和国公路部门融资体制改革》，2015。
② 西蒙·哈奇姆、保罗·塞登斯塔特、加里·W. 鲍曼：《运输业的民营化》，林晓言、蔡文燕译，经济科学出版社，2004。

续表

拥堵费的分类	简要介绍 （四种收费方式都将道路拥堵程度和车型作为确定不同费率的依据）	范例
设施使用费	车辆在行驶过某个独立的桥梁或隧道时需交费，这种收费方式并不考虑车辆到达这个设施之前及离开后的行驶里程	特拉华河高速公路收费大桥
警戒区使用费	车辆行驶进某个特定的区域时需交费。所征收的费用与行驶里程无关	伦敦市中心；纽约市提出了类似的提案
综合性公路使用费	所有道路都要收费。这与警戒区使用费非常相似，但是适用于特定的地区（而且这些地区通常在规模上远远超过警戒区）。这种收费方式中包含里程费	新加坡

资料来源：本杰明·奥尔、艾丽斯·里夫林《公路使用费怎样减少通勤时间》，载吴敬琏主编《比较》（第44期），中信出版社，2009。

第一类是常见的公路使用费。车辆在特定的时段里在特定的公路/车道上行驶时需交费，而使用旁边的公路/车道则不用交费。一般意义上的收费公路都是这种类型。美国有一些计程收费车道（HOT车道），也属此类。同里程费一样，公路使用费也取决于车辆的行驶里程。

第二类是针对独立桥隧的设施使用费。车辆在行驶过某个独立的桥梁或隧道时需交费，这种收费方式并不考虑车辆到达这个设施之前及离开后的行驶里程。

第三类是以伦敦为代表的警戒区使用费。伦敦实施的是一种在市中心划出收费区收取通行费（Cordon Pricing）的做法。从2003年2月开始，伦敦开始在市中心实施该项交通拥堵收费。从星期一到星期五（法定节假日除外），早7点至晚6点进入市中心收费区的所有车辆都必须缴纳8英镑。在2007年之后，收费覆盖范围扩大到市中心以外的西伦敦地区。伦敦市只对行驶进特定区域的车辆收费，且使用费与行驶里程无关。

第四类是新加坡的综合性公路使用费。自20世纪90年代以后，新加坡实施了车辆定额分配制，征收车辆注册和附加注册费、汽车关税、燃油税等税费。在 1998 年之后，新加坡进一步实施了公路电子收费（Electronic Road Pricing，ERP）系统，利用现代通信手段在拥堵路段进行自动收费。进入城市中心区的汽车在经过收费站时，ERP 通过专有无线电通信网络，自动从安装在车辆内的智能卡上收取费用。新加坡的 ERP 收费面向所有道路，同时包含里程费和拥堵费。该政策实施以来，对减缓交通拥堵成效显著。

3. 收费与公私合作模式上升趋势明显

近年来，在世界范围内通过征收通行费为高等级公路筹资的项目在大幅增加。包括处于各种发展水平的国家，如澳大利亚、巴西、法国、德国（货车）、印度、意大利、日本、墨西哥、瑞士等，都广泛采用各种手段征收公路通行费。

相当一段时间里，专项资金和政府融资满足了美国联邦和州政府交通发展的需求，使得公路收费和私有融资的动力不足。但是，随着美国交通资金的日益短缺，很多州政府和地方政府开始积极考虑通过收费公路和 PPP 补充交通资金。美国的新立法（2005 年）明确鼓励各州通过放松对州级或民营收费公路的限制，实施创新的融资模式来建设新的州际高速公路①。

4.3　资金管理制度

资金管理制度是以财政支出作为切入点来描述公路投融资的，但体现的是整体收支关系。循此分析，国际上公路融资模式主要有预算制和基金制，美国采用典型的基金制，英国实施预算制，更多国家采取了两者混合的融资模式②。基金制又经历了从传统专项基金向新型商业化基金的转变③。

---

① 樊建强、John Liang：《美国公路基础设施融资危机、变革趋势及启示》，《兰州学刊》2014 年第 3 期。
② 郜恩崇：《公路交通规费经济学》，人民交通出版社，2003。
③ 李玉涛、樊一江、马德隆：《国际公路融资模式比较及启示》，《中国公路》2015 年第 15 期。

4.3.1 公路预算制

预算制是指公路建设养护资金来自国家财政，没有设立专项税费资金来源。国家根据经济发展需要对包括公路在内的各部门预算进行审议，并经议会等权力机构批准分配资金。在预算制下，公路作为公共物品由政府免费提供，原因在于公路交通机动性服务被认定是公民的一项基本权利，所以融资需要财政预算方式。这样，公路基础设施供给就有别于港口和铁路等其他交通设施，而同医疗保健、教育卫生等共同竞争国家预算资金。

中央政府通过一般财政收入向公路基金拨款的做法较为常见，尤其是在设立基金的早期阶段，而其他资金来源尚未充分开发之时。在较为成熟的公路基金里，政府可能仍然需要为政府要求但不属于公路筹资机构重点事项的特定活动提供资金，或者将拨款作为替代提高公路使用费的临时措施。如果某地方政府拥有强大的机构，它通常会通过征收物业税的方式，负担其辖区内公路的建设和养护成本。

政府通过一般预算提供公路资金拨款的范例如表4-2所示。

表4-2 政府通过一般预算提供公路资金拨款的范例

国家	一般预算拨款的范例
澳大利亚	在澳大利亚维多利亚州，政府通过一般预算和行车执照更新收入为"公路改善维多利亚信托账户"（Better Roads Victoria Trust Account）提供资金
印度	在印度某些邦，如喀拉拉邦，邦级公路基金通常会获得中央政府和邦政府的预算支持
日本	有一小部分的公路融资来源于一般预算拨款
尼泊尔	在公路养护基金的收入中，50%~60%来源于政府一般预算

续表

国家	一般预算拨款的范例
新西兰	2008/2009 年度，中央政府拨款占国家陆路运输基金（National Land Transport Fund）总收入的 3%，2009/2010 年度占 5.2%，2010/2011 年度占 5.7%；其中，部分用于中央政府认为不应当收取公路使用费的特定活动，部分用于填补公路使用费收入缺口。平均 50% 的地方公路养护和改善成本由地方政府一般收入拨款支付。剩余的 50% 由国家陆路运输基金资助
巴布亚新几内亚	在公路基金（Road Fund）2012 年预计收入中，12% 由中央政府从发展预算中拨付
斯里兰卡	2006 年，政府划拨给公路养护基金（Road Maintenance Fund）的一般预算拨款为 3000 万美元——之后每年都增加 400 万美元，直至 2010 年——用以填补公路使用费收入缺口
美国	2008～2010 年，国会从一般经费拨付用于地面交通的资金超过 700 亿美元。各州也通过一般预算收入支付其承担的部分公路成本

资料来源：亚洲开发银行《中华人民共和国公路部门融资体制改革》，2015。

稳定的资金需求是公路融资的典型特征。用国家预算资金为公路建设和养护融资，相当于把公路视作需要政府补贴的对象。这样，公路建设养护的资金供给受国家财政波动影响很大。财政收入状况较好时，公路获得的预算拨款尚可，而财政紧张时，国家就会削减对公路的融资拨款。实践中，由于教育、医疗等民生事业的资金需求往往更为紧迫，故政府很难分配给公路建设和养护足够的预算资金。此外，公路实行不同于其他运输方式的特殊融资方式，不利于形成公平有效的定价机制，因而公路融资预算制往往会受到铁路等其他方式的抵制①。

4.3.2　公路基金制

基金、专款专用和预算外表达着相类似的政策含义。虽然同样有着专款专用要求，但新型商业化基金同传统的专项资金有着本质的不同②。

---

① 李玉涛、樊一江、马德隆：《国际公路融资模式比较及启示》，《中国公路》2015 年第 15 期。
② 艾·G. 海根、皮尔斯·维克斯：《道路的商业化管理及融资》，财政部预算司译，中国财政经济出版社，1999。

公路基金是指政府专门设立的有特定来源且专用于公路建设养护的资金。20 世纪 70 ~ 80 年代，国际社会设立的公路基金基本都起源于当时的财政紧张，目的是解决预算体制失效的问题。公路基金来源特殊，既包括向公路使用者收取的通行费用等，也包括向广大纳税人收取的一般性税收。在实践中，大部分国家的公路基金存在严重的体制问题。资金存入没有规律，提款通常会被延误，有些政府经常将公路基金挪作他用，开支控制松散。此外，专项基金的做法在一定程度上会影响国家统一的预算管理，因而遭到国际货币基金组织和多国财政部门的反对。

与传统专项基金不同，20 世纪 90 年代重组或新设的公路基金的核心是将市场机制引入公路融资领域，对公路的使用者收取相应费用，并按照市场化模式经营管理。公路使用者支付的相关费用作为专项资金用于公路建设养护。这样在公路管理机构和用户之间建立一种准市场机制，通过收入与支出的紧密联系形成预算硬约束，从而提高投资和运营效率。

4.3.3　对比分析

通过对不同公路融资模式特征的比较分析（见表 4 - 3），可以总结出以下几点。

表 4 - 3　世界各国公路融资的主要模式比较

类别	预算制	基金制	
		传统专项基金	新型商业化基金
做法	按照预算的要求进行资金分配	用特定的税收来补偿特定的公共开支	引入市场机制，在服务收费的基础上实施商业化管理
特征	收支不挂钩	收支挂钩，但不一定体现受益原则	使用者付费，符合受益原则

续表

类别	预算制	基金制	
		传统专项基金	新型商业化基金
目标	免费提供，类似医疗等公共服务	确保公路稳定的资金供给	需求管理和特定成本补偿
效果	难以获得充分且稳定的资金供给	仅适用于特定时期，长期而言，很难提供稳定资金，且财务纪律松散	需要配套制度保障

　　资料来源：艾·G. 海根、皮尔斯·维克斯《道路的商业化管理及融资》，财政部预算司译，中国财政经济出版社，1999。

　　第一，专项基金是一种过渡性制度。从国际实践来看，相对支出而言，传统专项基金中的专项税费收入总是过多或过少。由于资金不能用于其他领域，如果专门税费金额过多，则可能造成"矫枉难免过正"。如果金额太少，由于该支出类目已经获得"自由资金渠道"，就很难再从普通税收中获得额外资金支持。因此，专项基金只是一种过渡性制度，难以从根本上解决公路建设养护资金供需不均衡矛盾。要防止收支失衡，需要定期审查基金收入与支出的合理性，并不断调整完善。

　　第二，新型商业化基金都具有使用者付费特征。现实中，港口、铁路等其他交通基础设施与高等级公路不同，后者只要被使用，往往就要明确付费。燃油税、通行费本质上属于公路设施的使用价格。因此，通过具有使用者付费特征的商业化基金，不仅能为公路建设养护提供有效的资金保障，也能更好满足各类运输需求，引导运输需求在公路系统与其他运输方式中合理分配。

　　第三，大多融资模式有平衡制约机制。无论是预算制，还是新型商业化基金，都内含一套自我平衡约束机制。预算制通过项目评价的科学化和利益集团的博弈实现不同公共服务支出之间的平衡制约；商业化基金则是充分利用市场机制的强大定价动力促进公路管理机构提高投资和运营效率。相比较而言，传统专项基金自身缺乏一套内在的平衡机制，需要定期审查其合理性，并不断调整完善。但换一个角度审视，结合发展形势定期审查合理性本身也是一种平衡约束机制。

4.4　政府间财政关系

按照财政分权的思路，结合功能分类、行政区划与各级政府的税费征收权力可以确定各级政府在公路设施提供中的权责关系。

4.4.1　政府间职能分配

划分公路权责应建立在公路功能分类的基础上。世界各国的公路资源目录通常把路网分成三个至四个功能级别。不同类型公路的潜在受益者是不同的，因而也要求由不同边界范围、不同行政级别的政府提供，而同一类型级别的公路在管理目标、资金安排、建设与养护标准等方面遵循一致的标准[①]。《中华人民共和国公路法》（简称《公路法》）把公路划分为国道、省道、县道、乡道。显然，行政级别越高的公路，受益范围越大，权责就越应该分配给行政级别较高的中央政府或省级政府。相反，县道、乡道等农村公路主要满足农民通往市场及相关场所的可达性要求，受益范围比较集中，因此责任主体应该是地方政府。

每一位公民和车辆用户享受着干线公路与地方公路不同类型公路的服务，分别向相应的政府提供者缴纳着不同的税费。公路建设与管理责任在各级政府机构之间的分配是与各级政府的税费征收权力一致的，不同级别政府需要

---

① 艾·G. 海根、皮尔斯·维克斯：《道路的商业化管理及融资》，财政部预算司译，中国财政经济出版社，1999。

一定的税费征收权力来保证履行职责。公路资金主要来源于车辆用户缴纳的受益税和使用费。中央政府和地方政府根据各种税费的不同性质和承担的支出责任分配征收权。

作为一种线型网状基础设施，国家干线公路是由分布在各省域部分的路段连接而成的，相互之间的作用联系非常紧密，在由各地方政府分别提供时就会发生上述的溢出效应。具体来说，一个省内的国家干线公路提供的基础设施服务可分成三种。第一种是满足本省的运输需求，实现省内不同地点之间的运输转换，省级政府有积极性满足这种需求；第二种是联系本省到邻省的运输，这是地方政府之间的合作问题；第三种是作为其他省份之间运输联系的过境通道而存在的，这时由于存在正外部性的溢出效益，如果不能完全通过通行费等地方税费资金弥补建设和运营成本，单纯的地方政府提供显然激励不足，中央政府应有所为。相反，如果普遍利用通行费政策，那么这些具有交通区位优势的地区则由于交通量大而会获得相对高的通行费收入，如地处中国中原地区的河南省、紧邻首都的河北省。

中央政府在公路设施服务提供中的另一意义是改进运输的协调。巴顿认为，如果没有某种程度的中央指导，很可能造成基础设施的重复，从而浪费资源①。近些年来，中国中央政府先后通过的国道主干线、国家重点公路、国家高速公路网等一系列规划，体现了促进国土均衡开发、完善国家综合运输网的价值取向和基本原则。

4.4.2　政府间转移支付

把公路的投资管理责任分配给地方政府会提高地方积极性，但也容易导

---

① 肯尼思·巴顿：《运输经济学》，冯宗宪译，商务印书馆，2002。

致区域公路服务水平差距加大和产生溢出效应，这一问题通常通过上级政府对下级政府的财政转移支付解决。这说明，通过公路税费征收的集权化与投资支出的分权化结合可以协调经济效率与区域公平的矛盾。

公路投资中的资金转移支付主要有财政收入共享与功能性拨款两种方式①。美国联邦政府通过联邦高速公路信托基金为各州高速公路提供了大量的功能性拨款。中国中央政府为各地方干线公路的建设提供了车购税资金，同时也对服务质量与技术标准提出了相应的规范要求。马斯格雷夫认为一般性整笔拨款与分权是一致的，而严格的有条件的和配套的拨款则有助于集权的控制，削弱地方政府的自治性，在一定程度上抵消地方分权的好处②。

财政收入共享是根据指定的规则共享从特定税收中提取出来的财政收入。在美国，汽油税共享承认不同的地方政府对需要不断进行养护的当地街道和公路都有管辖权。由一个州征收并和具有管辖权的地方政府共享单一的汽油税，是资助公路养护的一种简便的行政管理方法。中国过去一些省份的养路费和现行的燃油税（成品油消费税中的交通专项部分），也都不同程度地体现了财政收入共享的原则。

当评估转移支付项目的结构时，最重要的是要仔细考察这些项目对中央政府和地方政府及不同地区的居民所产生的激励③。地方政府与中央政府都必须保证可信承诺。如果地方政府预期到即使自己不进行养护投入，损坏的公路照样会通过额外的补贴或贷款资金来修复，那么它们就可能违背承诺不再重视

---

① 文森特·奥斯特罗姆、罗伯特·比什、埃莉诺·奥斯特罗姆：《美国地方政府》，井敏、陈幽泓译，北京大学出版社，2004。

② Richard A. Musgrave, *The Theory of Public Finance: A Study in Public Economy* (McGraw-Hill, 1959).

③ 理查德·M. 伯德、麦克尔·斯马特：《政府间财政转移支付对发展中国家的启示》，黄相怀译，《经济社会体制比较》2005 年第 5 期。

养护，这意味着中央政府必须使之兑现承诺。如果不能使县、乡基层政府与沿线主要受益者保证足够养护投入，新建的公路资产将会很快被侵蚀掉。同时，中央政府所做的向地方辖区转移收入的承诺一旦做出，也要保证兑现①。

一个不可忽视的问题是，中央政府对下级政府的转移支付需要耗费很高的监督成本。下级政府为获取上级政府拨款，有时会不惜用弄虚作假的办法使账面上的造价膨胀。中央政府必须实施一定监督惩罚措施，以防范地方政府的机会主义行为。

4.5　公路债务融资机制

为公路建设投资而形成的公路债务，既具有政府债务的一般特性，又具有鲜明的行业特征。

4.5.1　公路建设债务融资的内在机理

由于公路基础设施建设具有资本投入大、强度高的特点，且具有长期性和持续性，世界各国尤其是发展中国家政府在提供公路基础设施过程中普遍面临建设资金来源不足的难题，导致公路基础设施成为经济与社会发展的一大瓶颈。因此，通过举借债务扩大公路建设投资的资金规模就成为解决问题的有效手段，政府为公路建设所筹措的银行贷款等债务性资金的本质是"公债"。对于非周期性或非经常性的公共开支需求，如战争、基础设施建设等，

---

① 埃莉诺·奥斯特罗姆、拉里·施罗德、苏珊·温：《制度激励与可持续发展——基础设施政策透视》，陈幽泓等译，上海三联书店，2000。

可以诉诸举债之途①。公路建设债务是对未来预期公路税费收入的预支，由于公路基础设施的设计使用寿命通常超过十数年甚至达到百年，完全由当代车辆用户通过税费支付建设成本会造成代际负担的不公平，而通过举债可以将一部分成本转嫁给未来的公路用户。如此，当代就可能在财力不足的情况下，提前享受好的公路基础设施所带来的福利，而后代则能够在更高的福利水平上谋求进一步发展。

同时，按照可持续发展的思想，公路建设举债合理性的一个基本前提是能够使每个代际的总福利水平都得到提高，后代也不会因为前一代的这种负债而降低福利。因此，作为一种调节开支的需要，公路建设债务的合理规模应与未来收入流量相匹配，实际上是依据时间的长短进行权衡。就收费公路的债务而言，收费期限的长短是决定债务融资规模或负债能力的关键因素。

当政府启动大规模公路基础设施建设时，如第二次世界大战后的西方国家、20 世纪 80 年代初的中国等，受制于一般财政收入资金的约束，自然会把目标转向债务融资。若通过政府直接发债，虽然可以扩充公路建设的资金渠道，但即使不考虑国家财政赤字带来的负面影响也会相应产生其他诸多复杂问题，包括发债的规模如何确定、与公路以外的其他基础设施和公共服务领域如何分配、债务如何偿还等。

以征收通行费作为公路债务融资基础的"收费还贷"模式有助于上述问题的解决。按照收费公路的内在技术经济规律，对收费公路项目投资的债务性融资必须依托于未来具有足够流量强度的通行费收入进行偿还②。在进行收费公路项目的投资决策时要根据交通需求的大小进行选择确定，而这种需求与社会经济的发展快慢密切关联。在科学合理的技术方法保证下，若社会经

---

① 大卫·李嘉图：《政治经济学及赋税原理》，周洁译，华夏出版社，2005；詹姆斯·M. 布坎南：《民主财政论》，穆怀朋译，商务印书馆，1993。

② 宋胜利主笔《公路建设可持续资金发展》，交通运输部规划研究院，2008。

济发展快、公路交通需求大则多融资、多建路，反之则少融资、少建路。因此，收费公路实际上是提供了一个确定合理债务规模与分配、保证公路建设投资效率、降低直接的财政负担并充分体现受益原则的政策机制①。这种自动平衡的政策机制可以使公路基础设施的提供与社会经济发展对公路交通的需求保持在基本均衡的状态。

4.5.2　项目与路网之间的财务平衡

以收费为基础进行市场化融资进行公路建设投资是建立在基本的财务平衡基础上的。

当把每条路段的财务状况作为投资决策标准时，由于收费收入的高低能够反映使用者得到的价值量水平，债务融资能够形成对财务的有效约束。但是当政府期望路网大规模快速扩张时，许多路段的车流量和收费收入的财务状况不支持债务融资，这时往往需要借助一些高流量成熟路段的补贴资金。

法国于 20 世纪 70 年代中后期在不同路段公司之间采取了交叉补贴做法，将新路段和盈利能力差的路段交给那些已经经营并且盈利能力强的公司，从而为高等级公路网的快速发展提供了财务支撑。法国、西班牙等国家的实践表明，如果仅仅以单个路段的交通流量和盈利能力作为是否修建高速公路的标准，那么广泛的、真正的全国性高速公路网是不能依赖收费和债务融资来支撑的②。中国公路发展中出现的统贷统还与法国的交叉补贴非常类似，支持公路建设发展的优点显而易见，但是也容易放大债务、弱化预算约束。

---

① 李玉涛、樊一江、马德隆：《国际公路融资模式比较及启示》，《中国公路》2015 年第 15 期。
② 肯尼思·巴顿：《运输经济学》，冯宗宪译，商务印书馆，2002。

4.6 本章小结

公路投融资在理论本原上是一个财政框架下体现与贯彻受益原则的领域。本章系统梳理了公路融资所蕴含的受益机理。

第一，假定在单一行政单元内的财政收支关系。从收入端来看，基础设施的功能决定了融资与财政基础，公路的用户税费体系主要体现了使用者付费。从支出角度看，国际上公路融资模式主要有预算制和基金制，后者又经历了从传统专项基金向新型商业化基金的转变。新型商业化基金具有实质的使用者付费特征，专项基金只能是一种过渡性制度安排。

第二，中央与地方的空间关系。公路功能分类是建立合理路网规划体系的核心，也是划分各级政府事权和投融资责任的基础。世界各国的公路规划体系通常把路网分成三个至四个功能级别。同一类型级别的公路在管理目标、资金安排、建设与养护标准等方面往往遵循一致的标准。公路税费征收的集权化与投资支出的分权化结合可以协调经济效率与区域公平的矛盾。公路资金转移支付制度的设计对于保障路网的可持续性至关重要。

第三，时间维度的收支关系。按照收费公路的内在技术经济规律，对收费公路项目投资的债务性融资必须依托于未来具有足够流量强度的通行费收入。在借助债务融资工具时，需做好项目与路网之间的财务平衡。

美国公路发展与融资的受益分析*

融资政策与体制设计着眼于解决发展资金不足问题，对基础设施发展方向也具有重要的激励引导作用。美国早期的物业税与后来的燃油税在融资功能与激励功能两方面存在很大差异，联邦政府的交通资金分配政策变化对路网规划理念及其实施效果产生了深远影响。从美国的经验可以看出，合适的财税政策和融资体制是实现交通科学发展的必要条件。

5.1　美国公路发展融资的历史

自建国以来的每个时期，美国都编制和实施了国

---

* 本章在以下文章基础上发展而成：李玉涛、荣朝和《交通规划与融资机制的演变——美国高速公路百年史回顾》，《地理研究》2012 年第 5 期。

家基础设施投资规划。国家规划和由此激发的基础设施投资极大地促进了经济发展，同时又通过间接方式对国家空间形态产生了深远的影响。1956 年的州际高速公路系统是美国有史以来规划建设的最大基础设施项目，从整体上对美国国民经济的增长产生了积极影响，也是影响1950～2000年美国城市发展的最重要因素①。基于此，1994 年美国土木工程师协会将州际高速公路评选为美国七大奇迹之一②。本章按照时间先后把美国公路发展融资的历史划分成早期（前州际公路时代）、中期（州际公路时代）和当代（后州际公路时代）三个具有不同特征的历史阶段，探讨不同财税政策工具的功能及中央政府的资金分配政策对规划实施效果的影响。

5.1.1 前州际公路时代（20世纪40年代之前）

当代美国采取以燃油税为主的公路融资模式，但通行费对于美国来说并不陌生。1792 年，美国宾夕法尼亚州出现了第一条收费公路。随后的 19 世纪美国迎来了收费公路大发展。据不完全统计，1792～1902 年，美国的收费公路公司 5000～5600 家，经营着 2500～3200 条收费公路，总里程 30000～52000英里。但是在这段主要依赖私人收费公路的时期，通行费并未提供充足的资金保障，公路经常面临投资不足或运营不力的困难③。

现代公路是汽车的载体。1910 年，伴随着汽车开始在美国出现并迅速增加，美国汽车协会（American Automobile Association，AAA）、国家公路协会（National Highways Association，NHA）和美国州高速公路官方联盟（American Association of State Highway Officials，AASHO）等相继成立，成为推动美国公路

---

① 张庭伟：《1950‐2050 年美国城市变化的因素分析及借鉴（上）》，《城市规划》2010 年第 8 期。
② 李晔、张红军：《美国交通发展政策评析与借鉴》，《国外城市规划》2005 年第 3 期。
③ 程楠：《制度对交通规划资源配置效率的影响》，博士学位论文，北京交通大学，2009。

发展的积极力量①。当时公路的修建责任并不属于联邦政府，而是由各州、郡县根据经济发展的需要修建。小汽车时代的来临要求道路基础设施适应机动化的形势需求②。1920 年前后，许多地方城市的交通规划师开始为小汽车设计城市主干路规划。主干路规划虽然在一定程度上缓解了拥堵，但是面对机动车数量的迅猛增长，仅仅通过以往的道路形态设计和地面交通管理措施，很难解决城市交通拥堵问题。"城市高速公路"正是基于数量日益增长的小汽车对速度越来越高的要求而产生的。在当时，通过限制出入和立体交叉以分流本地交通与过境交通的策略设想被广泛看作大城市交通问题的永久解决办法。限制沿线道路的车辆出入高速公路，可阻止慢速车辆随意出入交通流，减少交通冲突并保障更高的行驶速度。立交可保证高速公路上的通过性交通流连续通行，使通行能力倍增，并避免交叉线路间的冲突，消除交叉口中潜在的事故威胁③。

在美国城市高速公路产生初期至联邦公路信托基金设立前的一段时期内，公路建设融资主要依赖以物业税为主的地方收入。1916 年 7 月 11 日颁布的《联邦资助道路法案》规定，联邦政府将为州政府提供 5 年期、每年 7500 万美元的公路建设资金，各州政府按照 50% 比例配套资金，进行公路建设。虽然州政府于 1919 年、联邦政府于 1932 年开始征收燃油税，但是最初的燃油税资金进入一般预算收入账户中，并没有直接安排到公路项目中④。

城市高速公路产生初期依赖物业税的 20 世纪 20～40 年代，由于要获得城市、当地居民和商业团体的支持，公路规划自然把满足居民的市内出行置

---

① 刘志：《国外城市轨道交通经济研究简要回顾》，《城市交通》2009 年第 2 期。
② Jeffrey R. Brow，Eric A. Morris，Brian D. Taylor：《20 世纪美国应对机动性的交通构想及高速公路发展历程》，刘贤腾译，《城市交通》2010 年第 1 期。
③ Jeffrey R. Brow，Eric A. Morris，Brian D. Taylor：《20 世纪美国应对机动性的交通构想及高速公路发展历程》，刘贤腾译，《城市交通》2010 年第 1 期。
④ Robert Jay Dilger, *American Transportation Policy* (Westport：Praeger Publishers, 2003).

于通过性交通之上，并会综合考虑高速公路与周边环境及更大的交通网衔接。路面较窄但线路密集以分散交通，尽量使单个设施的占地面积最小；道路单向一般：2个车道，最多3个；设计时速40～50英里；设计少量交叉口和出入口，以保证设施间的紧凑、避免大量小汽车驶入对周边区域的影响①。

物业税在融资方面有极大的不稳定性。当经济繁荣时，税收增加很快，一旦经济萧条，会急剧下降，同时物业税收入还需安排用于支持一系列其他城市公共服务，难以为公路发展提供稳定的资金流。20世纪30年代的美国大萧条时期，一些城市发展过程中出现的中央商务区（CBD）交通拥堵使一些人去郊区购物，造成客流损失，CBD财产估价不断下降对城市财政收入产生了重要影响。房地产价格骤降造成物业税的融资功能丧失，客观上要求规划实施寻求新的财政机制②。

5.1.2 州际公路时代（20世纪50年代至20世纪80年代）

1944年，在美国领导人为结束第二次世界大战做准备的同时，州际高速公路的可能性被提上联邦立法议事日程。第二次世界大战后，美国经济强劲增长、城市化进程迅速，导致车辆的迅速增加、车速的提高、人口膨胀等不利影响，为了缓解交通需求和供给之间的矛盾，国家加大了在路桥建设上的投资，1950年公路投资达到4.98亿美元，与当年的汽油税收入额刚好大致持平。这就为反对把燃油税用于公路之外的公路游说派提供了支持。他们强烈要求燃油税专用于公路的建设与养护中③。1952年通过的《联邦资助道路法案》第一次明确为州际公路建设提供资金支持，联邦政府按照50%的投资比

① Jeffrey R. Brow，Eric A. Morris，Brian D. Taylor：《20世纪美国应对机动性的交通构想及高速公路发展历程》，刘贤腾译，《城市交通》2010年第1期。

② 赵志荣：《财政联邦主义下的交通设施投融资》，格致出版社和上海人民出版社，2015。

③ Robert Jay Dilger，*American Transportation Policy*（Westport：Praeger Publishers，2003）.

例每年提供 2500 万美元。尽管如此，由财政提供一般预算资金进行投入，不仅仅无法保证资金规模，更为重要的是不具有长期性、稳定性①。

1953 年艾森豪威尔启动了美国现代州际高速公路规划，旨在形成郊区的基本道路系统。围绕州际公路资金是采用公路收费还是其他财税手段，产生了激烈的争论。轮胎制造商、美国汽车协会和石油行业，倡导高速公路系统所需资金应该由一般税收提供，依据是高速公路通过经济增长和改善交通使整个社会受益。但是艾森豪威尔总统坚持使用者付费方式来提供改进和新建高速公路所需的所有资金。从财政角度来看，建设这样一个巨型基础设施项目而不增加特别的税收显然是不现实的②。

州际高速公路的发展需要一种全新的融资体制。当时，通行费已经成为许多州高速公路系统的主要收入来源，艾森豪威尔总统本人也支持利用收费方式为高速公路融资。尽管通行费具有一定的经济合理性，但是同样面临着巨大的政治阻力：美国汽车协会和许多西部州地方长官极力反对，联邦公路管理局的预测结果从技术上否定了收费融资方式。

于是债券融资逐渐受到重视，并进入国会的审查程序中。1955 年，一个受总统特别委任并由 Lucius D. Clay 将军领导的委员会建议，组建一个新的联邦高速公路公司，通过发行 30 年期的债券为州际建设项目融资。债券以后由已有的联邦燃油税和轮胎税的收入来偿还。这一融资方式的好处在于：第一，公路建设属于长期资本投资，因而向公众借款具有正当性；第二，不会影响一般税收；第三，高速公路债券单独计列在一个独立的公司名下从而不会增加政府债务。可惜的是，由于建立独立的高速公路公司要削弱立法者对项目的行政控制权，公司形式的债券融资方式在两院投票中都被否决了③。

① 艾伦·阿特舒勒、大卫·吕贝罗福：《巨型项目：城市公共投资变迁政治学》，何艳玲编、程宇译，格致出版社，2013。
② 杨建平：《美国联邦公路信托基金的理念及挑战》，《中国公路》2014 年第 11 期。
③ 塔里克·M. 佩塔斯尼克：《美国预算中的信托基金》，郭小东等译，格致出版社，2009。

　　面对州际公路和国防公路网建设的筹资困境，信托基金制度顺势成为美国的最佳选择。经过各方激烈的竞争，《联邦资助道路法案》和《公路收入法案》于 1956 年正式颁布，设立公路信托基金来支持公路建设，同时提高了与公路有关的税率，开征了一些新税种，这些税收大部分收入纳入公路信托基金，专门用于公路事业发展。联邦政府在 10 年期限内，拨款 250 亿美元用于建设 66000 公里州际高速公路。州际公路和国防公路建设资金由公路信托基金支付 90%，其余 10% 由州政府支付①。

　　随着联邦信托基金制度的建立，美国州际高速公路按照既定的规划目标和绩效标准所确定的发展方向，建设进程逐步加快，美国逐渐发展成一个"汽车轮子上的国家"。

　　州际高速公路规划的实施效果从整体上对国民经济的增长具有积极的影响并与其发展方向一致，所取得的巨大经济效益已经在相当长的一段时间内得到了美国国内外的一致认可。但是从 20 世纪 70 年代开始，联邦公路规划方法就开始受到民主运动和环境问题的挑战，人们开始用更全面的标准来衡量和审视公共基础设施投资效果。越来越多的研究表明，高速公路建设对人口和经济在空间上产生了巨大的影响，同住房政策等因素一起，导致郊区的繁荣和蔓延，进而对空气、水源、旷野和动物栖息地等生态环境造成了极大的危害，甚至对洪涝灾害也产生了巨大影响②。

　　虽然缓解城市交通拥堵是人们选择郊区化的重要因素，但这种缓解只是暂时的。从长期来看，城市拥堵问题有增无减。高速公路建设引致的更多低密度郊区开发问题更为严重，结果不同土地使用功能相隔离，公共交通在低密度社区中效率低下，更多人转向私人交通③。在当时，美国对公共交通投入

---

① 塔里克·M. 佩塔斯尼克：《美国预算中的信托基金》，郭小东等译，格致出版社，2009。
② 孙群郎：《当代美国郊区的蔓延对生态环境的危害》，《世界历史》2006 年第 5 期。
③ 宋彦、丁成日：《交通政策与土地利用脱节的案例——析美国亚特兰大的 MARTA 公交系统》，《城市发展研究》2005 年第 2 期。

严重不足，对多交通方式协作模式也缺乏综合考虑，市区一些仅存的电车线路也被取消。这样，公路通行能力的扩大、公共交通的不足反过来加重了人们对汽车的依赖，扩大能力的路段经过一段时间往往会因更为庞大的需求而形成新的瓶颈。在规划实施中，为证明交通需求预测的准确性与工程建设的合理性，一些主要交通线路直接与城市道路相连以吸引交通量。结果，城际交通流量虽然提高，但是加重了城市交通的拥堵。

　　当然，燃油税的道路融资功能不是绝对的。20世纪70年代中期以后，科技进步引致汽车燃油效率不断提高，油价上升促使车主节约燃油，造成燃油销售量下降，燃油税税基减少。在燃油税税率不与通货膨胀挂钩、税率缺乏弹性的情况下，美国燃油税收入难以满足不断增长的公路建设养护资金需求[1]。自20世纪70年代中后期起，由于建设成本上升、燃油税收入增长相对缓慢，美国高速公路建设速度逐年下降。到20世纪80年代，州际公路网的最后几英里工程最终完工[2]。

5.1.3　后州际公路时代（20世纪90年代至今）

　　多年的问题积累和部分地区的成功实践表明，土地利用与交通的整合才是解决郊区蔓延和交通拥堵的正确方向。1991年《多运输方式间陆路运输效率法》（ISTEA）开始采取一种更为全面、综合的思路来处置交通规划问题，注重公路和其他交通方式的协调，突出了联运技术、环境影响，强调土地使用与交通规划的一致性[3]。

① 路易斯·皮革那托罗：《美国的公路资金概况》，梁晓燕译，《山东交通科技》1998年第2期。
② 卡斯滕·戈茨：《美国涉及交通、土地使用和空气质量的一项重大政策的启示，以及对于其他国家政策变化的意义》，张大川译，《国际社会科学》2004年第2期。
③ 卡斯滕·戈茨：《美国涉及交通、土地使用和空气质量的一项重大政策的启示，以及对于其他国家政策变化的意义》，张大川译，《国际社会科学》2004年第2期。

与州际公路时代追求"能力""可移动性"的理念不同，ISTEA后的交通政策规划核心在于"可达性"。可达性的目标不是让汽车或者人做长距离的旅行，而是保证人们能够容易和便捷地接近他们需要的商品、服务或者目的地。可达性引导的交通政策规划开始向交通发展与土地利用的一体化转变[①]。

随着交通规划目标的变化，联邦政府对州和地方的资金分配政策更加重视合理的激励导向。过去那些蔓延和拥堵严重的州，得到了更多的公路投资，于是形成了一个恶性循环。新的联邦交通政策则规定，对于鼓励在整个都市区内协调工作居住关系和鼓励公交优先的那些州，优先得到公路和公交系统建设投资。相应的联邦政策使用每人每年在区域内旅行的公里数（VMT）作为衡量标准。减少VMT应该得到奖励，而增加VMT的应当受到惩罚。在上述法案的指导下，都市区域在决定怎样使用联邦政府资金方面有了很大的弹性。除了在建设特殊交通走廊时要按照联邦政府的要求提高公正评估报告和效益分析报告外，大都市规划组织（MPO）可以根据地方情况自行决定如何安排联邦政府的交通投资，用于"地面运输规划项目""空气质量改善""公路安全规划项目"等方面的开支[②]。

汽车燃油税一直都是美国州级和联邦级公路资金的主要来源，近年来受多种因素的共同影响，所占比例逐年下降，以燃油税为主的融资体制面临着新的困境[③]。第一，燃油税是按每加仑的体积单位而不是价格征收。近几十年的汽油价格上涨降低了相关需求，因而造成燃油税收入减少。第二，燃油税的税率没有和通货膨胀挂钩，这就导致燃油税购买力随通货膨胀逐

[①] 克莱拉·葛利德：《规划引介》，王雅娟、张尚武译，中国建筑工业出版社，2007。

[②] 彼得·卡尔索普、威廉·富尔顿：《区域城市——终结蔓延的规划》，叶齐茂、倪晓晖译，中国建筑工业出版社，2007。

[③] 赵志荣：《财政联邦主义下的交通设施投融资》，格致出版社和上海人民出版社，2015；樊建强、John Liang：《美国公路基础设施融资危机、变革趋势及启示》，《兰州学刊》2014年第3期；亚洲开发银行：《燃油税改革后的公路建设和养护融资》，2012。

年下降。第三，汽车燃油效率的提高，尤其是各种新型动力汽车的出现，进一步降低了燃油消耗和燃油税收入。第四，从联邦到州和地方，燃油税税率的调整都面临很大的政治阻力，民众对税率上调持普遍的抵制态度。

随着公路燃油税融资体制困境的加剧，美国各州和地方加快了融资创新的步伐，通过征收里程费、拥堵费、公私合作等多种方式缓解公路资金的紧张状况。

5.2　美国公路融资体制特征

5.2.1　美国公路管理体制

美国公路按功能分为干线公路（Arterial）、集散公路（Collector）和地方公路（Local）三类，每类公路又可细分为主要和次要公路。按地理区域分为农村地区公路和城市地区公路，均包含干线公路、集散公路和地方公路。与路网功能分类相对应，美国公路主要分为联邦、州、地方三级管理体制①。

中央联邦政府主要是制定国家交通发展政策、征收联邦燃油税及其他使用者税费、为州和地方政府用于投资建设联邦公路系统提供资金，同时对接受资助的联邦公路项目设定标准并制定实施规划。联邦政府还设定项目种类，依据不同路网（如州际公路还是其他公路）和功能（如安全、减少拥堵、修护桥梁）来确定不同来源资金应如何使用。通常，联邦政府仅负责80%的国家公路系统建设费用（包括大修、重建和更新）。

州（和为数很少的州以下的地方政府）拥有联邦公路，并具体负责国家公路设施的新建和改善规划、提供联邦资助金的配套资金（20%或更多），并

---

① 赵志荣：《财政联邦主义下的交通设施投融资》，格致出版社和上海人民出版社，2015。

实施公路项目的建设、运营及养护（仅有很少的例外）。除此之外，州和地方政府还拥有不属于联邦资助的公路，并负责这些公路的资金筹集、公路规划和改善以及有关设施的养护和运营工作。

总体上看，美国公路的管理体制与联邦政治体制是一致的。联邦政府为路网规模扩大承担主要的筹资责任，进而能够将资源投向国家重点公路项目。联邦政治体制使得州和地方公路机构能够设立各自的筹资机制，为所有公路养护和运营提供资金，并为改善非联邦资助的公路系统提供资金。然而，近年来，大部分公路的筹资责任和资金如何使用的决策责任都转由州和地方政府承担，各级政府的职责划分变得不平衡。这使得国家公路发展重点丧失，也使得国会不愿意增加资金①。

5.2.2 美国公路资金来源

使用者付费是美国公路融资所遵循和提倡的基本原则。从表 5 - 1 可以看出，美国公路基础设施建设养护的税费资金主要来源于公路使用者的贡献。

表 5 - 1 1960 ~2011 年美国公路基础设施的收入来源

单位：百万美元,%

年度	燃油税与车辆税		通行费		一般性税收		其他来源	
	收入	占比	收入	占比	收入	占比	收入	占比
1960	7341	68.22	497	4.62	1835	17.05	1088	10.11
1965	9810	68.57	703	4.91	2335	16.32	1459	10.20
1970	14348	68.82	951	4.56	3810	18.28	1739	8.34
1975	17689	61.67	1252	4.36	6729	23.46	3015	10.51
1980	20993	50.26	1654	3.96	12004	28.74	7118	17.04

---

① Robert Jay Dilger, *American Transportation Policy* (Westport: Praeger Publishers, 2003).

续表

年度	燃油税与车辆税		通行费		一般性税收		其他来源	
	收入	占比	收入	占比	收入	占比	收入	占比
1985	35578	61.90	2190	3.81	15231	26.50	4478	7.79
1990	41621	55.19	2725	3.61	19827	26.29	11240	14.90
1995	55503	60.00	4059	4.39	21390	23.12	11553	12.49
2000	75581	59.30	5425	4.26	28997	22.75	17452	13.69
2001	71934	55.38	5785	4.45	34190	26.32	17982	13.84
2002	73054	53.75	6583	4.84	34353	25.28	21924	16.13
2003	73630	51.20	6230	4.33	36156	25.14	27793	19.33
2004	76434	51.82	6572	4.46	38956	26.41	25537	17.31
2005	82589	54.09	7754	5.08	39214	25.68	23131	15.15
2006	85540	53.11	8108	5.03	44455	27.60	22959	14.25
2007	88873	51.74	9043	5.27	55584	32.36	18268	10.64
2008	84862	46.61	9300	5.11	61163	33.59	26743	14.69
2009	84216	43.06	9347	4.78	61562	31.48	40453	20.68
2010	84253	41.04	9576	4.66	80220	39.08	31245	15.22
2011	85157	41.25	9981	4.83	66968	32.44	44335	21.48

资料来源：根据美国联邦公路管理局网站相关资料整理而成。

第一，燃油税与车辆税。燃油税与车辆税一直都是美国公路融资收入的主要来源，但所占比例呈下降趋势。1960 年，燃油税与车辆税为 73.41 亿元，约占美国当年公路资金总收入的 68.22%。此后尽管绝对数量呈增长趋势，但是占总收入比例呈下降趋势。2011 年，燃油税与车辆税的收入达到 851.57 亿美元，所占比例已经下降至 41.25%。

第二，通行费。美国通过征收通行费方式取得的公路资金并不多，占其公路融资总收入的 3.5%~5.5%。但是随着收费公路里程在不断增加，公路通行费收入呈现上升趋势。2011 年，通行费收费达到 99.81 亿美元，所占比例为 4.83%。

第三，一般性税收，主要包括物业税及特别评估费、一般基金拨款及其他税收。这一部分资金来源约占公路总收入的 25%。1960 年时一般性税收为 18.35 亿美元，所占比例为 17.05%。在此后的 50 多年时间内一般性税收所占比例总体呈上升趋势，特别是 2000 年以后保持了稳定增长的态势。2011 年，一般性税收达到 669.68 亿美元，所占比例上升到 32.44%。

第四，其他来源，主要包括投资收入、发行债券所得、政府间收入等。相比较于其他的资金来源，这部分融资收入波动幅度较大。其他来源占比最低的是 1985 年，仅为 7.79%，占比最高的是 2011 年，为 21.48%。

5.2.3 联邦公路信托基金

1956 年成立的公路信托基金主要构成为燃油税、轮胎税、卡车和拖车税、重车使用税，其他资金来源还有一般性财政资助、罚款所得款项等①，在支出上专门用于公路事业发展。

作为一种公共信托，美国公路信托基金在很大程度上被看成政府与车辆用户之间的契约，这同私人信托的委托代理关系非常类似，其理念体现了联邦政府的三个政策承诺：第一，公路使用者税收专门用于公路发展，从而保障公路资金来源的连续性，降低了政策的不确定性；第二，国会放弃了将公路收入作为其他项目资金来源的"诱惑"，使税率保持在公路项目成本所必需的水平上；第三，政府做出了避免负债和避免依靠一般性税收收入的承诺②。

公路信托基金制度自始至终都受到来自各方的挑战，这种挑战包括把信托基金的收入转移到非公路用途和试图降低信托基金自动开支的程度，从而削弱公路基金的"专款专用"和"自筹"机制。1966 年的《高速公路安全法》使得基金的使用扩展到州内和社区之间的道路。1973 年通过的《联邦资

---

① 杨建平：《美国联邦公路信托基金的理念及挑战》，《中国公路》2014 年第 11 期。
② 塔里克·M. 佩塔斯尼克：《美国预算中的信托基金》，郭小东等译，格致出版社，2009。

助公路法案》有几个重大变化：第一，各州可以使用公路信托基金用于公共交通建设；第二，对城镇地区的公路资助额度与农村地区持平；第三，资助国家公路绿化美化项目。

经历了不同利益集团和行政部门的挑战洗礼，公路信托基金已经面目全非，但是其基本结构得以维持，甚至在州际公路建设项目完成以后，仍然得以保留①。

1991 年的 ISTEA 对国家交通运输规划和政策进行了重大调整，这是后州际高速公路时代的重要法律。法案赋予 MPO 更大的权力，提出公路和公共交通投资规划应考虑多种运输方式协调配合。法案改变了以联邦资助州际高速公路为核心的发展思路，确认了高速公路信托基金作为"多运输方式基金"的新角色，强调交通运输发展资金分配的柔性化，强调在合适的时间、合适的地方（国家层面转向地方层面），提供合适的设施类型，将资助范围进一步扩大到铁路、航空、自行车道等其他设施。

1998 年通过的《21 世纪运输权益法案》（TEA－21）对 1998～2003 年为期 6 年的公路、公路安全和公共交通计划进行了授权。法案要求地区交通运输规划应考虑七方面的要素：①必须支持大都市地区经济活力，提升其整体竞争力、产出和效率；②提高机动车和非机动车运输系统的安全性和可靠性；③为客货流动提供更多便利选择；④保护和改善环境，促进能源节约、提高生活质量；⑤增强客货运输过程中同一模式或模式间一体化衔接；⑥提高运输系统运行和管理效率；⑦对现有运输系统进行有效保护。

2005 年 8 月，美国总统签署了新《安全、可靠、灵活、高效的运输公平法案：留给使用者的财产》（SAFETEA-LU）②，标志着美国交通发展进入一个新的

---

① 赵志荣：《财政联邦主义下的交通设施投融资》，格致出版社和上海人民出版社，2015。
② 由于国会、联邦政府、州政府和地方政府的较大分歧，SAFETEA-LU 法案并未能真正实现，但是法案本身体现了美国交通政策规划理念与目标的趋势方向。

阶段。与之前相比，公路信托基金在运作目标上有了新的变化，体现在公路养护和安全管理上升到一个前所未有的高度，并获得相应的资金保障方面。

5.2.4 转移支付的激励机制

1956 年《联邦资助道路法案》通过燃油税和其他公路用户税组成联邦高速公路信托基金，为各高速公路提供大量的功能性拨款。联邦政府在提供功能性拨款的同时，要求州政府和地方政府提供与拨款资金相配套的地方资金，并在工程建设运营中遵循有关服务质量的标准。《联邦资助道路法案》确立了联邦政府和州政府在州际公路建设中 9∶1 的出资比例。地方政府建设城市道路要获得联邦和州的燃油税资金资助，就必须接受相应的规划原则和技术标准。

20 世纪 20～40 年代，由于要获得城市、当地居民和商业团体的支持，公路规划自然把满足居民的市内出行置于通过性交通之上，并会综合考虑高速公路与周边环境及更大的交通网衔接。

从 20 世纪 40 年代后期开始，随着物业税融资机制的崩溃，美国城市高速公路建设开始转向州和联邦的燃油税资助。地方要获得联邦政府的资助，就要遵守国家标准规范，包括：满足高速要求（70 英里/小时，约 113 公里/小时）、提高通行能力（建设很宽的道路，并有精心设计的交叉口）、提高安全性（遵循统一的几何线形设计）。这些标准反映了州和国家追求交通量、速度与安全等"能力"目标的高速公路规划理念。在当时社会政治背景中，联邦政府和州政府关注农村和农民利益。交通规划则以农村和城际交通为导向，追求路网整体的通行能力，因此线路普遍深入城市中心以吸引足够的交通量①。

在拨款制度上，联邦拨款以公路里程而非建设投资单价为限制标准的制

---

① Jeffrey R. Brow，Eric A. Morris，Brian D. Taylor：《20 世纪美国应对机动性的交通构想及高速公路发展历程》，刘贤腾译，《城市交通》2010 年第 1 期。

度设计进一步强化了州和地方在设计上对服务安全功能的盲目推崇。既然联邦政府担负项目成本的90%，州公路局在设计时努力追求设施能力，非常复杂而庞大的交叉口既浪费土地，又很难与周边设施相融。许多城市利用联邦公路基金建设了大量放射和环城的公路，使其成为州际高速公路的一个部分。环路和它的分支从一开始就保证了与城市核心区的联系，同时也隐含了独立于中心城市的郊区发展。这样，原本旨在形成郊区基本道路系统的州际高速公路在建设过程中同时改善了城市与郊区之间的道路联系。大规模高速公路成为迅速蔓延式开发的主干，使蔓延向全州和局域边界扩散，彻底改变了美国的形象①。

5.3 美国公路发展融资的经验启示

高速公路在美国自出现发展至今已有百年历史。总结对比三个不同的历史阶段（见表5-2）发现，早期和当代的交通规划均以城市为中心，强调多交通方式之间、交通与土地利用之间的综合协调，早期的物业税资金短缺，而当代的资金政策强调地方在使用上的灵活性；州际公路时代则注重公路自身的单方式发展，高度依赖联邦政府的资助政策，资金使用强调专用性。

表5-2 美国高速公路百年历史变化

时期	前州际公路时代 （20世纪40年代之前）	州际公路时代（20世纪50年代至20世纪80年代）	后州际公路时代 （20世纪90年代至今）
总特征	城市、多方式、资金短缺	公路、单方式、依赖资助	城市、多方式、资金灵活
规划理念	本地交通优于过境交通，重视多方式、交通与土地利用关系	注重城际交通，强调能力、速度和安全；忽略对城市形态、贫民的影响	重视大都市区域的多交通方式、环境影响与土地利用的综合规划

① 奥利佛·吉勒姆：《无边的城市——论战城市蔓延》，叶齐茂、倪晓晖译，中国建筑工业出版社，2007。

续表

时期	前州际公路时代 （20 世纪 40 年代之前）	州际公路时代（20 世纪 50 年代至 20 世纪 80 年代）	后州际公路时代 （20 世纪 90 年代至今）
技术手段	路面较窄但线路密集以分散交通，尽量使单个设施的占地面积最小；道路单向一般有 2 个车道，最多 3 个；设计时速 40～50 英里；设计少量交叉口和出入口	高速公路网线路稀疏，车流集中；设计时速 70 英里；车道较宽、精心设计的交叉口保证通过能力；遵循统一的几何线形设计以提高安全性，但忽略当地条件，占地多、破坏城市形态	技术标准选择趋于灵活，重视与其他交通方式、当地条件的关系
财税政策	物业税等地方收入	依赖联邦和州的燃油税资助	资金来源多样化、使用分配灵活
政治关系	城市政府控制资金来源、主导规划过程，反映城市、当地居民和商业团体的广泛利益	联邦和州控制资金分配、主导规划过程，地方参与程度低，服务于车辆用户安全快速出行	重视联邦、州和都市区规划组织及地方政府的多方协作，强调公众的全过程参与
价值文化	综合、一体化（规划师）	技术专业性强，重视功能与服务（工程师）	综合、一体化（规划师）
问题转机	大萧条	石油危机和环保运动	ISTEA
总体评价	理念先进，但缺乏切实可行的财政手段	经济效益显著，代价高昂，在经济、环境和社会方面都不具可持续性	吸取了过去的教训，更加强调综合、可持续

从美国高速公路发展融资的历史回顾和制度分析中，可以总结出许多重要的经验启示。

第一，不同融资体制具有不同的受益机制。

在蒂布特的理论体系中，公共物品的有效配置建立在空间的受益原则基础上，地方政府的主要职责在于为当地居民提供他们愿意支付的公共服务，否则居民就可能通过"用脚投票"的迁徙方式来表达对地方政府的不满①。这样，基础设施和公共服务的所有融资手段都应尽可能基于从这些服务中得到的好处，即"谁受益、谁支付"。受益原则兼顾了公共服务的融资和激励双重功能，受益

---

① Charles M. Tiebout, "A pure theory of local expenditures", *Journal of Political Economy*, 1956, 64 (5).

人的支付意愿从根本上决定了投资决策。在此基础上的受益税和使用费既能为
基础设施资本融资，又可以充分引导公共服务尽可能地符合受益人的要求。鉴
于公共服务受益关系的地理空间特性，地方政府的所有税收都可看作受益税①。

　　税基的流动性决定了征收主体的选择。在严格的受益税情况下，地方政
府的融资应利用不动的要素，而将流动要素的征税权留给中央政府。如果税
基的流动性很强，由地方政府征收就容易出现通过流动得以避免纳税的问题。
因此税基流动性强的税种通常由中央政府征收管理，而税基流动性弱的税种
作为地方公共收入②。在实践中，不可能对每一种基础设施都制定单一合理的
价格和税收。从大的分类看，公路等基础设施融资所依赖的税收主要有两种：
一种是建立在使用者付费基础上的车辆用户税费，包括燃油税、通行费等；
另一种包括物业税等一般财政收入。

　　这一税收原则在美国得到了验证：物业税是典型的地方税收，而燃油税
大多在州和联邦政府层面征收。回顾美国高速公路融资发展历史，财税政策
经历了显著变化，从早期的以物业税为主的地方税收转变到更大程度地依赖
州和联邦政府征收的燃油税收入。燃油税和物业税虽然同属受益税，都可以
为道路基础设施融资，但税收功能、税基流动性、征收主体截然不同。

　　第二，融资体制设计对交通发展具有重要的激励引导作用。

　　美国公路融资的分析表明，融资体制不仅影响到规划的实际执行情况，
还会对规划的技术合理性产生影响。融资不仅仅是简单的财务能力问题，选
择不同的融资方式会产生不同的经济激励，同时改变权力结构，最终影响交
通与土地利用之间的平衡。因此在交通规划和投融资政策中，要注重财税政
策的多重功能。价财税政策应该跳出仅为基础设施融资功能的认识窠臼，重
视对受益人、地方政府等各参与主体乃至规划技术合理性所产生的激励效果。

① 　约翰·伊特韦尔等编《新帕尔格雷夫经济学大辞典》，经济科学出版社，1996。
② 　Richard A. Musgrave, *The Theory of Public Finance: A Study in Public Economy* (McGraw-Hill, 1959).

从技术角度看，规划强调科学发展，融资要遵循预算理性，两者是事实上的一体两面。没有合理的财政手段引导，规划的实施效果难以实现"科学"。脱离具体的规划目标，基础设施领域的资金动员和分配难以做到"理性"；从政治过程看，规划强调公众参与，财政注重预算民主。站在基础设施受益的用户和纳税人立场上，预算民主和参与式规划是一致的。受益者的支付意愿同时影响财务的可行性和规划的可实施性。

第三，转移支付制度是协调交通发展中受益关系的重要工具。

由于交通发展需要大量资金，地方政府依赖于中央政府的财政支持，故交通被认为是一个高度集权的部门。另外，国家政策规划在制定和实施中可能会忽视地方的综合利益和具体情况[1]。因此，联邦政府的交通资助政策对规划实施的效果产生重要影响。

财政专家伯德提出了评价转移支付制度绩效的关键标准。当评价转移支付项目的结构时，最重要的是仔细考察这些项目对中央政府和地方政府——间接的，还有不同地区居民——所产生的激励。转移支付的结果好坏取决于这些内在于转移支付制度中的激励[2]。回看历史，联邦政府对州际高速公路的资助机制虽然解决了融资问题，促成了高速路网的迅速形成，大大提高了全国的交通能力，但在技术上忽略规划的空间特性，在政治上漠视地方参与，造成对规划技术合理性和实施效果的严重扭曲。这种影响也恰好验证了马斯格雷夫关于功能性拨款的观点：严格的有条件的和配套的拨款有助于集权的控制，削弱地方政府的自治性，在一定程度上抵消地方分权[3]。

---

[1]　冯洁菡：《中央政策在地方贯彻的法律引导和保障：美国实践及对中国的若干启示》，《国外社会科学》2012 年第 4 期。

[2]　理查德·M. 伯德、麦克尔·斯马特：《政府间财政转移支付对发展中国家的启示》，黄相怀译，《经济社会体制比较》2005 年第 5 期。

[3]　Richard A. Musgrave, *The Theory of Public Finance: A Study in Public Economy* (McGraw-Hill, 1959).

法国收费公路发展与融资的受益分析

法国是西方国家中依赖收费方式发展高等级公路的代表。本章通过对法国收费公路发展历程的回顾和关键特征的分析，总结对认识和解决中国收费公路当前问题的重要经验启示。

6.1 法国特许收费公路的发展

2006年底，法国高速公路大约12000公里，其中特许经营高速公路8296.2公里，约占高速公路总里程的69.1%[①]。法国的收费公路主要是城际特许经营高速公路，而负责运营和管理这些收费公路的特许经营主体，既包括国有公司也包括私营公司。

―――――――――――――

[①] 周国光、俸芳：《欧洲公路特许经营的特点及启示》，《中外公路》2008年第1期。

6.1.1 国有收费公路公司的产生及高速公路的起步阶段（1955～1969年）

第二次世界大战后的 10 年里，法国交通量增长迅速而政府财政预算十分紧张。为促进公路的建设发展，1951 年法国政府将燃油税收入的一部分作为专项基金用于公路建设。但由于各部门对财政资金的竞争，该基金一直缺乏充足的资金来源，政府开始转而考虑通过其他渠道获取资金，利用收费政策来发展高速公路的可行性也被列入考虑的范围。

1955 年法国颁布《高速公路法》，计划通过征收通行费为高等级公路筹资，同时又为收费公路的建设设置了严格的条件限制。原则上收费高速公路应由公有部门控制，公路特许权只能授予地方公共组织及团体、商会或能维护公众利益的经济混合体。收取通行费只能用来弥补公路的建设投资成本，以及后续的养护和改扩建等。"除非在 10 年内收费的例外变成普遍的规则，并在 1956～1963 年政府能建立起五家公私合营的特许公司，否则高速公路的使用原则上应是免费的"。

在 1955 年法规的影响下，法国政府在 20 世纪 50 年代后期的公路建设非常缓慢，起初只建立了两家由政府控制的公私合营公司（称为 SEMs），它们只被赋予了期限和里程均较短的特许经营权。结果，公路建设的进程缓慢，无法满足交通量的快速增长，由此引发了新一轮高速公路发展规划的大讨论。1960 年，政府综合各方意见后，达成了一项修建 3500 公里城际收费高速公路的计划。为了保证新计划的实施，1955 年《高速公路法》中规定的"例外情况"在 1960 年被废止，收费对于城际高速公路建设而言由例外转变为惯例[1]。

---

[1] 姚晓霞：《法国收费公路发展"一波三折"》，《中国交通报》2006 年 4 月 20 日，第 A4 版；约瑟·A. 戈曼兹－伊伯尼兹、约翰·R. 迈耶：《走向民营化——交通运输业民营化的国际经验》，曹钟勇译，中国铁道出版社，2000。

1960 年高速公路规划扩展后，公路特许公司也迅速增加为 5 家 SEMs（见表 6 - 1）。1963 年政府开始授予它们修建更长里程高速公路的特许权，如里尔到巴黎及巴黎到里昂的南北连接线，长度分别达到了 130 公里和 160 公里。

表 6 - 1　法国 5 家最早的 SEMs

公司名称	计划线路	计划建造年份	法案通过年份	初始收益 （百万法郎）
ESCOTA	尼斯—马赛	1956	1957	15.0
SAVR（ASF）	马赛—里昂	1957	1961	2.0
SAPL（SAPRR）	里昂—巴黎	1961	1963	0.85
SANF（SANEF）	巴黎—里尔	1963	1963	0.5
SAPN	巴黎—卡昂	1963	1963	0.5

资料来源：转引自约瑟·A. 戈曼兹 - 伊伯尼兹、约翰·R. 迈耶《走向民营化——交通运输业民营化的国际经验》，曹钟勇译，中国铁道出版社，2000。

5 家 SEMs 全部资金的股本金非常有限，多数股东是当地的社团和沿线商会，并且拨付公路建设的实质到位资金更是微乎其微。1958 年国家允许政府财政向 SEMs 提供较多的支持，如提供贷款担保或无息贷款等。其中一个独特的支持方式是通过一家公共机构（名为 CAN）发行债券来为 SEMs 融资。

然而由于当时高速公路的建设并不显得那么迫切，公路的建设资金难以被列入财政预算优先考虑的范围，所以这些公司实际并未能获得足够的建设启动资金。资金紧缺问题使得这段时期内法国的高速公路并没有如当初预想的那样迅速发展起来，而是一直处于缓慢增长的状态，并大大落后于法国 1960 年制定的控制规划的时间要求。

到 20 世纪 60 年代末，只有 1125 公里的城际高速公路投入运营，其中包括马赛—里昂—巴黎—里尔这条重要的路线。

6.1.2 民营公路特许经营权主导的加速建设时期（1969~1981年）

1969~1981 年是法国收费公路大幅增长的一段时期。为了能进一步促进高速公路的发展，从 1969 年开始法国对高速公路建设进行了一系列改革，出台了三项重要政策：第一，新建公路项目的特许经营权向私人公司放开；第二，原 SEMs 类公司可以作为私人公司高速公路特许权的特许方；第三，提出了在 20 世纪 70 年代兴建 3000 公里高速公路的总体计划①。

政府民营特许权出让的目的不仅是带来新的融资渠道，也希望能够降低建设和运营费用，刺激 SEMs 改善服务。1970~1973 年，法国出现了四个最早的民营公路特许经营商（见表 6-2），它们主要是由建筑施工企业和银行金融机构组成的联合体。建筑施工企业主要通过专业化的建设运营来获得利润回报，银行等金融机构则力图借此机会扩大资产规模和市场范围，密切客户关系。

表 6-2 法国四个最早的民营公路特许经营商

公司简称	规划线路	计划建设年份	初始权益（百万法郎）	状态调整
Cofiroute	巴黎—普瓦捷	1970	462	民营公司
AREA	巴黎—勒芒	1971	359	SEM 公司
APEL	巴黎—梅斯	1972	315	由 SANEF 公司兼并
ACOBA	昂代—巴约纳	1973	63	SEM 公司（归 ASF 公司所有）

转引自约瑟·A. 戈曼兹 - 伊伯尼兹、约翰·R. 迈耶《走向民营化——交通运输业民营化的国际经验》，曹钟勇译，中国铁道出版社，2000。

在这段时期法国政府的扶持政策也开始发生一些变化。一方面，公路收费的范围扩大到所有新建高等级公路项目。另一方面，政府控制对公路项目

---

① 古拉德·摩兰卡：《法国特许经营的公路》，公路管理局，1990；周国光：《欧洲公路投融资现状及思考》，《公路》2013 年第 16 期。

直接的财政补助，缩小利息优惠、担保抵押的范围。然而相比其他国家而言，法国政府对公路的财政支持力度总体上看仍然很大。

20世纪70年代的石油危机使得新的公路特许经营公司的建造费用猛涨，造价由20世纪70年代初期的430万法郎上涨到1978年的1000万法郎。利率的同时上涨，大大增加了新建公路的融资成本。另外，交通流量增长速度也发生了巨大变化。1970~1973年，里尔—巴黎—里昂—马赛线路上每公里交通流量曾以71%的惊人速度增长，5家SEMs的平均增长速度为39%，每天每公里的车辆数从13000辆增至17000辆。但从1974年开始，交通流量增速趋向平稳。

1975年以前，法国收费公路特许经营公司具有很大的定价自由权，可以遵从特许协议根据路网车流状况、经济形势和财务效益对收费标准做出灵活调整。公路自由定价的时间没过多久，就受到了严重通货膨胀的影响。1975年财政部开始对收费费率进行严格管制，结果造成法国高速公路的收费标准在20世纪70年代的增长速度只有同期通货膨胀率的一半。

尽管如此，在这段时期内，私人资本的参与大大激活了高速公路的建设市场，使得高速公路的数量有了较大的发展。到20世纪70年代末，已有4054公里的城际高速公路投入运营，并且多数采用收费特许经营权的方式建设而成。在这些公路的建设运营中，许多特许经营者遇到了不同程度的财务困难，四家民营公司在完成全部的公路建设计划之后财务一直处于困难之中，几家SEMs在20世纪60年代积累的利润在20世纪70年代也被低效益路段项目所产生的亏损所吞噬。

6.1.3　政府回购和交叉补贴阶段（1981~1988年）

这个阶段（1981~1988年）法国高速公路经历了三项重要的改革①：政

---

① 约瑟·A. 戈曼兹－伊伯尼兹、约翰·R. 迈耶：《走向民营化——交通运输业民营化的国际经验》，曹钟勇译，中国铁道出版社，2000；姚晓霞：《法国收费公路发展"一波三折"》，《中国交通报》2006年4月20日，第A4版。

府接管了四家民营收费公路特许经营公司中的三家，减少 SEMs 之间收费标准的差异，并且在 SEMs 之间实行一种正式的交叉补贴体系。

第一项改革措施是民营公路特许企业被接管。法国政府在对私营公司的股东进行相应补偿后，把四个私营特许公司中的三个进行了国有化。Cofiroute 公司是这轮政府回购中唯一得以幸存的民营特许权经营公司，原因在于 Cofiroute 公司所得到的公路特许权项目建设成本合理，潜在交通流量很大。作为法国第一家民营特许权经营公司，Cofiroute 公司已有长期建设和运营公路的经验。

第二项改革措施是实施公路的收费一体化。初期的公路收费标准在每个特许经营权授予时就已固定，那些修建成本高的路段每车公里的收费标准必然会相应地高于其他地区。在这个阶段法国政府还进一步强化了其在收费费率规制方面的权限，1986 年通过的《自由竞争价格法》加强了各类政府收费的管理规范。法国高速公路的通行费费率水平走向一致。

第三项改革措施是公司之间采用交叉补贴。自 20 世纪 70 年代中期以来，政府实施了公司之间的交叉补贴政策，盈利能力强的"老公司"要对盈利能力差的新路段担负起建设经营责任。收费标准的统一使得原来的 SEMs 利润增加，而后来建立的 SEMs 赤字同时也增加了。因此，公司间的交叉补贴需要更大力度的推进。

上述三项改革的推进，得益于 1982 年法国高速公路管理局（ADF）的创立。ADF 负责发行新的政府贷款和接收原有 SEMs 类公司偿还的借款，所有 SEMs 偿还债务所支付的预付款全部转交给 ADF，ADF 再将回收的预付款资助那些还在亏损经营的 SEMs。ADF 在公司之间的再分配政策，与上述三项改革结合在一起，为公路公司和行业整体的财务平衡提供了一种体制保障。

交叉补贴的大面积推广改变了公路投资政策。20 世纪 60 年代的公路规划强调利用单个路段的交通流量和盈利能力作为衡量是否修建高速公路的标准，

20 世纪 60 年代后期将公路特许权授予民营公司，增强了 SEMs 的独立性和财务核算能力，减少了政府的预付款和政府担保贷款的额度。但是要加快公路建设速度，就必须改变高速公路项目营利性的标准，交叉补贴体制适应了加快投资速度的扩张要求。

6.1.4 路网的进一步扩张和民资的重新进入（1988年以后）

1988 年，法国再次调整路网规划，目标是建成 9530 公里的城际高速公路网，相应的建设速度之高前所未有。为此，新路段建设与运营的主要资金来源需要更大程度地依赖交叉补贴，收费标准的增长速度必须跟得上通货膨胀。但是，后来这个建设计划受到了财政部的影响。1989 年，财政部强行将 ADF 结算中心的剩余资金用于非公路项目。同时，财政部出于对通货膨胀和垄断的顾虑，也不愿意提高公路收费标准。

1994 年法国公路特许经营公司按照区域重组为 7 家高速公路特许经营公司、2 家隧道特许经营公司，其中 1 家高速公路特许经营公司完全私营，其余公私合营。重组使得各公司的财务能力和自主权得到了加强，且有利于改善交通管理。

随后，市内高速公路建设是否也应该采用民营特许的收费融资方式，摆上法国政府的议程。1995 年通过一项新的法案对高速公路控制规划进行了修改，要求法国的任何一个地方都可以在 40 分钟内开车驶入高速公路，或位于距最近的高速公路出入口不超过 50 公里的范围内。如何能够更好地利用特许经营方式加快高速公路的建设，成了政府面对的新难题。法国政府努力寻找新的投资者，以便把现有特许经营公司重新私有化，从而为高速公路的建设发展筹集更多的资金。

进入 21 世纪后，受到国际基础设施私营化和欧盟经济一体化的影响，法国公路特许经营逐渐向更加市场化的方向迈进。过去对公路公司的一些特殊优惠政策和路网扩容的投资责任逐渐被取消，政府与企业之间按照特许经营合同逐渐形成了新型的公私合作关系①。

6.2　法国收费特许经营的关键特征分析

6.2.1　特许项目大小

确定合适的特许项目规模，是政府的责任。每个特许项目的规模大小，与其他方面因素，都依赖于预期竞争程度。对许多高速公路路段分组以提供大的项目规模，具有减少管理成本的优势。通常情况下特许经营的管理成本是很高的。管理成本和交易成本是必须谨慎管控的。私营部门参与基础设施融资，往往会增大这方面的成本。进而，足够大的项目规模使得厂房和设备得到最大限度的利用，可以提高施工环节的生产力。

特许项目的规模大小，同时与投资回报机制直接相关。如果特许项目的分类设置得足够合理，就可能在盈亏之间取得平衡。在基础设施特许经营协议准备过程中经常遇到的困难之一就是，如何使打捆的项目包能够从财务角度吸引私人部门的注意力②。

与此相关的另一问题，是特许项目最优规模的确定关系着土地交易价格。既然每一个特许协议都必须解决土地问题，那就可以说对特许公司的土地供应可以减少征地的困难，而为此提高财政支持的立法工作具有很好的公众可

---

① 周国光、何俐俐、贾丽娜：《公路行业财务管理学》，人民交通出版社，2001。
② Franck Bousquet, Alain Fayard, "Road Infrastructure Concession Practice in Europe", based on a document of 1999 entitled "Analysis of Highway Concession in Europe", 2001；欧亚 PPP 联络网：《欧亚基础设施建设公私合作（PPP）案例分析》，王守清等译，辽宁科学技术出版社，2010。

接受性。特许公司的干预不过增大了土地交通谈判的灵活性①。在法国特许经营框架下，政府是基础设施的所有者，特许公司在特许经营期间按照法律条款行事，这样能够以公用事业声明所赋予的强制性名义获得土地。到特许经营期结束，政府收回状态完好的基础设施。

6.2.2　经营期限和收费价格

法国基础设施特许经营期限很长，通常 30 年或更长。国有公司的特许经营期限设定以还清贷款为基础。私人公司的特许经营期限相对更长。一个较长的特许经营期限有助于保护特许经营公司的利益，但是会导致年复一年的偿还风险。因此，必须寻求一种平衡，把特许机构与特许公司之间日后的重新协议环节纳入特许经营框架中②。

与确定特许经营期限联系在一起的常见问题是公司特许合同的排他性。作为一种常规条款，特许经营合同把整个特许期限内的完成工程与提供服务的排他性权力赋予特许公司。然而，常规的条款也有例外，公共机构可以选择准予特许公司的排他性权力期限短于完整的项目特许期限，从而其他公司可以进入市场与第一个提供服务的特许公司展开竞争。特许机构分拆特许公司的目的是防止垄断问题的泛滥。这种做法在天然气、电力和通信（通信业中特许首先要包括服务的提供）及轨道交通等商业部门也常采用。不论怎么说，非排他性影响的教训都适用于道路部门，尤其是道路运营的特许协议。

长期交通流预测的问题对于公共与私营部门都是难以解决的。这一问题可能支持把高速公路特许期限减少到 20 年左右的观点。然而，缩短特许经营

---

① Darrin Grimsey, Mervyn K. Lewis, *Public Private Partnerships：The Worldwide Revolution in Infrastructure Provision and Project Finance*（Edward Elgar Publishing Limited，2004）.

② 周国光：《欧洲公路投融资现状及思考》，《公路》2013 年第 16 期。

期限需要特许公司更高的费率水平，从而导致通行费收入大幅增长或更高的政府补贴，减少项目社会经济回报率和对社会的贡献①。

6.2.3　公司内和公司间的交叉补贴

许多以通行费发展大容量收费公路网的国家，发现在成熟公路和低交通量公路或者是新建公路间进行交叉补贴是很有必要的。这种方式在欧洲国家比较普遍。1960 年，法国的第一个高速公路总体计划建立在以下假设基础上，即每个路段的营利性是投资决策最适合的指南。但是从 20 世纪 70 年代中期开始，来自旧路段交叉补贴资金的数量，又支配了法国的公路建设计划，而不再从新路段的成本与收入的分析中做出决策。与那些财务效益更好的个别公路线路相比，成网的高速公路具有更为重要的社会效益优势。但不可否认的是，由于广泛的交叉补贴，法国公路收费融资并未形成对财务的约束，很多项目缺乏仔细的投入—产出分析②。

法国 20 世纪七八十年代高速公路网的快速拓展，得益于交叉补贴的广泛利用。另外，由于基本财务规则的丧失和投资决策标准的模糊，交叉补贴广受批评，特别是这一方式自始至终都受到法国财政部的管控和相关政策的限制。

6.2.4　特许公司的自由裁量权

问卷调查分析表明，与工程合同相比，特许公司一般在设计、施工、收费

---

① 肖光睿：《公路上的 PPP》，《中国公路》2015 年第 7 期。
② 约瑟·A. 戈曼兹－伊伯尼兹、约翰·R. 迈耶：《走向民营化——交通运输业民营化的国际经验》，曹钟勇译，中国铁道出版社，2000。

政策与服务水平方面被赋予一定程度的自由权力①。公司通常在公路管理局提供的初步设计基础上开展工程。就项目实施而言，政府与特许公司之间的合同设计经常允许特许公司引入创新型思路。高速公路特许项目内容必然是变化的。正如法国 Cofiroute 特许公司表明的，为减少最初投资，最终的目标可以逐步达到。

　　就设计而言，欧洲每个国家特许公司的自由裁量程度并不一致，主要视项目自身而定。法国的程序相对分散，在初步设计阶段，特许公司与选举代表、当地居民、地方组织、管理机构一起，负责总用地需求的确定、维修和重建，开展对现有道路及桥梁的研究。在西班牙，特许公司主要在公路管理局提供的预可研基础上负责可行性研究。特许权的授予是在初步设计基础上，经过公共调查和环境影响评估，最后确定建设项目的特许公司。在英国，特许公司的自由裁量权非常重要。DBFO（设计—建设—融资—运营）方式的优势来源于特许公司被授予的创新性自由裁量权程度、向公司的风险转移、私有化管理带来的效率提高。在希腊，政府在完成初步设计研究与土地征用、递交必需的环境与文物证明后，即可把项目转让给特许公司。

6.2.5　政企之间的风险分配

　　各国公路管理机构把风险分配结构明确界定为特许经营合同中的重要部分。不同国家的风险意识与实践中特许公司与特许机构之间的实际风险分配情况千差万别。风险应该分配给最适合承担的机构，这是非常简单的道理。控制风险的能力意味着拥有足够的结构性手段来降低承担这种风险的相关成本。必须尽可能保证承担既定风险的机构有动力这么做。如果公共当局试图说服特许公司承担它们不能控制的风险，那么就会拖延协议谈判，投资者就

① Franck Bousquet, Alain Fayard, "Road Infrastructure Concession Practice in Europe", based on a document of 1999 entitled "Analysis of Highway Concession in Europe", 2001.

会要求提高收费水平。另外，如果特许公司试图以政府为代价使自身脱离纯技术风险、基本的商业风险或财务风险，就应该重新审视特许协议的作用①。

实践中，风险分配产生了许多问题。要确定一个机构对特定风险能够控制到何种程度，通常并不容易。一般而言，机构不应该承担自己不能真正控制的外生成本。就这一点来说需要注意日益突出的高速公路成网问题，这使得把高速公路成网问题定为商业风险越来越难。同一路网内实施特许经营的不同高速公路路段的相互影响越来越明显，鉴于交通流水平变化非常大的事实，按照商业政策原则，很难把相应的商业风险界定为特许公司单独的内生风险。因此，公共当局必然要承担越来越多的协调职能，特别是要在各种特许公司之间提供协调服务。

总之，风险分配的范围不仅是在公共当局与特许公司之间，也包括公共工程承包人、运营公司、金融机构与保险公司。一个特许经营系统可能面临四种风险。

政治与法律风险。这些风险是政府内在的。当发生自然灾害、不可抗力、战争与国内动乱，或立法修改，或政府政策的变化，导致政府不能承担合同义务时，如果必要可安排担保。即使西欧国家并未如此，这里仍应提及，世界银行建立的一个担保程序包含金融市场不能承担的风险（除了通过大幅提高项目成本）和特许经营合同中表述的政府责任。

技术风险。技术风险指与建设有关的风险，包括完工日期、质量、延期与变更的成本。这些风险内生于特许公司、施工承包商与运营公司。

商业风险。商业风险是由交通流量水平的不确定性而引起的。被界定为通行费收入与交通流量乘积的商业风险，常常被认为是特许公司的责任。然而，经验表明，这些风险单独对于特许公司来说可能过大，尤其是高速公路。

---

① 刘树杰：《政府收费的理论思考》，《价格理论与实践》2009年第10期；姚晓霞：《法国收费公路发展"一波三折"》，《中国交通报》2006年4月20日，第A4版。

交通流水平必须细心分析，而预测必须现实。收费定价、竞争程度在很大程度上由政府确定，同特许公司收入相关风险之间存在明显的联系。

经济与财务风险。这些风险源于经济增长、物价涨幅、货币可兑换性与汇率，并由特许公司与银行承担。

表6-3列出了欧洲高速公路特许经营风险种类的划分。该表的不足之处在于针对每个国家它仅考虑了一种类型的风险划分，而现实中情况可能因每个项目而异。尽管如此，这张表说明了与影子收费有关的特殊风险分类情况，就技术风险而言，它内生于特许政府机构，而非特许经营公司。

表6-3 欧洲各国公路特许合同中的风险分配分析

国家	不可抗力	技术风险 建设运营	商业风险 通行费费率×交通量的风险或在影子收费条件下的交通量风险	金融风险	特许公司收入
英国	政府承担	公司承担	公司主承担、政府适当分担	公司承担	影子收费
奥地利	政府承担	公司承担	公司承担	公司承担	通行费
比利时	政府承担	公司承担	公司承担	公司承担	通行费
西班牙	政府承担	公司承担	公司承担	公司承担	通行费
芬兰	政府承担	公司承担	公司主承担、政府适当分担	公司承担	影子收费
法国	政府承担	公司承担	公司承担	公司承担	通行费
希腊	政府承担	公司承担	公司承担	公司承担	通行费
意大利	政府承担	公司承担	公司承担	公司承担	通行费
挪威	政府承担	政府承担	公司承担	公司承担	通行费
荷兰	政府承担	政府承担	公司主承担、政府适当分担	公司承担	影子收费
葡萄牙	政府承担	公司承担	公司承担	公司承担	通行费

资料来源：Franck Bousquet, Alain Fayard, "Road Infrastructure Concession Practice in Europe," based on a document of 1999 entitled "Analysis of Highway Concession in Europe", 2001.

DBFO 方式的逻辑本质上并非基于财政基础。首要目标是把通常源于政府的风险转移给特许公司，这样风险成为源于最适合承担每一特定风险的机构的内生风险。其直接后果是，建设、养护与运营风险由特许公司单独产生。例如，如果养护不到位，或者在养护施工期间车道关闭时间过长，处罚会自动运用。另外，商业风险得以分配。如果实测交通流量比特许公司估测值高，特许公司就会在一定限度内获得计划之外的补偿收入。

6.3　法国公路收费融资的经验启示

法国以特许经营为基础的高速公路发展积累了很多成功经验，也产生了一些问题教训。其发展收费公路的目的和方法，具有很强的借鉴意义，值得认真总结学习。在法国，一般认为通过收费融资方式发展高等级公路，可以实现几方面的目标①。

收费系统的第一个优点是可以增大投资。在法国等欧洲国家，收费系统越来越被认为是以使用者付费代替纳税人负担的最有效率方式。收费系统的引入使得投资任务比国家拨款提早完成。1973 ~ 1995 年，法国的政府预算对国家公路系统的投入从 56% 下降到了 22%，而同期通行费收入却从 32% 增长到 57%。

收费系统的第二个优点是可作为使用者付费原则的应用。在以《基础设施使用的公平收费：以分阶段方式为欧盟交通基础设施收费建立一个普遍性框架》为题的白皮书中，欧盟委员会指出，收费应该与用户对基础设施和其他公民的影响成本直接相关，包括用户引起的环境和其他外部影响。在这份

---

① Franck Bousquet, Alain Fayard, "Road Infrastructure Concession Practice in Europe", based on a document of 1999 entitled "Analysis of Highway Concession in Europe", 2001.

文件中，欧盟委员会描绘出欧洲交通收费改革的未来蓝图，尤其是在道路部门。在建议的三阶段中，欧盟委员会倡导向以距离为基础的道路收费转变，这将是欧洲未来的普遍趋势。

收费系统的第三个优点是使得保持养护与投资之间的平衡成为可能。在法国，25%的通行费资源分配到运营养护中。因此，收费系统使得道路养护的筹资成为可能。而在传统的预算拨款方式中，养护资金常常是被忽略的方面。

在具体的做法上，法国收费公路的一系列做法和制度设计都值得我国学习借鉴。

第一，利用好统贷统还政策。我国目前公路行业投融资中出现的统贷统还政策，从再分配角度看与法国的交叉补贴方式非常相似。法国经验为我们反思和客观评价统贷统还政策提供了很好的参照[1]。统贷统还政策有能够扩大贷款规模、利于为公路建设筹集更多资金、促进公路建设更快发展等一系列优点。但由于它同时也具有会导致稀缺资源（如土地、线位等）不合理配置、投资规模易过度膨胀、过分放大项目的债务偿还能力并诱发严重的财务危机等一系列弊端，所以我们在对该项政策的运用过程中，一定要注意掌握合理的度，并注意防范其可能引发的财务风险。

第二，完善项目的定价机制。高等级公路项目的营利性依赖于政府对维持合理收费标准的态度。1973～1974年的能源危机之后，法国财政部决定限制公路收费的增长，同时法国装备部却又鼓励扩展路网，从而导致了20世纪70年代末80年代初整个公路行业的财政困难。这同我国目前公路乃至交通行业整体的困境非常相似。一方面，从国家战略和稳增长的要求出发，国家和交通部门的发展任务目标非常宏伟，资金需求很高；另一方面，财税改革、

---

① 姚晓霞：《法国收费公路发展"一波三折"》，《中国交通报》2006年4月20日，第A4版。

价格改革等的约束越来越强。这使得我国交通行业的融资困境和金融风险始终处在不断加剧的态势中①。因此，收费公路管理条例的修订，需要平衡好投资者利益和社会公众之间的矛盾。

第三，做好收费成本控制和交通需求合理分配。基础设施收费系统的引入会导致建造、养护与运营收费设施相关的额外成本。在法国，建设收费场地及有关设施的费用总和占总建设成本的 10%，收费的人工成本也只占总收入的 10%~12%。我国撤销省际收费站和推广不停车收费（ETC）的工作，应认真评估收费成本的变化。另一个值得关注的问题是，由于收费公路的出现而造成平行的免费公路上的拥挤状况的加剧。相关研究表明，法国的收费公路仅把 6%~7%潜在的公路使用者转移到了平行免费公路上。这两个问题的可控程度是法国能够采用收费融资方式发展高等级公路的重要因素。

---

① 樊建强、童夏：《公路通行费价格规制的欧洲经验借鉴及启示》，《价格理论与实践》2014 年第 1 期。

中国公路发展与融资的受益分析 [*]

本章承上启下，梳理总结中国公路融资政策的演进和受益机制特征，既是对公路融资制度比较受益分析的继续，同时也可为后续公路融资问题的进一步深入探讨提供一个较为系统的历史背景。

7.1 中国公路发展和投融资的历史回顾

中华人民共和国成立以后至改革开放之前，国民经济经历了曲折发展道路，公路发展水平落后，但总体较为稳定，为经济恢复、工业体系建立、国防建设

---

[*] 本章的部分内容源自：李玉涛《交通发展和改革：问题、机制及方向》，《调查研究建议》2014 年第 28 期；李玉涛《关于国家公路网规划问题的探讨》，《综合运输参考资料》2012 年第 2 期；李玉涛《交通投融资可持续性基本问题的思考》，《交通财会》2020 年第 6 期。

做出了重要贡献。改革开放后，我国经济社会驶入了发展的快车道，在一系列改革和政策推动下，公路事业取得了跨越式发展，成果举世瞩目。为了体现经济体制环境、发展速度和动力的差异，更好地揭示改革和发展的因果关系，这段历史可以进一步分为四个阶段。

7.1.1　计划经济时期：1949～1983年

中华人民共和国成立初期，国民经济处于起步阶段，交通运输非常落后，民间运输工具以畜力车和木帆船为主，广大内地处于十分封闭的状态。公路建设主要依靠中央和地方政府的预算内财政资金。在中央和地方公路事权划分上，中央政府负责干线公路投资建设，而地方政府则多采用民工建勤的方式进行地方公路的建设和养护。受政府财政能力所限，以政府拨款方式筹集的公路资金数额非常有限。自1958年起，公路建设转为以地方政府为主，除某些专用公路外，中央政府不再将公路建设项目列入基建计划中。此阶段地方政府继续采用民工建勤的方式筹集公路建设和养护资金。1960年起我国开始实施公路养路费政策，并把"统一领导，分级管理"确定为公路养护管理工作应遵循的基本原则。公路建设首次建立了以用户支付为主要资金来源的公路融资体制，养路费成为公路养护的稳定资金[1]。

1949～1983年的35年中，公路建设投资累计为203亿元，平均每年投资额不足6亿元，平均仅占年度国内生产总值（GDP）的0.29%（见图7-1）。至1983年，全国公路总里程仍不足90万公里，公路网密度仅为每百平方公里9.3公里，远远落后于当时世界其他国家。

---

[1]　周国光、何俐俐、贾丽娜：《公路行业财务管理学》，人民交通出版社，2001。

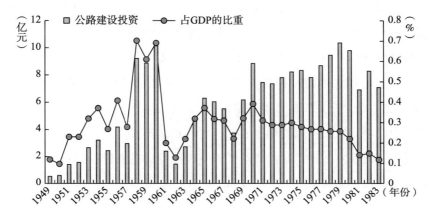

图 7-1 1949~1983 年全国公路建设投资及其占 GDP 的比重

资料来源：根据历年《全国交通运输统计资料汇编》整理计算。

7.1.2 改革开放初期：1983~1992年

改革开放初期，为了矫正计划经济时期重、轻、农比例失衡，国家提出了"量力而行"和"比例关系"。当时理论界与决策层的许多有识之士认识到，这种比例关系的思考在很大程度上忽略了农业、工业生产部门同交通、水利、电力等基础设施部门都存在一个比例平衡问题，导致传统计划管理方式疏忽基础设施发展。要使农工业等直接生产部门增产必须依赖完善基础设施等的支持，为了纠正过去基础设施滞后的局面，交通发展应该"适当超前"①。

20 世纪 80 年代初，国家及时调整产业政策，能源交通基础设施成为发展的重点。为推动改革开放初期干线公路的发展，1981 年国家首次确定了由 70 条线路组成、长 109198 公里的国道干线网，并于 1982 年颁布了《关于国家

---

① 杨叔进：《中国：改革发展与稳定》，中国发展出版社，2000；何荣飞：《谈谈发展我国交通运输业的问题》，《经济研究》1980 年第 12 期。

干线公路网建设的实施意见》。到 20 世纪 80 年代末，1981 年制定的国家干线公路网已经初步建成，二级以上高等级公路通车里程增长迅速。

1984 年 12 月国务院出台几项重大决策：一是征收车辆购置附加费，主要用于公路建设；二是提高养路费征收标准，增加部分用于公路建设；三是"贷款修路、收费还贷"的收费公路政策；四是征收客货运输附加费。其他运输方式也分别制定了相应的促进政策，如铁路建设基金、民航发展基金、港建费等。同时权力下放，极大调动了地方政府投资基础建设的积极性。这些政策为基础设施大发展提供了资金和体制保障，直到今天仍是公路融资政策的基石。

1989 年交通部提出，从"八五"计划时期开始，用几个五年计划的时间，建设国道主干线公路系统，形成全国公路网的主骨架。国道主干线系统布局由"五纵七横" 12 条路线组成，总里程约 3.5 万公里，贯通首都、各省省会（自治区首府、直辖市）、经济特区、主要交通枢纽和重要对外开放口岸。建设标准以高速公路为主，部分城镇密度稀疏的路段采用一、二级公路标准。这一系统对提高综合运输效率，改变公路交通运输的紧张状况，降低运输成本，推动工业现代化、城市化和现代都市圈的形成都具有极其重要的作用。

在上述政策规划的推动下，我国公路发展随即迈上了一个新的台阶，1985～1990 年 6 年间完成的公路建设投资是 1978～1983 年 6 年投资的近 10 倍。在此阶段，收费公路逐渐开始发展，银行贷款也成为公路建设的重要资金来源。1988 年 10 月 31 日沪嘉高速公路建成通车，见证了融资制度创新的作用。

7.1.3 交通大发展阶段：1992～2010年

在 1992 年邓小平南方谈话之后，公路建设投资占 GDP 的比重进一步提高，1992 年为 0.88%，1997 年提高至 1.57%。1998 年国家为应对亚洲金融危机出台旨在支持交通基础设施发展的宏观调控政策，公路建设投资占 GDP 的比重再次提高，为 2.57%，首次超过 2.0%。当年 12 月国家开发银行推出的公路项目统借统还贷款大大提高了公路行业的融资能力，成为促进公路建设发展的重要投融资创新。至 2000 年底，国道主干线建成 1.8 万公里，到 2007 年底，已基本全部建成。

2008 年为应对国际金融危机，国家推出了 4 万亿元的投资方案，其中交通建设投资为 1.8 万亿元，由此带动了后续年份的公路建设投资快速增长，公路建设投资占 GDP 的比重迅速走出下行趋势。如图 7 - 2 所示，2008 年公路建设投资占 GDP 的比重为 2.19%，到 2010 年这一比重迅速升高至 2.86%。1998～2010 年，我国公路建设投资占 GDP 的比重连续 13 年超过 2.0% 的水平。

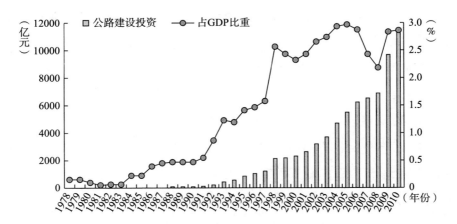

图 7 - 2 1978～2010 年全国公路建设投资及其占 GDP 的比重

资料来源：根据历年《全国交通运输统计资料汇编》整理计算。

自 1988 年 10 月沪嘉高速公路建成通车后，我国高速公路从无到有，发展迅速。其中 2004 年《国家高速公路网规划》的出台，极大地促进了我国高速公路的发展。2005 年《农村公路建设规划》的实施，推动农村公路快速发展，农村路网通达深度逐年提高，技术等级迅速提升，路面状况明显改善。

7.1.4 深化改革阶段：2010年至今

2010 年 6 月，国务院出台《国务院关于加强地方政府融资平台公司管理有关问题的通知》（国发〔2010〕19 号），首次提出地方政府融资平台清理规范的要求。

2013 年 6 月 20 日，《国家公路网规划（2013 年 – 2030 年）》正式公布。国家公路网由普通国道和国家高速公路两个路网层次构成。该规划一方面将原来国家高速公路里程由 8.5 万公里调整至 11.8 万公里，增加了 3 万多公里，另一方面扩大了基本公共服务能力，普通国道调增到 26.5 万公里，实现了全国所有县级及以上行政区都有普通国道覆盖。在资金渠道方面，普通国道建设将以政府财政性资金为主，国家高速公路建设继续实行多元化的投融资政策，鼓励包括民资在内的社会资本参与建设。该规划的实施除了需要新建投资，还涵盖大量现有省级道路的升级、改扩建，国家公路网规模通过规划的方式实现了规模扩张和相应中央事权的扩展。

十八届三中全会以来，我国进入全面深化改革的新阶段，公路融资出现了新的特征。一方面，新《预算法》的实施、政府举债的规范使得公路建设贷款条件趋紧，贷款成本提高，贷款规模受到限制，非收费的普通公路债务融资被禁止。另一方面，车购税和燃油税专款专用的财政制度基础开始松动。车购税面临着从专项税到普通税、从中央税到地方税的改革压力。虽然成品油价格税费改革后成品油消费税收入增速明显低于原养路费的平均增速，但是 2014 年末至今我国多次提高成品油消费税税率中并未考虑公路融资的现实需求。

　　总体上全面深化改革朝着强化公路建设发展的资金约束机制、提高投资效率方向迈进，但是从 2011～2018 年公路建设投资实际看，公路建设投资依然保持在高位水平，2015 年达到了 1.65 万亿元（见图 7-3），"十三五"时期公路投资总规模预计 7 万亿元，而实际上截至 2019 年末就已经达到 8.22 亿元。

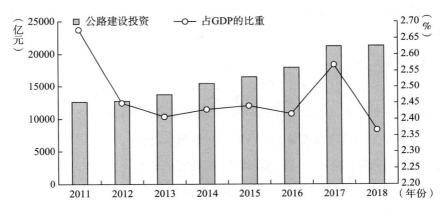

图 7-3　2011～2018 年全国公路建设投资及其占 GDP 的比重

资料来源：根据历年《交通运输行业发展统计公报》整理计算。

7.2　发展经验与问题

　　一般认为，我国公路交通的跨越式发展成就与一系列投融资政策创新息息相关，同时也离不开扎实的技术规划和体制环境支持。

7.2.1　一系列投融资政策创新

　　为促进公路发展，国家先后设立了养路费（成品油税费改革后被燃油税取代）、车购费（税）等专项费税，专门用于公路基础设施建设和养护。从财政角度看，专项资金往往是吸引地方政府配套资金的基础保障。从金融角度看，专项资金又是市场化融资的资本金部分的主要来源。目前这些专项税费已成为公路发展的主要财政性资金来源，同时带动了大量的社会资金投入公路建设中①。

公路收费还贷政策，创新了公路建设筹融资方式，为快速推动公路基础设施建设奠定了政策基础。在成品油税费改革之前，在建成的高等级公路中，几乎所有的高速公路、67%的一级公路、42%的二级公路，都是依靠"贷款修路、收费还贷"政策解决的投融资问题。它使我国在短时间内建成了位居世界第二、长达7万多公里的高速公路。可以说，我国公路交通事业近30年的跨越式发展成就，收费公路政策的融资创新贡献居功至伟②。

1998年，为应对亚洲金融危机的不利影响，国家开始实施旨在扩大内需的宏观经济政策，同年12月，国家开发银行制定发布了《国家开发银行公路项目统借统还贷款管理暂行规定》。统借统还政策推动了地方以养路费收入担保进行债务融资，许多地区还将若干公路项目捆绑筹措贷款融资，非收费公路建设也可以获得银行贷款；贷款资金不仅用于公路建设，还用于公路养护。这种情况的出现，一方面进一步扩充了公路建设的资金规模，加快了公路建设速度，另一方面由于财政纪律约束的软化，大大增加了省、地、县级地方政府的债务负担规模③。

经过多年的发展演变，以交通专项税费和"贷款修路、收费还贷"等政策为基础，我国公路发展逐步形成了"中央投资、地方筹资、社会融资、利用外资"的公路投融资模式，支撑了公路基础设施建设的跨越式发展。不同类型公路由于经济特征和管理体制的不同，形成了相应的投融资模式。高速公路普遍以地方政府或具有政府背景的地方投融资平台为主体负责投资建设。

---

① 李玉涛：《交通发展和改革：机制、问题及方向》，《调查·研究·建议》2014年第28期。
② 冯正霖：《加快转变公路交通发展方式》，《中国水运》2010年第3期。
③ 李娟：《对统贷统还平台运作机制和融资情况的研究》，《金融经济》2016年第2期。

普通国省干线公路投融资模式与管理体制密切相关，主要有省垂直管理、省市共建、以地市为主三种方式，资金来源主要包括专项建设资金、省按定额补助标准的补助资金，以及市县的财政、债务和贷款筹措资金。农村公路按照"省级补助，市县自筹"的原则，中央、省级财政筹集补助资金，主要事权和建养资金由市县承担。

7.2.2 扎实的技术规划工作

我国交通基础设施建设始终都是在规划指导下进行的，这在公路行业最为典型。从 20 世纪 80 年代早期开始，我国先后出台了国道网规划、"三主一支持"交通发展规划、国道主干线系统规划、国家高速公路网规划、农村公路建设规划和国家公路网规划。1981 年国家计划委员会、国家经济委员会和交通部联合颁布的《国家干线公路网（试行方案）》，从功能和布局上确定了普通国道的基本网络，有效引导了中央和地方公路建设投资方向，为集中建设国家干线公路奠定了基础。1992 年交通部编制的《"五纵七横"国道主干线系统规划》，拉开了我国高速公路大规模建设的序幕，改变了我国公路交通长期滞后及结构不合理的局面。2004 年国务院审议通过的《国家高速公路网规划》，对指导我国高速公路持续、快速和有序发展发挥了重要作用。2013 年的《国家公路网规划（2013 年－2030 年）》，把国家高速公路和普通国道统一起来，构建成一个功能完善、覆盖广泛、能力充分、衔接顺畅、运行可靠的国家干线公路网络。

地方交通部门在这些上位规划的指导下，结合地方实际制定了相应的发展规划。在国家级公路规划相继出台、不断完善的同时，各省（自治区、直辖市）政府部门根据国家级公路网的规划要求，结合本省（自治区、直辖市）的实际情况，相继制定了本省（自治区、直辖市）公路网规划。省以下的许多市级、县级政府也相应制定出台本地的公路网发展规划，指导了本地的公路建设发展。中央和地方不断调整公路发展规划，在保持政府投资项目的连续性的同时也巩固了专项资金政策。

7.2.3 面向市场的放开

围绕着收费公路，公路建设投融资不断向企业市场和社会资本放开。1996 年，交通部颁布了《交通部公路经营权有偿转让管理办法》，以规定期限的收费经营权为条件，吸引民间资金进入公路基础设施领域。1997 年颁布的《公路法》规定，国家鼓励国内外经济组织对公路建设进行投资。开发、经营公路的公司可以依照法律、行政法规的规定发行股票、公司债券筹集资金。2002 年修订的《外商投资产业指导目录》将公路、独立桥梁和隧道的建设列入鼓励类项目。

收费公路因被赋予特许经营权，具备较强的融资能力，在长期实践中形成形式多样的投融资模式，但政府主导的格局一直都在延续着，没有改变。以省级政府高管局、公路局等政府部门投资建设的政府还贷公路仍占有较大比例，即使在经营性公路中，也有很多是各级政府成立的交通投资公司投资建设的，政府行政色彩仍然十分明显。收费公路统计公报显示，截至 2018 年末，全国收费公路里程 16.81 万公里，政府还贷公路里程 9.33 万公里，经营性公路里程 7.48 万公里，分别占全国收费公路里程的 55.5% 和 44.5%。

7.2.4 面向地方的分权

不同行政等级公路对应着不同的管理事权（见表 7-1）。从 20 世纪 80 年代以来，我国交通基础设施事权逐步向地方转移，形成以地方政府投资为主的管理体制，极大地激发了地方建设交通基础设施的积极性，促进了交通基础设施的跨越式发展①。中央政府对交通基础设施建设的投资作用主要体现在车购税、燃油税专项资金和中央预算内资金方面，中央引导资金作为交通基础设施建设稳定的政府投入，不仅是资本金的重要构成，发挥融资的杠杆作用，而且是中央政策意图实现的重要抓手。

表 7 - 1 不同行政等级公路的管理事权

等级	事权内容	职责分配
国道	规划	交通运输部会同同级有关部门并商沿线省级政府编制，报国务院批准
	建设、养护、管理	省级公路主管部门负责，跨省（自治区、直辖市）高速公路由交通运输部批准的专门机构负责
省道	规划	省级交通厅会同同级有关部门并商沿线下一级政府编制，报省级政府批准、交通运输部备案
	建设、养护、管理	省级公路主管部门负责
县道	规划	地级市公路主管部门编制，报省级政府审批
	建设、养护、管理	县级公路主管部门负责
乡道	规划	县级公路主管部门编制，报县政府审批
	建设、养护、管理	乡政府负责

资料来源：交通运输部规划研究院《促进公路可持续发展政策研究》，2012。

7.2.5 严峻的投融资形势

虽然现有的政策与体制支撑了中国公路的快速发展，但是逐渐积累的问题使得投融资形势异常严峻，且在当前经济状况和投资态势下有加重的趋势②。

1. 项目财务效益下降

我国高等级公路主要依靠收费政策发展而来，未来也需要继续依赖收费公路

① 郭文帅：《中央与地方关系对公共资源配置影响的时空分析——以交通基础设施发展为例》，博士学位论文，北京交通大学，2014。
② 亚洲开发银行：《中华人民共和国公路部门融资体制改革》，2015；交通运输部规划研究院：《促进公路可持续发展政策研究》，2012。

政策。我国早年建设的高速公路造价相对较低，且大部分处于主干线路段，交通量增长较快，贷款偿还能力相对较强。近年来，高速公路建设更多向经济欠发达地区推进，交通量增长缓慢，地质地形条件使得建设成本迅速上升，融资能力和还款能力明显不足。未来几年公路规划建设投资依然保持在高位，新的投资不断进入需求有限和地质复杂的地区，项目经济效益的下降趋势会更加显著。

2. 债务风险加大

2018 年末，全国收费公路债务余额 56913.6 亿元。其中政府还贷公路债务余额 30536.1 亿元，经营性公路债务余额 26377.5 亿元，分别占全国收费公路债务余额的 53.7% 和 46.3%[①]。按照目前的投融资形势，公路行业积累的存量债务规模还在迅速膨胀，偿还压力逐年加大。

3. 民营化问题突出

部分地区因为急于筹集资金，低价转让收费公路权益造成国有资产流失，还有些地区在收费还贷公路收费期限届满前，通过转让方式延长收费期限。更为严重的是，有些项目在转让过程中存在违纪违法现象，甚至已成为交通基础设施建设领域腐败行为新的易发点。在公路债务逐年激增的背景下，PPP 被寄予了发展融资和缓解债务压力的厚望。但是目前的公路 PPP 项目大多是国有基建企业为争取工程项目的变通，相应的合约安排仅限于建设期，一些类似产业基金的金融创新，实质上是变相的政府债务。

4. 养护投入严重不足

随着路网里程的快速延伸，养护投入的压力越来越重，建设和还债支出对养护的资金挤出效应越来越明显。由于投入不足，部分公路陷入"修了烂、烂了修"的恶性循环，出现了"弃养待建、以建代养"现象，部分路段路况恶化。农村公路养护资金来源缺失是最为严重的问题。目前农村公路养护唯

---

① 数据来源：http://xxgk.mot.gov.cn/jigou/glj/201908/t20190829_3243798.html。

一明确的财政性资金来源为执行不理想的省级燃油税"7351"资金补助，地方财政投入根本不能落实到位，一些地方早期修建的农村公路已出现"油返砂"和"通返不通"现象。

7.3　公路融资问题的受益分析

采用受益分析框架对我国公路融资政策进行评估，可以获得很多新的认知。

7.3.1　使用者付费的定位模糊

"使用者付费"不仅可以贡献融资、增大投资，同时还可以作为需求偏好的显示信号，用来防止过度供应。公路的使用者付费即"用路者付费"，为公路投资提供资金的机制要求向公路服务使用者收费。当支付公路建设和养护全部成本所需的燃油税或其他税费收入超出了使用者的支付能力时，表明出现了过度投资问题。

地方政府依赖使用者付费和借贷来为基础设施融资是国际惯例，原本无可厚非。目前，不仅发展中国家，而且发达国家，都广泛采用各种手段征收公路通行费。中国的不同之处在于，仅仅把使用者付费作为弥补城市和地方政府收支缺口的工具，而不是一个提高公共服务质量与效率、优化资源配置的市场机制，由此造成了对这类活动的监督和约束微乎其微①。由于中国公路发展对收费公路政策的高度依赖性，"基础设施发展是否过度超前"与"通行费政策行业是否过度利用"实际上是同一问题的两种不同表述。但是由于政策视野的狭隘，我们没有把收费融资同投资效率联系起来调整完善公路收费政策。

---

① 黄佩华：《改善城市财政》，《全球化》2014 年第 1 期。

中国并没有鼓励公共服务有偿提供的使用者付费制度，而是把它同一般的行政管理收费混同起来，一概称为"收费"或"非税收入"。这种分类体系和政策逻辑大大降低了使用者付费的公众认可度。在当下中国，收费往往被当作"懒政"行为，使得使用者付费往往面临着过高的非正常公众压力。

7.3.2 专款专用的执行不严格

养路本身虽然具有高投资回报的特征，但在现实中由于预算体制的约束，很难获得足够的财政资金，专款专用可以保证急需的公路养护有可靠的资金来源①。在中国，养路费/燃油税收入不仅一直不能满足非收费公路养护需要，而且由于公路发展资金紧张，各地还将养路费/燃油税收入中相当部分比例安排用于公路建设和债务偿还，有的地方还用作收费公路资本金，甚至存在挤占挪用问题。公路养护资金专款专用的很多规定，在实践中不能得到有效执行。

燃油税与通行费一样，是用户对用路服务的支付，同样属于使用者付费的范畴。燃油税在中国一直没有明确"使用者付费"，而是笼统地作为公共财政收入。这实际上反映了中国财税体制针对使用者付费存在制度缺项。早期的养路费明确了使用者付费和专款专用的原则，2009 年的成品油价税费改革明确的"四不变"使得专款专用得以维系下来。然而改革对受益原则的模糊，大大弱化了专款专用特征。

从国际上看，公路资金的专款专用主要是针对养护而言的，这主要是由于公路养护在技术经济上的高收益与政治上的低关注度之间存在着较大反差，需要专款专用来弥补预算的缺陷。在特定情况下，公路交通落后成为经济发展的瓶颈时，专项资金也是一种纠偏的政策工具，中国在 1984 年出台车辆购

---

① 世界银行：《1994 年世界发展报告：为发展提供基础设施》，毛晓威译，中国财政经济出版社，1994。

置附加费用于公路建设的背景目的正在于此。经过 30 多年的发展，中国公路和经济发展的形势有了天翻地覆的变化，车购税的"专项"程度也在逐步松动。2009 年 1.6 升及以下排量的小汽车减半征收被认为是"专项"松动的起点。在中共十八届三中全会之后，车购税从专项税到普通税、从中央税到地方税的改革目标似乎更加明确。

除了车购税和燃油税专款专用的财政制度基础并不稳固，中国当下的许多财税改革，包括专项转移支付、专项债务、全口径预算等，都同专款专用息息相关，但很明显这些改革大多缺乏相应的研究基础支撑。

7.3.3 重建轻养的投融资目标偏差

我们所讲基础设施建设投融资是在既定的发展投资前提下，拓展资金渠道，即为投资而进行融资。在主流的行业政策研究报告和文献中，公路投融资政策特指完成规划建设任务的政策。现行投融资政策研究大多以既定的规划目标为起点，匡算投资造价，再减去现行财税制度下资金供给水平求得资金缺口，补缺口便成为投融资政策的努力方向。这就是流行的"算账"模式。

投融资体制改革，实际上假定了发展的合理性，在这一前提下，寻求新的资金来源。把投融资定位于为建设筹集资金的狭隘认识，助长了过度投资的错误激励。事实上目前国内的交通规划与可行性研究报告都假定能够获得实施所需资金，但是并没有相应的分析论证来确认这个假定。这样的投融资概念根本没有认真考虑发展需求的合理性和建设投资的正当性，忽略平衡制约因素和监督控制机制，导致金融财政风险的不断扩大。

基础设施的资金需求包括资本性支出和经常性开支两方面。在一般政策语境中，投融资一般直接针对建设投资的筹融资，但事实上经常性开支也是其中不言自明的必要内容。基础设施的投融资涵盖了正常建设与运营不同阶段的持续性融资活动，并不是建设之前一次性完成的行为。现行《收费公路管理条例》的突出问题就是缺乏对长远养护资金的制度安排，把筹融资看成一次性的，没有从全生命周期成本角度充分考虑经常性开支。

总之，"算账"模式解决资金缺口的对策往往落脚在金融创新上，现行以筹集建设资金、补偿投资成本为目标的公路建设投融资忽略财政的可持续性和用户的支付意愿，割裂了价财税之间的有机联系。

7.3.4 政府间事权与支出责任不匹配

中央政府与地方政府之间的关系处理，特别是事权和支出责任的划分，是从空间上的受益原则开始的。当然，早期的财权与事权相统一，到后来的财力与事权相匹配，事权和支出责任相适应，都可以看作受益原则在空间上的延伸拓展。党的十八届三中全会以来，国家处理中央与地方政府关系的政策思路发生了重大变化，由过去主要以事权为标准配置财力的单向均衡方法，转为既均衡财力又调整事权的双向均衡方法①。

目前，我国中央和地方政府事权和支出责任划分不清晰、不合理、不规范，一些应由中央负责的事务交给了地方，国道主要由地方筹集建设和养护资金，"十一五"前三年，中央车购税用于普通国道建设的支出占其公路总支出的比重仅为 3.7% 。一些适宜地方负责的事务，中央承担了较多的支出责任，特别是一些应由县乡承担的支出项目，中央也安排了补助。例如，2009 年中央车购税的近 50% 被安排用于属于地方事权的农村公路建设。

---

① 赵云旗：《政府间"财政支出责任"划分研究》，《经济研究参考》2015 年第 68 期。

2019 年 6 月，国务院办公厅印发了《国务院办公厅关于印发交通运输领域中央与地方财政事权和支出责任划分改革方案的通知》（国办发〔2019〕33 号），划分公路等六个方面的中央与地方财政事权和支出责任，统一明确了中央与地方的分担比例和各自的支出责任。至此，关于公路事权划分似暂有定论，但是实际上依然非常模糊，相关争论依然存在。

事权和支出责任不相适应导致地方政府为加快交通建设而过度举债，债务风险不断积累，责任难以追究；分割的交通管理体制造成不同区域、不同层次公路网、航道网衔接不畅，标准不一致，运营管理缺乏有效协调，"断头路""香肠路"由此产生。

7.3.5 过度的债务和投融资创新

过去几十年中国交通基础设施领域的投资严重依赖借贷和地方政府对未来收入的隐性担保，公路投融资政策依然聚焦于资金保障和融资创新，政府极力提倡在交通产业投资基金、PPP、发行专项债券等方面加强融资创新。中国可谓公路建设融资创新实践最丰富、对债务依赖程度最高的国家。如果说早期的收费公路政策是价财税政策顺应基础设施商业化趋势的大战略改革，那么近年来的融资创新则更多局限在规避预算约束和金融监管的一些技术性手段上。目前，我国在交通基建领域，PPP 利用的大多是国有资本，很多央企充当社会资本方，但国际上政府或者国有企业占股超过 25% 的项目一般不归为 PPP 项目。

对于基础设施投融资问题而言，市场化融资只能解决时间性结构缺口，实质上无助于实现长期财务平衡①。在投资决策有误的前提下，寄望于融资创

---

① 赵志荣：《财政联邦主义下的交通设施投融资》，格致出版社和上海人民出版社，2015。

新只能解决短期资金问题，不具有可持续性。只有建立在高效投资的基础上，才能通过价财税政策的支持，实现长期经营收支自我平衡，从根本上解决资金需求问题。

中国公路过多的投融资创新，一个重要原因是在财税方面的明渠不够。目前的税种设置存在过多障碍，除了燃油税和通行费，限制了其他具有使用者付费特征的新税种设立。从国际经验看，这些资金不仅仅可以缓解交通发展的资金紧张，更重要的是通过相宜的制度建设，可以体现用户的意愿从而促进公路投资和运营效率的提高。

交通投融资的最根本问题，并不是债务规模高低合理的技术性问题，而是债务管理和投融资决策不透明、不规范的制度性问题①。只有在透明的制度环境中，融资制度才能促进投资决策的科学高效。不透明、不规范造成的机制缺失，致使在政府融资平台债务负担已不堪重负、融资创新没有实质进展的情况下，各地的基础设施建设发展速度有增无减。因此，透明规范的融资机制是市场化融资决策的前提。

7.4　规划与融资的体制关系探讨

公路基础设施是通过规划、价财税等多重的政策体制工具来推进的。表面上，交通行业习惯和擅长利用技术规划工具来推动交通发展，然而任何规划背后都隐含特定的财政体制背景和逻辑。2013 年 6 月 20 日，《国家公路网规划（2013 年 – 2030 年）》正式公布。该规划根据变化的新形势，在"两个公路体系"概念框架的基础上，表达了未来近 20 年国家级干线公路的发展蓝图。除了缩短时空距离、提升运输能力之外，该规划必然对路网的分类体系、

---

① 刘立峰：《地方政府投资行为及其治理》，《宏观经济研究》2012 年第 7 期。

管理体制和财税政策等产生影响。

7.4.1　路网形态和融资环境的变化

路网规划往往聚焦于交通发展的技术内容，但其制度背景也是规划的重要内容。

一方面，改革开放以来公路交通的快速发展使得路网结构与功能发生了深刻变化。20 世纪 80 年代初国家干线公路网的划定，使我国干线公路网有了明确的分类体系框架。正是在此分类体系的基础上，《公路法》明确公路按其在公路网中的地位分为国道、省道、县道和乡道。在国家干线公路网规划之后，政府在不同时期基于不同发展目标的要求，先后出台了国道主干线系统规划、国家重点公路规划和国家高速公路网规划。其中，国道主干线、国家高速公路在行政等级上都被明确界定为"国道"，"主干线"的定位说明相对于普通国道具有更高的功能级别。

但是不同概念存在着交叉，给大众带来了形象认知和思维认识上的混乱。由于我国公路管理体制的差异，在行业内国省干线公路特指高速公路之外的普通干线公路，因此社会公众会产生"高速公路是不是国道"的疑惑。随着高速公路建设的快速发展，目前除了在少数经济欠发达和地质条件较差的地区仍然由老国道担负（主）干线功能外，大多地区老国道的功能明显下降，一些后建的高速公路承担了干线功能，特别是在路网发达的地区，地方规划建设的高速公路只能居于省道、县道的行政等级。

另一方面，国家公路网规划的推出，具有深刻的融资背景。1984 年国务院推出了开征车辆购置附加费、提高养路费征收标准、通行费/收费还贷政策，由此确立了中国公路发展融资制度的基本架构。经过 30 多年的公路快速发展，上述政策面临的形势也已经今非昔比。经过"费改税"后，车购费和养路费分别变为车购税、燃油税。其一，车购税的定位近年来开始产生争论。作为中央的交通专项资金，车购税定位主要用于国家干线公路的建设投资，但是后来很大一部分用到了农村公路建设中。干线公路在保持中央专项资金渠道的同时，更大程度上利用了收费还贷政策。由于国家高速公路网建设任务很快就要完成，车购税资金是否还有必要存续，或者改变投向、支持其他运输方式发展？这些问题引起了行业内外的广泛关注。其二，燃油税改革悄悄地改变了不同层级政府对公路的财力分配。原来的养路费属于地方性资金，改革后的燃油税则变成了中央的交通专项资金。燃油税改革和车购税新争议使得公路责权（事权和财力）在中央政府和地方政府之间出现了明显的不匹配问题。其三，收费公路政策面临的社会压力越来越大。近年来的公路融资政策大多是在收费公路的批评声音高涨背景下出台的，缓解社会公众压力是其中的重要目的。然而，目前的融资制度、债务负担和发展态势决定了不可能改变公路行业发展对收费公路政策的融资依赖。因此，政府深陷资金压力和舆论压力的两难困境之中。

显然，对规划的关注不能仅仅停留在建设发展的技术范畴。通过国家高速公路和普通国道的扩容能否实现路网结构的优化和管理权责的明晰，其资金政策的背景和对投融资政策的影响效果如何？这些问题同建设发展的技术内容一样，都需要关注探讨。

7.4.2 新规划的发展逻辑

作为中央交通主管部门的交通运输部近年来提出了"两个公路体系"。"两个公路体系"，是指以高速公路为主体的收费公路体系和以普通公路为主体的非收费公路体系。非收费的普通公路体系提供基本公共服务，主要由国省干线公路和农村公路组成，约占全国公路里程的96%，具有覆盖范围广、服务均等化等特点，以政府公共财政投入为主。收费公路体系提供效率服务，以高速公路为主体，是我国公路网的主骨架，在路网中的比例控制在4%以下。"两个公路体系"建成后，总体可实现用户通过免费公路体系完成所有运输需求的基本目标，特别是在收费高速公路通道上，均提供平行的可选择的免费公路为公众服务。因此，中央交通主管部门一直把"两个公路体系"建设作为解决收费公路困境的长效机制。

"两个公路体系"的新构想，引申出一系列政策、法律问题。《国家公路网规划（2013年–2030年）》正是在此概念基础上，提出了由"普通国道＋国家高速公路"两个层次共同组成的国家公路网，即连接到所有县、提供普遍服务、未来属不收费的普通国道网，连接到地市和20万人口以上城市、提供高效服务、利用收费政策的国家高速公路网。《国家公路网规划（2013年–2030年）》使得国家级干线公路的里程规模大幅提升。普通国道由1981年的10.6万公里调增到26.5万公里，新增连接县900多个，实现了全国所有县级及以上行政区都有普通国道连接；国家高速公路的里程则较2004年的8.5万公里提高到了11.8万公里，并1.8万公里的远期展望线。

虽然《国家公路网规划（2013年–2030年）》的技术过程分别表现为对人口20万以上城市和县城节点的有效连接，但这并没有改变通过工程建设来满足不断增长的运输需求这一传统的发展逻辑。《国家公路网规划（2013年–2030年）》依然强调交通量的大幅度增加和覆盖范围不足、通道能力不够、网络效率不高的矛盾。普通国道网的延伸和扩展，国家高速公路网的扩容，都是为了适应交通运输量的大幅度增长。"千里以内的省会间可当日到达"，所提倡的依然是对速度能力的追求。简言之，《国家公路网规划（2013年–2030年）》是以新的概念表达发展诉求、实现能力提升。

7.4.3　国家规划与既有地方规划的关系

新的国家公路网布局表现为"首都辐射省会、省际多路连通、地市高速通达、县县国道覆盖"。中国科学院陆大道院士指出，放射线与纵横网相结合的干线布局原则是我国高速公路建设过度扩张的重要原因之一。在此单就"县县国道覆盖"与我国大多省份"县县通高速"之间的衔接关系做一解析①。

在许多国家，地方自行建设管理的高速公路在路网中所占比重很低，高速公路基本就是路网功能中最高层次，在融资和管理方面主要体现中央政府职能。中国有自己的特殊国情，那就是地方自行规划建设的高速公路规模很大。2004 年出台的《国家高速公路网规划》提出到 2030 年实现 8.5 万公里的目标。在该规划颁布后，大陆地区除西藏外的其他省级单位均编制了高速公路网规划，与原国家高速公路网加总后，中国高速公路的中长期规划目标超过 17 万公里，比《国家高速公路网规划》高出 1 倍多，全国大多省份的高速公路网规划达到"县县通高速"的覆盖水平。地方高速公路规模过大，给路网分类分级管理体系带来了更大混乱。

《国家公路网规划（2013 年 – 2030 年）》则提出了"县县国道覆盖"的目标，保证普通国道独立连接所有县级以上行政区。《国家公路网规划（2013 年 – 2030 年）》与地方高速公路规划叠加后，在上述省份的县与县之间同一通道内，既有地方高速公路，又有普通国道，普通公路居然占据了相对于高速公路更高的行政等级。这就是许多省道、县道按照"县县国道覆盖"要求"一刀切"地升级后所带来的混乱。

---

① 陆大道：《关于避免中国交通建设过度超前的建议》，《地理科学》2012 年第 1 期。

建立在"两个公路体系"概念基础上的国家公路网规划布局方案非但不可能是一个理想的路网形态，相反却使简单问题趋向复杂化。如果按照现在的思路类推，那么在省级公路上再分为省级高速公路和普通省道，地方公路再划分为县级高速公路和普通县道。将来随着交通需求的进一步增大，国家公路网再进一步扩容，实现乡镇通国道、县县通国高。可见，新的规划布局方案下，路网体系的混乱态势面临着逐级扩大的风险。虽然中央交通主管部门提出，"在国家级路网格局明确后，各地需要加强组织领导，尽快开展分层次路网调整修编工作，优化调整省级干线路网和县乡农村公路网规划"[①]，但是规划并不绝对是自上而下的，国家规划不能无视地方高速公路发展现状和中长期规划，相反应该加强对地方公路发展的引导和制约。

7.4.4 规划对政府间财税关系的影响

如前所述，公路功能分类是建立合理路网规划体系的核心，也是划分各级政府事权和投融资责任的基础。世界各国的公路规划体系通常把路网分成三个至四个功能级别。同一类型级别的公路在管理目标、资金安排、建设与养护标准等方面往往遵循一致的标准。划分管理职责是为了调和三项目标之间的冲突。第一，在可能的范围内，对各公路功能级别进行统一管理。第二，按照本国的行政管理结构分派公路管理职责。第三，将公路划分给拥有财政与技术实力的公路机构进行管理。一条公路的功能发生改变，则需要调整其在分类体系中的位置，并把管理责任转移给相应的机构。这就是我们常说的公路升级或降级。

新的国家公路网规划，同以前的国道主干线规划、国家高速公路网规划一样，强调历史继承。这种历史继承在很大程度上意味着维持过去的管理体

---

① 范振宇：《把脉新型城镇化 抢抓公路交通发展新机遇》，《中国交通报》2013 年 8 月 12 日，第 3 版。

制和融资政策。国家公路网规划确定的国家高速公路和普通国道路线规模较原规划均有较大幅度增长，未来的管理任务更加繁重，相应的资金需求对财力分配也提出了新的要求。由于国家高速公路网规划的集中建设任务很快就会完成，本次公路网规划把国家高速公路网路线规模提高后，可以弥补这一空白，保持中央专项资金对国家高速公路投入的连续性。与新建项目的时段集中性相比，普通国道更新改造的持续性无疑更强。按照目前"高速公路市场化、普通公路靠财政"的融资思路，普通国道路线规模提高后，中央的专项资金更多用于普通国道，那么从长远战略高度就可以把车购税锁定为公路发展的稳定资金来源。因此，本次公路网规划的一个重要结果是扩充了中央事权，使中央交通主管部门的职能同目前的财力格局和资金形势相匹配。

对于地方而言，每个省升级到国家公路网的里程规模比例差别较大，升级越多意味着本行政区范围内的路网能得到越多的中央资金补助。例如，四川省新纳入高速公路里程 4731 公里，占全国新纳入里程近 10%；新纳入普通国道 1.2 万公里，占全国新纳入里程近 8%。两项指标均居全国第一。国家级公路越多，意味着本行政区范围内的路网能得到越多的中央资金补助。在行业内看来，这种财政关系调整的政策意义远远超过了路网里程和投资规模的增加。

7.4.5　交通规划的技术与制度统一

交通规划是为应对现在和未来人员与货物的流动性需求采取的行动计划安排和实施执行。在采取行动计划之前需要开展交通研究，进行必要的技术工作。过去，交通规划被普遍认为是交通工程师所从事的一项专业技术工作。近年来随着对规划实践问题的反思总结，人们逐渐认识到，交通规划不是单纯的技术方案论证，同时包含平衡复杂利益关系的政治过程。规划的技术内容需要置于更为透明、更多参与的制度环境中，进而同管理体制、融资政策等相协调，否则就可能回避矛盾和利益关系。目前交通规划在科学和制度两个维度上在经历着深刻的变化，并且相互结合得越来越密切。

确定未来公路基础设施的数量规模与布局结构，是路网规划要解决的技术问题，但不是规划的全部。规划需要直面制度问题，既不能把维持既有体制和资金政策作为规划调整的前提，也不能简单根据规划技术方案要求投融资政策。国家公路网规划与地方公路网规划的关系，路网结构调整对财税、投融资政策的影响，都需要进行公开而细致的论证。

当忽略制度问题时，规划的发展逻辑也就失去了自我完善的动力来源。收费公路面临的困境和地方政府债务问题很难让人相信"国家公路网规划实施的资金是有保障的"。通过工程建设满足运输需求的发展逻辑，本质上是不可持续的。可持续交通提倡目标导向型的规划模式，根据经济社会发展和资源环境承受力的综合条件确定愿景目标，再通过反推来确定不同时点的供给水平。因此，即使抛开制度问题，路网规划的发展逻辑仍然值得商榷。

7.5　可持续公路融资基本问题的探讨

遵循受益原则，可持续投融资应在经济社会发展与交通需求增长之间形成良性的互馈机制，使得交通运输业的公共收支发展能够分享和体现经济发展的成果。但是知易行难，在行动之前，我们需要对投融资问题的实质和成因形成共识。即使有些问题很难有定论，但是也仍然需要形成统一的认识视角、交流平台和政策语境。综合目前国内交通行业内外，特别是经济学界的一些代表性观点，可持续交通投融资基本问题可以从四个层面来思考。

7.5.1　投融资问题是否意味着交通发展过度超前了

基础设施发展在低费率和高债务之间面临着明显的两难困境。一方面，基础设施快速发展产生的成本补偿压力必然向用户转移；另一方面，用户为基础设施服务自然是较低的价格费率要求趋向。两者之间的合理张力推动基础设施的投资效率提高和高质量发展。

近年来，收费公路在债务压力不断攀升的情况下，同时面临着抬高物流成本的批评质疑。有学者指出，我国"高物流成本源于超前布局"[①]。从研究的逻辑看，如果"物流成本过高"被证实成立，要考察是否源于基础设施建设的过度超前，就需要事先明确基础设施的成本补偿机制。也就是说，交通基建成本是否明确地通过运输环节的用户来补偿。这一问题在我国的价财税体制中，一直都是模糊的。交通发展一方面在积极争取一般财政支持，另一方面交通用户创造的很多收入被纳入一般财政预算。"收支两条线"，实际上割裂了交通运输行业收入与支出之间的联系。

"高物流成本源于超前布局"观点是否成立，也许本身并不重要，更大的价值在于提醒政策研究应该反思建立什么样的成本补偿机制来显示交通运输与经济社会发展的"适度"。

7.5.2　交通投融资问题是否应因于没有捕获到应有的外部收益

国内很多经济学家从国家长远发展战略和短期宏观经济稳定相结合的角度，提倡继续发展基础设施、加大投资力度。林毅夫和余永定两位经济学家，

---

① 刘晓忠：《高物流成本缘于超前布局》，《现代物流报》2013 年 12 月 1 日，第 A01 版。

尽管在经济政策取向上有激烈争论和显著分歧，但在加大基础设施投入的政策方面又高度一致。经济学家之所以在宏观政策上如此支持基建投资，在很大程度上是看重基础设施在微观上的正外部效益。正外部性在交通发展投融资政策取向上存在两方面的政策含义。一种是争取财政支持的传统融资思路；另一种是通过项目方案的优化来实现外部效益的内部化。例如，近年来很多的 PPP 项目投融资方案设计就是通过交通＋产业融合、捕获土地增值等方式来谋划。

我们认为，既不能无限放大外部效益来支持发展，也不能无视外部效益而在发展上缩手缩脚。外部效益不能停留在理念层面，更应有明确标准来衡量，并且需要政策优化来实现内部化。否则，外部效益就会成为交通发展政策认识混乱的滥觞。

7.5.3 交通投融资是否真正分享到了交通需求增长的收益

如果正确地分享交通需求增长创造的收益，并捕获到各种应得的外部收益，那么价财税或者投融资就应该建立起对交通运输高质量发展的制度保障，形成良性循环的体制机制。

作为交通发展和投融资的财政基础，通行费和专项税费等政策的走势广受社会各方关注。一方面，由于面临着巨额债务负担、社会批评质疑、降低物流成本等阻力，《收费公路管理条例》的修订一再推迟。另一方面，车购税和燃油税专款专用的财政制度基础并不稳固。2009 年以来对 1.6 升及以下排量车辆购置税减收政策虽然刺激了汽车消费市场，但亦昭示出公路财政基础不再像过往那么牢固。特别是从十八届三中全会以来，在国家"事权和支出责任相适应"的大背景下，"取消车购税公路专项并转变为地方税种"的声音日盛，改革备受关注。燃油税改革的收支脱钩问题更为明显。虽然成品油价格税费改革后成品油消费税收入增速明显低于原养路费的平均增速，但是自 2014 年末至今我国多次提高成品油消费税税率中并未考虑公路融资的现实需求，这同改革既定的交通资金"四不变"原则相去甚远。

使用者付费和专款专用的财政基础逐渐松动，说明目前我国的交通投融资并未从根本上建立交通需求增长的收益分享机制。如果缺乏市场化的财政根基，那些捕获外部效益、引入社会资本和金融创新的努力反而成了舍本逐末、舍近求远。

7.5.4 价财税对交通需求侧的影响是否应该纳入投融资决策中

无论是捕获外部收益，还是分享交通需求增长收益，都是通过增加收入来解决交通基础设施的资金短缺问题。但是放在更大的情景考虑，收入不足仅是交通基础设施的资金短缺问题的成因之一。由于未将价财税政策同时纳入交通供需两侧的政策制定过程中，交通基建资金需求的正当性需要重新评估。

大多数经济学家关于公共基础设施支出应该大幅度增加的想法，并不是基于有效的定价和投资原则。之所以总是需要更多、更宽的道路，是因为人们使用现有道路是免费的。当新道路建成后，堵车现象减少了，这又鼓励了其他道路上的车辆转移到这条新路上来。这样，当高峰期到来时，这条新路必然也要出现堵车现象，因为对拥挤成本是少有定价的。基于边际成本的有效定价，将会减少对新建交通基础设施的需求，并能从中获得足够多的收入来为改善那些有堵车问题的道路提供资金，而无须依靠税收资金①。

目前在交通发展的供需关系中，政策规划仅关注价财税政策对供给和投

---

① Clifford Winston，"Efficient transportation infrastructure policy"，*The Journal of Economic Perspectives*，1991，5（1）.

融资的收入动员作用，而没有把价财税政策对交通需求的影响纳入。换言之，价财税政策目前仅仅停留在缓解城市交通拥堵的特定需求管理目标中。如果从改革发展之间的内在关系分析，价财税政策对交通运输需求侧的影响应是交通运输业转型升级的制度激励源。因此，如果把价财税对交通供需两侧关系的影响同时纳入，那么当前的交通发展逻辑和很多立论前提就需重新审视。价财税对交通供需关系和投融资的双重影响见图7－4。

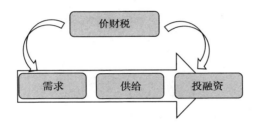

图7－4 价财税对交通供需关系和投融资的双重影响

8
中国的交通专项资金政策[*]

多项交通专项资金政策的实施对增加投资、促进发展发挥了重要作用。由于理论的滞后和评价标准的缺失，中国交通专项资金政策的认识比较混乱，专项税和政府性基金很难在一个共同的平台上来进行探讨。本章遵循受益原则，以公路专项资金的改革为重点，指出了目前中国财政制度在使用者付费方面的缺陷，并对交通专项资金政策的调整方向提出了相应的建议。

---

* 本章在以下报告和文章基础上发展而成：李玉涛《交通专项税与基金制度研究》，国家发展和改革委员会综合运输研究所发展基金研究报告，2012；李玉涛、肖金成《基于受益原则的燃油税政策探讨》，北京大学"公共财政改革与中国和谐发展国际研讨会"论文，2006；李玉涛、樊一江、马德隆《国际公路融资模式比较及启示》，《中国公路》2015 年第 15 期。

8.1　交通专项资金的制度框架

8.1.1　政府性基金与财政专项资金

在中国的政策文件和制度法规中，专项税收与政府性基金是并列的财政资金来源。前者包括车购税、燃油税（成品油消费税）、船舶吨税；后者涵盖政府还贷公路通行费收入、铁路建设基金、民航发展基金、港口建设费和船舶港务费等。许多政府性基金通过"费改税"转变成专项税，如车购税是由车辆购置附加费改革而来的。鉴于交通专项税收和政府性基金在经济机理上并没有实质的差别①，两者可以合称为交通专项资金政策。

除此之外，许多交通专项资金是由一般预算安排的，与具体的收入来源不挂钩，包括公路灾损抢修保通专项补助资金、农村老旧渡船更新专项奖励资金、岛际和农村水路客运成品油价格补贴资金、内河航道应急抢通补助资金、界河航道养护补助资金、长江干线船型标准化补贴资金、老旧运输船舶和单壳油轮报废更新补助专项资金、城乡道路客运成品油价格补助专项资金等。另外，从某一非交通类税收中切块划拨一定比例，用于特定的交通事项，实质也是专项税。

8.1.2　不同专项资金的受益特征

税费收入源于用户并且征收同使用消费行为挂钩的专项资金，具有使

---

① 　熊伟：《专款专用的政府性基金及其预算特质》，《交大法学》2012 年第 1 期。

用者付费特征，符合财政受益原则。有些专项税是典型的受益税，如燃油税；有些专项资金，特别是一般预算的切块资金，其收支管理并不体现受益原则。车购税仅仅针对车辆购买行为，并不直接体现和影响用路行为，因此是否属于使用者付费范畴并不明确。经济学家一般支持受益税和使用费。

城际交通基础设施融资主要利用使用者付费机制，而城市交通基础设施除利用使用者付费机制之外，还会更大程度地利用土地价值捕获。城镇化过程中的土地价值捕获，是一种外部性内部化行为，也可以看作财政受益原则的更高级形态。燃油税通常不被列入直接使用费，而被作为间接的使用费或者受益税，但是燃油税所体现的使用者付费机制也属于受益原则的范畴。

8.1.3 探讨专项资金政策的一般标准

在国际上，专项资金政策往往从预算管理是否高效、合理性是否过期、是否体现受益原则三个方面来进行衡量评价。

1. 预算管理是否高效

专项资金在支出管理上通常要遵循专款专用要求。专款专用的合理性在于，一些高收益的行业或服务，可能由于国家预算程序实践存在缺陷和财政收入波动，得不到应有资金，此时专款专用可以保护这些行业。但是专款专用存在的问题在于，它会削弱预算调配资金的能力，使得政府开支决策僵化，并且会侵害政府行政执法机关与立法机关政策制定的权威。预算程序运转正常的国家，财政资金能够流向收益高的项目或行业，那么这时就应该避免专款专用。另外，如果政府管理方式不良，甚至缺乏自律，则专款专用的基金不见得安全，最后导致专用的目的构想失去意义。一般而言，大部分的国家处于两者之间①。到底专款专用是因为预算实践缺陷才实施，还是专款专用导致了预算问题，这确实存在一个鸡和蛋孰先孰后的争论。

2. 合理性是否过期

实践中，专项资金的收入相对支出需求而言，总是过多或过少。如果专项资金的金额过多，盈余资金也不能用于其他用途。如果金额太小，由于该支出类目获得了"自由资金渠道"，那么就很难再从普通税收中竞争到额外的资金。问题解决之道在于，通过定期审查，可以尽量使专项资金的收入与支出需求一致。例如，在预算程序存在实践缺陷的情况下，专款专用可以保护如公路养护这类高收益行业的资金供应，从而在短期内改善资源配置。但是对于长期存在的问题来说，这就是一种短期行为，需要定期审查②。

3. 是否体现受益原则

在财税政策中，"专项税"与"受益税"两个概念经常混同使用。一些专项税和使用费实际上相当于对某项服务的支付，这与市场交换项类似，最为典型是燃油税。大多经济学家支持体现受益原则的专款专用做法。但是在预算实践中，很多专款专用的做法超出了服务收费或受益原则的范围，有些专项税未必体现受益原则，从而保证了对特定群体的优惠待遇③。从"使用者付费"原则的角度看专款专用是否偏离了服务收费或受益原则的范围，是专款专用需要定期进行审查的另一目的。

---

① 世界银行：《1994年世界发展报告：为发展提供基础设施》，毛晓威译，中国财政经济出版社，1994；世界银行：《可持续发展的交通运输——政策改革之优先课题》，中国建筑工业出版社，2002。

② 马海涛、李燕、石刚等：《收支两条线管理制度》，中国财政经济出版社，2003。

③ 斯蒂芬·贝利：《公共部门经济学：理论政策和实践》，白景明译，中国税务出版社，2005。

8.2　交通专项资金制度的演进

考察评估中国交通专项资金，需要把一般标准同具体国情相结合，特别是在专项政策的实施进程中，需要紧紧把握不断变化的交通供求形势是否还符合政策的初衷条件。

8.2.1　政策初衷与定位

在国民经济体系中，农工业等直接生产部门的增产需要依赖水利、电力、交通运输、通信等的支持。由于忽略基础设施发展的重要性，资金长期投入不足，我国基础设施发展一直落后于农工生产行业。为了扭转比例失调的局面，国家早在改革开放前就提出了基础设施优先发展的产业政策①。从财政的角度理解，优先发展的含义无非就是同其他产业相比，基础产业在资金上获得更多的财政支持。专项税与政府性基金的目的功能之一就是确保基础产业的优先发展。

1984 年国务院制定了实施收费还贷、开征车辆购置附加费、提高养路费标准政策以促进公路发展，为日后公路的跨越式发展奠定了政策基础；水运部门开征港口建设费和提高港口收费标准、开征水路客货运输附加费，为切实贯彻"以港养港"政策开拓了必要的资金渠道，为港口、码头泊位的迅速增加提供了资金条件；铁路部门通过对货运平摊加价的方式征收铁路建设基金，部分地方还实施了地方铁路建设附加费政策；民航基础设施建设基金和

---

① 杨叔进：《中国：改革发展与稳定》，中国发展出版社，2000；郑连明、陈昆玉：《新时期交通产业政策的嬗变（二）》，《北京交通管理干部学院学报》1998 年第 1 期。

民航机场管理建设费（简称"一金一费"）的征收与使用，对民航业整体网络建设和行业发展发挥了重要作用。

交通专项资金政策在不增加财政负担的前提下，加大了交通基础设施的资金投入，发挥了重要的杠杆作用。交通专项资金作为基础设施建设市场化融资的资本金部分的主要来源，撬动了大量的银行贷款。另外，中央专项资金成为地方政府配套资金的基础保障，调动了各级政府的发展积极性。

8.2.2　交通供求形势的变化

经过几十年的建设，特别是在抓住国家于1998年和2008年两次利用基建稳增长以应对国际金融危机的历史机遇之后，我国交通基础设施建设有了长足的发展，已基本满足我国国民经济发展的需要，其瓶颈制约影响正逐渐减弱。

1998年国务院决定发行国债1000亿元，投向优先发展的铁公机等基础设施，以弥补多年基本设施落后的缺陷。经过这一轮的发展，交通供求的局面已经发生改观[①]。进入21世纪，交通部门在总结成就之时，也对当时的发展速度和相应的债务问题表现出了担忧。其中2006年就有行业内专家提出了高速公路过快发展的问题，引起高层的重视。国家发展和改革委员会、交通部经过专题调研，联合发布了《国家发展改革委、交通部关于我国高速公路建设情况的报告》（发改交运〔2007〕400号），明确高速公路建设坚持突出重点、把握节奏、协调发展、科学管理的基本原则。

与当时国家宏观政策趋紧的背景相一致，交通系统内部也放慢了建设速度，把资金从新建转移到养护改造上。但是这种局面没有维持太长时间，就

---

① 陆大道：《关于避免中国交通建设过度超前的建议》，《地理科学》2012年第1期。

因为宏观经济政策的需要而回到大干快上的节奏上来。2008 年为应对国际金融危机的投资计划，交通成为主要的投资领域。经历过这一轮建设，交通能力规模获得更大幅度的扩展。

2010 年末中国科学院的一份咨询报告引发了一场关于"我国交通建设是否过度超前"的争论①。当时交通部门的解释是，对于经济社会发展需求而言，我国交通运输经历了从"瓶颈制约"到"总体缓解"，再到"基本适应"的发展阶段。"十二五"期间的经济社会发展仍然是一个快速发展的格局，这种经济社会的全面发展必然要对交通设施的供给能力提出新的更高的要求。因此交通应该继续大建设大发展政策②。

这场争论的一个可能结果，就是国家把"适度超前"写入了"十二五"规划中，并作为未来综合交通运输体系建设的基本原则。适度超前，是指基础设施建设供给相比于经济社会的交通需求而言，应该保持一定程度的能力储备，在满足现阶段客货运输需求的基础上，使基础设施能力适度超前。

8.2.3　专项资金自身改革问题

在促进交通发展的同时，专项资金自身一直作为各方认识争论的焦点，处在不断的改革进程中。1996 年，国务院决定将铁路建设基金、民航基础设施建设基金、养路费、邮电附加费等 13 项政府性基金纳入预算管理；2001 年，车辆购置附加费改为车辆购置附加税；2009 年，国家以燃油税政策取代了多年的养路费等六费政策；2012 年，民航发展基金取代了原民航机场管理建设费和民航基础设施建设基金。

过去车购税是由交通运输部主管、主要用于公路建设的专项资金。在交

---

① 陆大道：《关于避免中国交通建设过度超前的建议》，《地理科学》2012 年第 1 期。
② 刘兴增：《交通运输将从基本适应向适度超前发展》，《中国交通报》2010 年 12 月 24 日。

通行业内，车购税又进一步以专项资金的形式用于节能减排、科技教育、甩挂运输、综合枢纽等领域。过去交通部同时负责公路和水运两种运输方式，因此车购税资金安排在交通行业内部始终面临着"以路补水"的争论。在大部制改革和建设综合交通运输体系的新形势下，车购税资金的使用进一步延伸到铁路行业。2014 年国家铁路投融资体制改革推出的铁路发展基金吸收了150 亿元（暂定前两年）的车购税资金。

在地方层面也出现了在不同运输方式之间加强专项资金统筹的新实践。例如，2013 年江苏省为促进现代综合交通运输体系建设，省财政厅、交通运输厅从成品油价格和税费改革中央转移支付资金中安排补助资金，对铁路综合客运枢纽的规划、建设和信息化予以补助。

8.2.4　财政体制中的专项与统筹关系

以党的十八届三中全会提出建立现代财政制度为标志，我国财税体制进入了新的变革时期。从专款专用、专项债务、专项转移支付三个方面的政策法规新要求可以看出，交通专项资金政策面临着深刻的变革要求。

1. 全口径预算：强调统筹

专款专用是交通专项资金的基本要求。长期以来，我国预算平衡原则建立在"以收定支"基础上。政府性基金支出根据政府性基金收入情况安排，自求平衡，不编制赤字预算。各项政府性基金按照规定用途安排，不得挪作他用。从长远来看，费改税也是将目前的收费改为专项税，专门用于国家的基本建设。因此，不论是政府性基金，还是专项税，都要遵循专款专用的要求。

在新的全口径预算政策体系框架下，专款专用原则在 2014 年国家和财政部的多项政策中有所松动。《国务院关于深化预算管理制度改革的决定》和《国务院关于改革和完善中央对地方转移支付制度的意见》均提出逐步取消城市维护建设税、排污费、探矿权和采矿权价款、矿产资源补偿费等专款专用的规定，统筹安排这些领域的经费。《财政部关于完善政府预算体系有关问题的通知》进一步提出将船舶港务费、长江口航道维护收入等 11 项基金中用于提供基本公共服务以及主要用于人员和机构运转等方面的项目收支转列一般公共预算。

2. 政府债务的分类：强调专项

新的财政制度把地方政府债务分为一般债务、专项债务两类，分类纳入预算管理。一般债务通过发行一般债券融资，纳入一般公共预算管理；专项债务通过发行专项债券融资，纳入政府性基金预算管理。有一定收益的公益性事业发展确需政府举借专项债务的，由地方政府通过发行专项债券融资，以对应的政府性基金或专项收入偿还。

这样分类的好处是，有助于实现交通专项资金收支的预算平衡，降低财政风险。过去利用使用者付费机制进行市场化融资的交通行业，形成了大量债务。但是在涉及偿还责任时，实际上都是笼统地归为财政的政府债务。交通部门在解释收费政策利用程度过高的原因时回避发展问题而往财政推卸责任，似乎公路发展随着国家财政收入的提高理应获得更多的财政投入。但是从财政角度看，正是因为实施了专项资金和收费还贷政策，一般预算不再可能大规模向公路建设养护安排财政资金。

政府债务的分类管理思路强化收入与支出之间的关联，体现了财政受益原则基础上的准市场机制，这种"专项"特征与全口径预算管理的"统筹"特征是两种截然不同的财政思想。

3. 专项转移支付

与过去的《预算法》相比，新《预算法》对专项转移支付有了明确的定位，增加了诸多关于转移支付方面的详细条款。这些规定对于交通运输业而言都具有直接的问题指向性，对专项资金政策的走向产生了深远影响。

第一，建立健全专项转移支付定期评估和退出机制。这说明专项转移支付是针对特定事项、特殊事件，存在时间有限。例如，福建省 2014 年 8 月出台的《关于加强省级财政专项资金监管若干措施的通知》（闽政办〔2014〕103 号）规定，新增专项资金要按照立项程序进行设立，设立期限为 1～3 年，其中首次设立的原则上执行期为 1 年，期满后自动终止。确需延续的，经绩效评价后按立项程序重新报批。

第二，市场竞争机制能够有效调节的事项不得设立专项转移支付。事实上，许多交通专项资金政策需要从市场公平竞争角度来重新评估。铁路建设基金依附于铁路运价的价外加价行为，并不符合市场规律。车购税、民航发展基金等专项资金又设立了名目繁多的专项细类，用于企业节能减排、货运企业的甩挂运输、物流园区等各种政策补助。这种"专项中的专项"普遍缺乏对政府与市场边界的清晰界定，并带来了腐败寻租、资金使用低效等问题。

第三，上级政府在安排专项转移支付时，不得要求下级政府承担配套资金。专项资金对地方政府的投资引导作用被认为是中国交通发展的重要因素，但是也带来地方配套压力过大、刺激地方政府性债务激增等一系列问题。

专项转移支付本是"专项"和"转移支付"的结合。一方面，"专项"需要从税费的收支联系上体现贯彻专款专用的要求；另一方面，"转移支付"需要在清晰界定中央和地方的事权和支出责任的前提下，并从总体上纳入政府间财政关系来通盘考虑。从本书基础设施的三重受益分析框架审视，专项转移支付本质上就是处理两种不同的受益关系，但专项在中国政策体制中似乎成了一种被批评的对象存在，这导致不辨是非地简单缩减专项空间成为一种政策惯性。《国务院关于改革和完善中央对地方转移支付制度的意见》（国发〔2014〕71 号）提出了根据事权划分来安排一般转移支付和专项转移支付的改革，但是明显缺乏理论依据，特别是缺乏对专项存在合理性的基本定位。

总体上来看，我国财政改革呈现两方面的特征。一方面，通过预算改革加强预算约束和财政纪律，以促进财政管理效率的提升，这实质上暗含着强化支付能力原则的倾向；另一方面，就受益原则而言，事权调整等方面改革体现的是蒂布特意义上的地区空间上的受益原则，但是对于特定服务和行业的受益原则，我国的财政制度在一贯地模糊。

8.3 公路专项资金的"费改税"

8.3.1 主要公路专项资金政策概况

1. 车购税 （费）

1985 年国务院批准开征车辆购置附加费，2001 年改为车购税。车购税为中央税，专项用于公路建设，不作为经常性财政收入，由国家税务总局采用从价定率的征收办法负责征收，税款缴入中央国库，税率为应税车辆计税价格的 10%，征税范围为汽车、摩托车、电车、挂车、农用运输车。

随着我国汽车工业的不断进步和居民生活水平的不断提高，汽车销量大幅度提高，车购税收入也快速增加。2018 年，车购税收入达到 3453 亿元，是 2003 年的 7.38 倍。车购税支出规模与收入基本呈线性关系，2018 年支出规模已达 2945 亿元（见图 8 - 1）。车购税收入主要用于国道和省道干线公路的建设，也可用于其他领域，如支持农村公路发展、水资源发展、车辆更新和升级等。

近年来，车购税政策发生着变化，其改革走向颇受关注。2009 年以来，国家对 1.6 升及以下排量车购税减收政策刺激了汽车消费市场。国务院发展研究中心课题组在十八届三中全会之前提出的"383 方案"中，建议"按照消费地原则将国内消费税划为地方税，由生产环节改为零售环节征收，同时将车辆购置税划归地方税"。交通运输部专门组织撰写了应对报告材料，积极

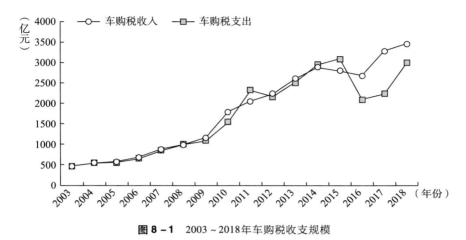

图 8 - 1　2003 ~ 2018年车购税收支规模

资料来源：根据财政部预算司网站数据整理计算。

组织开展了向国务院及财政、发改部门的汇报沟通工作。最终，车购税改革问题没有被列入十八届三中全会文件。党的十八届三中全会以后，在国家"事权和支出责任相适应"的改革大背景下，"取消车购税公路专项并转变为地方税种"的声音日盛，政策走向备受关注。

2. 养路费/成品油消费税

1950 年 7 月，交通部根据政务院规定的"以路养路，用路者养路"原则，颁发了《公路养路费征收暂行办法（草案）》。这是中华人民共和国颁发的第一部征收养路费的强制性规范。各地根据交通部的规定，按"收管用一体，统收统支，收支两条线"的原则，针对本地区具体情况，相应制定了征收养路费的具体标准和实施办法。按照对车辆营运资料掌握的难易程度不同，分别采用费率和费额两种方式征收。对于具有健全运输计划、行车记录、统计资料，能准确反映营运收入总额，并实行独立经济合算的专业公路运输企业，按营运收入总额和规定的费率标准计征，各地养路费征收情况的车辆均按核定载重吨位（客车按核定座位，畜力车按套，摩托车按二轮、三轮）和规定的费额标准计征。由于相同条件下，不同种类车辆对路面的磨损程度不同，所收取的养路费费额随着车型、车种有相应变化。

根据国家有关规定，养路费（包括汽车养路费、拖拉机养路费和摩托车养路费）应主要用于非收费公路养护，首先保证公路达到规定的养护质量标准，并确保一定比例用于农村公路养护，如有结余，再安排公路建设。长期以来，养路费/燃油税收入不仅一直不能满足非收费公路养护需要，而且由于公路发展资金紧张，各地将养路费/燃油税收入中相当部分比例安排用于公路建设和债务偿还，有的地方还用作收费公路资本金，甚至存在挤占挪用问题。上述关于养路费专款专用与养护的规定，在实践中难以得到有效执行。

根据交通运输部公路局发布的 2018 年全国公路养护统计年报，税费改革前的 2008 年，各地养路费收入共为1347.7亿元，其中安排用于普通公路养护工程（包括小修保养工程、中修和大修工程、改建工程）414.2 亿元，占 30.7%，其余主要用于养护事业经费、公路建设和债务偿还等支出。成品油价格和税费改革后，国家规定新增成品油消费税收入基数返还中替代公路养路费支出部分和增量资金中相当于养路费占原基数比例的部分，原则上全额用于普通公路的养护管理，不得用于收费公路建设。税费改革后的 2010 年，中央转移支付各地燃油税中替代养路费专项资金约 1517 亿元，其中安排普通公路养护工程 592.8 亿元，占 39.1%。2009～2018 年燃油税收支情况见表 8－1。

表 8－1　2009～2018 年燃油税收支情况

单位：亿元，%

年份	改革后燃油税收入		替代"六费"转移支付			替代六费占比
	收入	增速	基数返还	增长性补助	合计	
2009	2174	—	1531	—	1531	70.4
2010	2692	23.8	1531	350	1881	69.9
2011	2853	6.0	1531	581	2112	74.0

续表

年份	改革后燃油税收入		替代"六费"转移支付			替代六费占比
	收入	增速	基数返还	增长性补助	合计	
2012	3039	6.5	1531	610	2141	70.5
2013	—	—	1531	690	2221	—
2014	—	—	1531	740	2271	—
2015	—	—	1531	770	2301	—
2016	—	—	1531	770	2301	—
2017	—	—	1531	693	2224	—
2018	—	—	1531	693	2224	—

资料来源：根据财政部预算司网站数据结合《普通国道发展政策研究》等报告整理。

8.3.2　早期以公路使用公平负担为改革目标

养路费和车辆购置附加费等交通专项资金政策在公路融资方面发挥了巨大作用，但是在效率方面的问题很早就被国内外学者批评①。养路费是向非商业车辆根据车辆载重能力征收的，车辆购置附加费是向购买者征收的，因而实质上是向车辆所有权征收。这两种费都是按车型和车重征收的，不论是养路费的按月固定收取，还是如同车辆购置附加费那样一次性征收，都与车辆使用率毫不相干。

受益原则可以分为两个层次。第一层次，谁受益，谁负担；第二层次，负担量与受益量对称，即"差比价关系"要合理。第一层次可作为受益原则的基础，而第二层次体现得更为纯粹和彻底。从受益原则的第二层次标准看，仅以营运收入和车辆吨位为考察依据，不能真实反映车辆对道路的使用强度，自然无法衡量车辆运行对道路的磨损程度。这样的收费标准难以体现"多用路多交费"的受益原则。一些专家、学者将车辆对道路的使用强度同车辆的

---

① 世界银行：《中国公路发展与管理的问题方案和战略》，1994。

油耗联系起来，鉴于车辆使用道路的强度与车辆的油耗有相同的变化趋势，用征收燃油税的方式解决公路养护的筹资问题，受到了国内一些学者和媒体的追捧。

世界银行在 1994 年的报告中就明确指出，养路费和车辆购置附加费侧重于征收简便而不是从经济效益角度设计税收制度，不反映公路使用的实际情况，因而不是向用户收费最有效的方法①。养路费由于是向运输公司收的，因而和公路使用者的花费仅有很少的连带关系。对于那些养路费是根据运载能力征收的非商业用卡车来说，这种联系就更加薄弱。此外，在标准的公司税之上再向运输公司收取养路费只能扭曲运输价格和提高价码，从而不鼓励专门的汽车运输业使用公路。这可能是改革开放初期自营汽车运输业快速发展的一个因素②。

正是在这样的背景下，1994 年 1 月，海南在全国率先"四费合一"，用机动车辆燃油附加费取代了公路养护费、道路通行费、过桥费和公路运输管理费。这被认为是我国燃油税费改革的起点。1997 年 7 月，国家公布《公路法》，首次提出"公路养路费用采取征收燃油附加费的办法"。从此，燃油税费改革的问题开始正式出现在法律文本中。

显然，早期的改革设想是在费的范畴内优化公路融资体系，还未提上费改税的议程，讨论的问题相对明确。但是受制于《公路法》修订上的进展迟缓，改革的实际进展不大。

8.3.3　中期　"费改税"　改革目标转向了规范政府收入行为

交通专项资金政策实施一段时间后，由于缺乏相应的规范，地方出现了

---

① 　世界银行：《1994 年世界发展报告：为发展提供基础设施》，毛晓威译，中国财政经济出版社，1994。
② 　郗恩崇：《公路交通规费经济学》，人民交通出版社，2003。

公路收费过多、过乱的问题。在 20 世纪 90 年代可谓路路设坎，地方政府围绕公路的收费过多、过乱，车辆无法在公路上高效畅通地行驶。在当时国家清理和规范收费的大背景下，开征燃油税被视为费改税的突破口。

1998 年 10 月，国务院提请全国人民代表大会审议的《公路法》修正案草案里将"燃油附加费"改为"燃油税"。修正后的《公路法》第三十六条规定："国家采用依法征税的办法筹集公路养护资金，具体实施办法和步骤由国务院规定。依法征税筹集的公路养护资金，必须专项用于公路的养护和改建"。这从法律上为"燃油税费改革"创造了条件。

《交通和车辆税费改革实施方案》提出的改革基本思路如下：以开征燃油税的办法替代交通维护和建设系列的公路养路费、公路客货运附加费、公路运输管理费、航道养护费、水路运输管理费、水运客货运附加费，以及地方用于公路、水路、城市道路维护和建设方面的部分收费。因此，当时的"燃油税费改革"方案的实质是"一对多"的"对应调整"——用开征一种新税的办法，来归并或覆盖现存的与公路使用行为有关的各种收费[①]。

受到国际市场油价飙升的影响和防止通货膨胀的顾虑，这段时间内的改革未能从全国范围内推行，一直都停留在"择机出台"的阶段。

8.3.4　后期则强调节能减排

进入 21 世纪，低碳经济和绿色发展理念在全球范围内日渐兴起，科学发展观在我国得以全面树立和贯彻落实。能源和污染问题成为制约我国经济社会发展的瓶颈，控制燃油消费，自然在节能减排的视野之内。原来专注于公路使用行为的燃油税费改革，开始更多地作为资源环境问题探讨，燃油税被

---

① 高培勇：《一次"一举多得"且"多方共赢"的改革实践——写在"成品油税费改革"一周年之际》，《涉外税务》2010 年第 1 期。

赋予了更多的功能①，甚至有专家表示：燃油消费税改革的唯一目标就是节能环保②。

在节能减排的关注度骤增的背景下，燃油税改革就必须做出相应的调整，把"费改税"和节能减排等几方面的目标要求整合起来。成品油税收和价格机制要求节约资源、保护环境；交通费改税要求正税清费、公平负担、支持公路发展。

2008 年 12 月 18 日，国务院印发《国务院关于实施成品油价格和税费改革的通知》。整个改革方案是围绕着成品油消费的价财税展开的，讨论关注了多年的燃油税改革和交通融资只是作为成品油定价的附属品出现。

8.3.5　燃油税改革方案述评

国务院决定自 2009 年 1 月 1 日起实施成品油税费改革，取消原在成品油价外征收的公路养路费、航道养护费、公路运输管理费、公路客货运附加费、水路运输管理费、水运客货运附加费六项收费，逐步有序取消政府还贷二级公路收费；同时，将价内征收的汽油消费税单位税额每升提高 0.8 元，即由每升 0.2 元提高到 1 元；柴油消费税单位税额每升提高 0.7 元，即由每升 0.1 元提高到 0.8 元；其他成品油消费税单位税额相应提高③。

改革方案是将价格、税收和费收捆绑在一起形成的，包含成品油消费税改革、道路交通收费改革与成品油价格形成机制改革三方面的内容。改革后形成的交通资金属性、资金用途、地方预算程序、地方事权保持稳定不变。新增税收收入依次用于替代公路养路费等六项收费的支出、补助各地取消政

---

① 高培勇：《多方共赢的成功实践——成品油税费改革三周年综述》，《中国财政》2012 年第 3 期。

② 刘尚希：《超越"费改税"的逻辑》，《中国发展观察》2009 年第 1 期。

③ 资料来源：http://www.gov.cn/xxgk/pub/govpublic/mrlm/200812/t20081219_33048.html。

府还贷二级公路收费、对种粮农民增加补贴。

从受益原则出发，这一方案在几个方面值得探讨。

1. 简化税制是相对的

改革采取了调增成品油消费税税率的方式，不单独设置新的税种，这同开始设想的燃油税完全不同。据官方和一些学者的解释，该方案有助于税制的简化。税务部门在无须另外设置机构和增加人员的情况下，就可以完成新增加的征收工作，有利于降低税收征管成本①。

从税收的功能看，燃油税和成品油消费税都是以成品油为征收对象，燃油税确实发挥着类似消费税的消费调节功能，但是两者所遵循的税收原则截然不同。燃油税是一种基于车辆用户与公路基础设施提供之间财政交换关系的使用者付费机制，纳税人按照从政府提供的公路建设支出中享受的利益多少来分担税款；征收成品油消费税则旨在调节经济主体的消费行为，促进环境保护和节约资源的政策目标。

在讨论简化税制问题时，我们需要明确一个问题：单独开征燃油税为什么会增加税收成本？

我们知道，财政的前提是市场失灵。当市场能够发挥作用时，财政应该顺应市场，适当地退出，而不是以"反其道而行之"的方式加强预算。在市场和财政之间不是截然两分的，受益原则和财政交换正是市场机制在财政领域的延伸。所有的受益税和使用费都会增加征收成本。当排他成本足够低时，就应采用直接的使用者付费形式。正是大多公路不能采取直接的设站收费，才转而采用多种间接的使用费形式，包括燃油税。

对中国等八个国家的相关调查结果显示，进口关税、销售税及国内消费

① 高培勇：《多方共赢的成功实践——成品油税费改革三周年综述》，《中国财政》2012 年第 3 期；刘尚希：《超越"费改税"的逻辑》，《中国发展观察》2009 年第 1 期；谷成：《对燃油税费改革的再思考》，《价格理论与实践》2009 年第 2 期。

税很少附加征收道路使用费。这些国家的间接税收几乎都是一般性税收，均未直接征收道路使用费，也未专门为道路项目筹集专项资金①。这说明，在开征燃油税之前，对汽油/柴油征收的相关税费与道路使用无关。但是如果开征燃油税，作为一般性税收的汽油/柴油消费税与作为道路使用费的燃油税就会合并在一起由道路用户同时缴纳。汽油/柴油消费税是因为汽车与燃油属于奢侈品，对其征收消费税是基于调节消费量与改善收入分配的目的，与道路设施建设与养护的融资无关；燃油税/养路费、通行费的征收是基于道路等交通设施建养的融资需要而开征的，这些税费的开征与税率的制定要按照受益原则体现道路建养的资金需求②。

简化税制不是绝对的。单独设立燃油税同调增成品油消费税税率相比，所增加的税收成本主要是为了把公路运输燃油与非运输燃油区分开来，确保非运输燃油不缴纳燃油税。当然，燃油税增加的税收成本是为获取更高资源配置效率的必要付出，是完全合理的。

2. 宜费则费，宜税则税

取消原在成品油价外征收的公路养路费、航道养护费、公路运输管理费、公路客货运附加费、水路运输管理费、水运客货运附加费六项收费，也在一定程度上表现出政府有意通过成品油税费改革进一步规范政府收入行为及其机制的姿态③。在最初提出改革的时候，是基于规范政府的收费行为和收入机制的一种考虑。因此，税收是否就是比使用费更好的制度形式？

---

① 艾·G. 海根、皮尔斯·维克斯：《道路的商业化管理及融资》，财政部预算司译，中国财政经济出版社，1999。
② 李玉涛、肖金成：《基于受益原则的燃油税政策探讨》，北京大学"公共财政改革与中国和谐发展国际研讨会"论文，2006。
③ 高阳：《对燃油"价税费"联动改革的深入解析与前景展望——专访中国社会科学院财政与贸易经济研究所杨志勇研究员》，《涉外税务》2009年第3期。

　　从受益原则的角度看，使用费和税收的区别在于，使用费在付费和从政府获得服务之间建立了一种直接的联系，付费者就是服务的受益者。因此，使用费遵循的是受益原则，具有选择性、补偿性，主要服务于准公共物品。一般性税收遵循支付能力原则，在个人纳税和获得服务之间没有直接的联系，具有强制性、无偿性，主要服务于公共物品。

　　在规范的政府收入行为及其机制的框架内，收费和征税都是政府取得收入的形式，都要建立在依法（规）收取或征收的基础上。政府选择征税还是收费来取得财政收入，取决于项目的性质和在支出上的用途，两者缺一不可，也不能相互替代。它们之间，只有形式的不同，而无本质的差异。宜费则费，宜税则税①。对于可以测定服务成本和受益人的一些特定的公共服务，使用费是最有效率的筹资方式。这就意味着，规范政府收入行为及其机制，并非只有"费改税"一条道，即便在收费的形式下，同样可以通过将其纳入规范化的机制轨道而实现"治乱"的目的②。

　　在中国的财税制度中，收费作为非税收入，与税收相比似乎存在先天缺陷，"费改税"成了解决收费问题的唯一路径。一些收费，在缴纳主体和缴纳标准基本未变的情况下，尽管用途没有发生任何改变，但仅仅将"费"改成了"税"，这笔资金的性质就从"政府性基金"变成了"财政专项资金"，着实令人费解③。2001 年车辆购置附加费转变为车辆购置附加税之后，依然具有专项用途，不作为经常性财政收入；2009 年的成品油价格税费改革依然强调交通资金的四不变，即交通资金属性不变、资金用途不变、地方预算程序不变、地方事权不变。因此，费改税仅仅改变了收入形式，专款专用的内在机理不应改变。相比较而言，之前的养路费虽然存在不能精确反映

---

①　勾华：《公共部门的市场机制：理论、机制与技术》，北京大学出版社，2006。

②　高培勇：《燃油税为何空喊 11 年》，中青在线，http://zqb.cyol.com/content/2005 – 12/12/content_1216561.htm，2005 年 12 月 11 日。

③　熊伟：《专款专用的政府性基金及其预算特质》，《交大法学》2012 年第 1 期。

用路强度的问题，但总体上直接体现车与路的关系，且大致体现了"使用者付费"的受益原则，而燃油与公路的关系则相对复杂很多①。调增成品油消费税的方式则完全否定了这一原则。因此，改革实际上大大弱化了受益原则。

3. 节能减排与使用者付费可以兼容

如官方和主流媒体所言，改革在取消公路养路费等六项收费和二级公路收费的同时，通过较大幅度提高成品油消费税税额标准，把税收的征收与油价的升降对接起来，体现了税收对油价的调节功能。有专家称赞，"多用油多交税，少用油少交税"机制，可以发挥税收对燃油消费的调控作用。这在实际上，已经把节能减排融入原有的燃油税费改革目标之中，从而实现了规范政府收入行为及其机制和节能减排的政策目标②。

评价两种税收制度的节能减排功能，可以从收入端与支出端两方面分开来说。从收入端来看，独立设立燃油税和调增消费税两种方案在调节消费方面的功能相似，但是后者是直接目标，而前者是副产品。燃油税的开征由于提高了燃油价格，而客观上对节约能源、减轻污染、促进环保产生积极作用。但这些并非开征燃油税本身的直接使命③，燃油税的直接使命是作为道路融资的使用者收费工具。燃油价格主要由四部分构成：一是燃料本身的原材料成本；二是消费税；三是环境影响费（主要是空气污染费）；四是道路使用者收费。即使不开征燃油税，能源的稀缺性也可以通过其他部分组成的燃油价格体现出来进而达到节能的效果。如果单纯定位于调节燃油消费量，那么提高汽油/柴油消费税的税率即可，无须再开

---

① 路成章：《公路交通经济范畴内若干问题的研究》，人民交通出版社，2001。

② 高培勇：《多方共赢的成功实践——成品油税费改革三周年综述》，《中国财政》2012年第3期；刘尚希：《超越"费改税"的逻辑》，《中国发展观察》2009年第1期。

③ 李玉涛、肖金成：《基于受益原则的燃油税政策探讨》，北京大学"公共财政改革与中国和谐发展国际研讨会"论文，2006。

征新税。

从支出端分析，首先要明确是否安排专款专用于环境治理和节能减排的专项资金。如果以把尾气排放对环境污染的外部性内部化为目标，则可以在满足交通发展资金需求的基础上再提高税率，增量部分用于环境治理。但这部分环境成本的价格很难计算，这取决于政府的政策目标设定。

8.3.6　进一步的反思

1. "费改税"推进了程序规范化，但模糊了使用者付费机制

我国公路建设高度依赖通行费和各种专项税，目前的专项税与国际上传统专项基金相似，只是在政策法规中没有明确公路基金制度。在中国特色的政府性基金制度中，许多具有"使用者付费"特征的非税收入使用费明确了实行专款专用，但是在管理上广受批评质疑。实践中，一旦"费"变成"税"，财政制度就逐渐淡化"专款专用"原则。"费改税"改的是程序规范（制度），不是经济机制。程序规范（制度）的完善应有助于或强化既定目标（经济机制）的实现，但是我国改革实践模糊了使用者付费的经济机制。例如，成品油税费改革，以提高消费税的方式代替国际通用的燃油税方式，忽略了公路建设养护资金使用者付费机制的收支联系。此外，改革把公路资金收支关系与节能减排问题混淆。2014 年末至 2015 年初，我国成品油消费税税率连续提高，旨在解决环境问题和提高税收收入。这种与交通预算脱钩的财税政策取向非常值得政策研究者关注。

2. 交通专项资金政策的调整要同时考虑财税改革和交通发展要求

公路基金的"定期审查要求"特征启示我们，交通专项资金政策需要在刚性和弹性之间形成张力，既保持一定的稳定性，又能及时反映行业发展改革的新形势要求。我国大多数交通专项资金政策设立于 20 世纪 80～90 年代，

当时交通基础设施极度落后，是经济社会发展的"瓶颈"。在专项资金政策基础上形成的"国家投资、地方筹资、社会融资、利用外资"投融资制度框架，具有时代的合理性。进入 21 世纪后，我国交通实现了跨越式发展，规模和质量显著提升。在新形势下，社会各界对交通供需格局判断的争论越来越多，中央和地方不断调整公路发展规划，但对专项资金政策的批评质疑和改革要求逐渐高涨。显然，单纯通过保持政府投资项目的连续性并不能实现专项资金政策的稳定性。交通专项资金政策需要根据形势变化相应调整，调整时需要同时考虑财税改革和交通发展要求。

3. 评价资金政策要兼顾融资贡献和投资效率

燃油税、通行费本质上都是公路设施的服务价格。既然是价格，则既能影响供给，又能反映需求。也就是说，通过使用者付费为公路筹集资金要建立在用户支付意愿和承受能力的基础上，燃油税率和通行费率的设定和调整都要获得用户的支持。多年以来，我国在宣传公路发展取得的辉煌成就时，很自然地把收费融资与建设发展相互联系，肯定收费公路政策资金保障等积极作用。当面对公众批评质疑时，也同样需要从使用者付费角度来认识困境成因，反思基础设施供给的效率及其与需求的匹配程度。或者说，在利用收费政策时，应将是否建立了有效的平衡约束机制保证融资贡献和投资效率作为政策的基本着眼点。

8.4　交通专项资金的战略定位调整

在争议和冲突集中凸显的新时期，交通专项资金政策是维持继续，还是根本性取消，抑或定位调整，是一个亟须探讨的政策议题。本书认为，各类交通专项资金政策初衷都是鼓励特定行业领域的发展，具有选择性产业政策的特征。大多具有"使用者付费"性质的专项资金，可以使基础设施成本通过价格反映到运输服务上，这与竞争性市场的资源配置效率要求是一致的，只是长期以来政府对此认识不足，定位模糊，最为典型的是成品油价格和税费改革。显然，我国需要一个在不同运输方式之间有效分配资源的综合交通发展战略。从长远来看，交通专项资金既是行业发展的融资工具，也是影响不同交通方式之间竞争格局的重要因素。

8.4.1　逐步取消不符合受益原则的专项资金政策

不符合受益原则的专项资金政策使用于特定的发展阶段，属于典型选择性产业政策类型，不利于产业之间的公平竞争。随着产业政策从选择性产业政策向普惠性竞争性产业政策的转变，当确认国家放弃基础设施优先发展（适度超前）战略时，应逐步减少或取消类似不符合受益原则的专项资金政策，使之转变为一般财政资金。

8.4.2　发挥交通使用者付费的需求管理和创收功能

使用者付费可以为交通创造持续稳定的资金渠道。对于通行费、燃油税、民航发展基金等诸多具有使用者付费特征的专项资金，应该发挥其需求管理和创收功能。当下这些政策都面临着社会的批评质疑。这说明，交通专项资金政策的稳定存续需要在透明度等方面提高公众认可度。

8.4.3　坚持使用者付费收入的专款专用

如果使用者收费收入偏离专款专用，那么定价机制就不再体现收益与成本的关系，其资源配置功能也就无从谈起。只有对使用者收费采取专款专用，定价机制才能自动引导交通资源在各种运输方式之间的有效配置。专项资金在专用于特定运输方式时，仍然存在一个预算分配问题。在公路网内部，做好车购税与燃油税资金的高效使用，平衡不同地区、不同等级公路的发展。

8.4.4 统筹各种运输方式的专项资金

目前，各种交通运输方式均有专项资金支持，公路有车购税和燃油税，铁路有铁路建设基金，民航有民航发展基金，港口对应着港口建设费。未来应按照综合交通的发展要求，实行相对的专款专用，在坚持各专项资金政策原运输方式用途的基础上，在各方式之间能够实现部分的灵活统一调配，发挥其在促进各运输方式均衡发展和一体化发展中的作用[①]。交通专项资金是目前和今后相当长时期内交通运输发展非常重要的财政性资金来源，交通运输部提供了有效统筹使用这些资金的基本条件。

---

① 荣朝和等：《综合交通运输体系研究——认知与建构》，经济科学出版社，2013。

中国的收费公路政策[*]

　　收费公路政策在支撑中国公路快速发展的同时，面临的批评质疑和认识分歧越来越大。本章把供给方与需求方整合于同一视角，深入分析了公路收费的经济合理性。通过对审计结果公告的解读，提出了兼顾受益原则与再分配、需求管理与成本补偿、路段项目

---

* 　本章主要由以下报告与文章发展而成：李玉涛《收费公路的经济合理性分析》，中国宏观经济研究院基础课题研究报告，2011；李玉涛《高速公路的投融资机制与管理体制问题》，《改革》2005 年第 10 期；李玉涛《政策的经济合理性与公众可接受性：中国收费公路的综合反思》，《中国软科学》2011 年第 3 期；李玉涛《政府的观念困境》，《南风窗》2011 年第 16 期；李玉涛《免费无助于根本解决收费公路问题》，《经济观察报》2012 年 10 月 8 日；李玉涛《对收费公路政策经济合理性的再认识》，《宏观经济研究》2012 年第 12 期；李玉涛《基于使用者付费的收费公路政策研究——对"收费公路管理条例的修改意见"》，《中国物价》2014 年第 2 期；李玉涛、马德隆、乔婧《收费技术进步与收费公路制度改革亟待厘清关系明确方向》，《综合运输参考资料》2019 年第 17 期；李玉涛、马德隆、乔婧等《我国收费公路制度改革的基本原则探讨》，《价格理论与实践》2019 年第 7 期。

商业化与路网整体发展的公路定价思路。通过对使用者付费机制的解析，对主要的政策观点和政策文件进行了分析评述。

9.1 中国收费公路政策的发展实践

中国收费公路政策的实施，对各地加快公路建设、促进经济社会发展发挥了重要作用。30 多年来，收费公路规模不断扩大。当收费政策从最初仅作为零星路段建设的筹融资工具转变为现在路网发展高度依赖的投融资政策时，许多问题开始显现出来。这就需要认真分析产生问题的原因、查找制度缺陷、反思公路收费的经济合理性，从而做出相应调整。

9.1.1 收费公路政策的由来

从 1978 年中国实行改革开放以来，经济实现了快速增长，人民群众出行需求日益频繁，运输规模不断扩大。1978 ~ 1985 年，中国 GDP 增加了 1.47倍，公路年客运量和旅客周转量分别增加了 2.2 倍和 2.3 倍，年货运量和货物周转量分别增加了 5.2 倍和 5.9 倍，民用汽车保有量增加了 1.4 倍。

当时，中国公路资金主要来源于中央政府的预算内财政拨款和地方政府的部分养路费。即使包括民工建勤在内，全国平均每年在公路基础设施建设上的资金投入也只有几亿元，仅相当于当年 GDP 的 0.3%，而世界大部分国家每年对公路交通基础设施的投资占当年 GDP 的 1% ~ 3%。公路基础设施建设投资的严重不足，造成了公路里程少、标准低，路网畅通度差。1978 ~ 1985 年，中国公路总里程由 89 万公里增加到 94 万公里，8 年间增幅不到6%。1985 年，全国二级以上高等级公路只有 2.1 万公里，公路网密度仅为每百平方公里 9.8 公里，重要干线公路"断头路"多，近 40% 的公路是简易的等外公路，近30%的公路晴通雨阻。全国干线公路经常出现交通拥挤，运输繁忙路段的交通量远远超过公路设计通行能力，车辆平均行驶速度不足每小时30公里，主要港口压船压港现象较为普遍，因道路原因导致的严重交通堵塞事故屡有发生，严重制约了经济社会发展。

为解决公路交通供给能力不足与社会需求不断增长的矛盾，1981年广东省政府率先进行公路建设投融资方式的改革尝试，在广州至珠海公路、广州至深圳公路的几座桥梁开始采用征收通行费的方式进行建设融资。1984年国家收费还贷政策的出台，标志着广东省路桥收费融资的创新实践开始在全国范围推广。

一旦对车辆征收通行费，公路建设就可以更大程度地利用资本市场和各种金融工具进行市场化融资。在收费公路政策的带动下，各地除利用国内银行、国外政府及国际金融组织贷款的信贷融资，还进行了中外合资经营、中外合作经营等直接融资以及资产证券化、收费公路经营权转让等融资方式的尝试，收费公路的融资规模和带动效应明显提高，支撑了公路网整体的快速发展。

9.1.2 收费公路的融资机制

中国收费公路的价格按照单一项目单元内的财务独立原则进行设定，采用了国际通用的基础设施公平报酬方法，体现了公众利益与投资者利益之间的平衡①。

《收费公路管理条例》第十条根据融资方式的不同进一步划分了收费公路的类型。一种是由县级以上地方人民政府交通主管部门利用贷款或者向企业、个人有偿集资建设的公路，简称政府还贷公路；另一种是由国内外经济组织投资建设或者依照公路法的规定受让政府还贷公路收费权的公路，简称经营性公路。两种类型收费公路比较见表9-1。按照公平报酬的财务平衡原则，已经偿清所有贷款的

---

① 李玉涛：《高速公路的投融资机制与管理体制问题》，《改革》2005年第10期。

政府还贷公路和已经收回投资并获得合理回报的经营性公路，都不再允许收费。

表 9 - 1　两种类型收费公路比较

内容	政府还贷公路	经营性公路
投资与收费主体	政府交通主管部门	国内外经济组织
主要资金来源	政府资本金、贷款或集资	自筹
收费性质	行政事业	企业经营
收费用途	偿还贷款或集资	收回投资并取得期望回报
收费期限	由还清贷款和集资本息确定，一般 15 年或 20 年以内	由政府与投资人根据收回投资并取得合理回报确定，一般在 25～30 年

资料来源：根据《收费公路管理条例》整理。

《收费公路管理条例》第十四条规定，政府还贷公路的最长收费期限为15 年（西部为 20 年），经营性公路最长可收 25 年（西部为 20 年）。可以看出，无论是一般条款，还是针对中西部地区的特殊条款，政府还贷公路与经营性公路都存在 10 年的收费期限管制差异。对于一条特定的收费公路（相当于既定车流量预期）而言，在既定的收费标准条件下，选择不同融资方式在收费期限的价格管制方面之所以有所差异，正是因为政府还贷公路存在不需要收回投资和不需要获得回报的政府投资部分，其市场化融资规模低于经营性公路。

此外，《收费公路管理条例》对权益转让（第二十一条）、进入方式（第十一条、第十九条）等方面的规定进一步体现出政府对两种不同类型收费公路的不同管制要求。

在地方实践中，高速公路是采用经营性还是还贷性，取决于本地的管理体制，并不反映融资方式的差异。在许多省份，政府投资建成的高速公路按照经营性公路进行企业化管理，但在融资机制上更接近于政府还贷公路，项目自有资金归根结底是政府财政性资金，并且这些财政性资金来自车辆用户的车购税、养路费等专项资金，其银行贷款也不同程度地利用或隐含了政府信用担保。政府还贷公路"变性"之后，收费期限按照经营性公路的管制要求得以延长。

9.2 收费公路面临的主要问题及成因

经过多年快速发展，中国的收费公路政策进入了一个充满复杂矛盾的敏感时期。每年两会期间，收费公路都会成为各级人大和政协代表提案的热点，专家和记者对收费公路的批评、政府的应对解释成为各方关注的新闻焦点。

9.2.1 公众和政策制定者在认识上存在分歧

1. 媒体和公众的关注点

总的来看，媒体和公众的关注焦点包括收费公路规模大、站点多，高速公路和一半以上的一级公路设站收费，占全世界收费公路比例过高；收费标准高，尤其是桥梁、隧道和山区高速公路收费标准很高；收费期限长，一些原本已到期的收费公路因改扩建或由还贷性转为经营性收费公路又延长了收费期；公路收费提高了物流成本，对物价水平和产业竞争力产生了不良影响；公路的收费收入与成本支出方面的信息透明度差，政府和公路管理机构垄断了相关信息，公众和用户不知情。

政府审计结果公告对舆论产生着重要影响。审计署 2007 年第 2 号审计结果公告"34 个高等级公路项目建设管理及投资效益情况的审计结果"、2008 年第 2 号审计结果公告"18 个省市收费公路建设运营管理情况审计调查结果"、2011 年第 35 号审计结果公告"全国地方政府性债务审计结果"和 2013 年第 32 号审计结果公告"全国政府性债务审计结果"，逐渐成为媒体和公众认识评价收费公路政策的基本依据。

2. 政策制定者的出发点

面对公众和媒体的批评质疑，政策制定者在解释宣传时总是首先强调收费政策的筹融资功能。"没有收费公路政策，就没有公路交通的快速发展"
"坚持收费公路政策是筹措资金和保障交通事业健康发展的需要"等观点，是
目前政策观念的集中体现①。

随着公路交通的快速发展，行业筹融资压力越来越大，具体表现如下：
公路规划建设任务异常繁重，而新的投资不断进入需求有限和地质复杂的地
区，项目的财务效益呈现下降趋势；随着路网里程的快速延伸，养护投入的
压力越来越重；积累的存量债务规模在迅速膨胀，偿还压力逐年加大。

从争论来看，媒体批评者和政策制定者对收费公路政策的认识大相径庭。
后者的解释和宣传总是从交通事业发展和筹融资工作的需要出发，而前者则
始终站在用户负担的角度。也就是说，收费公路管理困境对于社会公众和媒
体而言是一个社会管理问题，而政策制定者则更倾向于从行业的融资和发展
来定位该项政策。这种分歧同时说明，我们对公路收费和融资尚缺乏一种能
够兼顾协调不同方面问题、有助于平衡化解矛盾的公共政策框架。

9.2.2　相关政策的针对性和实施效果不佳

近年来为了规范管理，收费公路相关政策频频出台（见表 9 - 2）。简单
回顾总结这些政策，可以发现具有如下特征。

表 9 - 2　近年来收费公路相关政策一览

颁布时间	政策文件名称	性质
2005/04/27	关于 2005 年治理公路"三乱"工作的实施意见	管理政策
2006/11/27	交通部关于进一步规范收费公路管理工作的通知	管理政策
2006/12/08	关于集中清理违规减免特权车人情车车辆通行费的实施方案	管理政策

---

① 李玉涛：《政府的观念困境》，《南风窗》2011 年第 16 期。

颁布时间	政策文件名称	性质
2007/05/30	关于进一步开展清理违规减免车辆通行费工作的通知	管理政策
2008/08/20	收费公路权益转让办法	融资政策
2008/12/18	国务院关于实施成品油价格和税费改革的通知	融资政策
2011/04/24	关于进一步完善投融资政策促进普通公路持续健康发展的若干意见	融资政策
2011/05/06	2011年治理公路"三乱"工作要点	管理政策
2011/06/10	关于开展收费公路专项清理工作的通知	管理政策
2012/07/24	重大节假日免收小型客车通行费实施方案	管理政策
2019/5/16	深化收费公路制度改革取消高速公路省界收费站实施方案	管理政策

资料来源：交通运输部网站。

1. 政策多在公众压力背景下出台

根据实施对象和工作内容，上述政策大体可以分为管理政策和融资政策。管理政策属于直接的管理执行问题，但对融资的影响越来越大。例如，2005年的治理公路"三乱"，属于管理政策，对公路融资的影响程度有限。相比较而言，2011年的专项清理工作，则触及了行业发展融资的根本性问题，因而该项政策被普遍认为使行业在发展和管理之间陷入了"两难困境"。2012年的重大节假日免收小型客车通行费政策，则对行业的融资产生了重大而深远的影响。最近几年，随着国家供给侧结构性改革的实施，流通环节费用和物流成本引发社会高度关注，降费减税的呼声越来越高。这使得对收费公路需求侧的关注从过去的机动化出行向物流货运转移。在物流降本增效的大背景下，交通运输部门以降低货车费率为目标开展了分时段差异化收费改革。2018年3月5日，国务院总理李克强在《政府工作报告》中提出，深化收费公路制度改革，降低过路过桥费用。

不论是管理政策还是融资政策，都是在社会批评声音高涨的背景下实施的，主要目标都是缓解社会公众压力。

2. 结构性调整思路未触及问题的实质

从成品油价格和税费改革时的"逐步有序取消政府还贷二级公路收费",到目前的"两个路网体系建设"(普通公路网和高速公路网),可以看出政策制定者向公众展示缩减收费规模的政策取向。然而,"羊毛出在羊身上",目前的融资制度、债务负担和发展态势决定了上述结构性调整政策并不能实质性地改变公路行业发展对收费公路政策的融资依赖。

政府规范治理收费公路的态度,仅仅有助于暂时缓解舆论压力、抚平公众情绪,但是由于具体措施同行业发展的融资要求相抵触,故而不具有真正的可实施性,从长期看反而使政府的包袱越来越重。因为每一次公布的政策目标相当于一次政治承诺,只有如期兑现才能真正赢得公众认可。如果目标不能实现,政策制定者无疑会面临更大的公众压力。

3. 相关政策并未对症下药

审计署 2008 年第 2 号审计结果公告"18 个省市收费公路建设运营管理情况审计调查结果"对问题做了系统总结。十多年时间过去了,频繁的政策出台没有换回局势的改观,审计结果公告所揭示的主要问题依然存在,且有愈演愈烈的态势。这在很大程度上是由于政策制定者没有诊断好问题成因就仓促出台政策,没有从中反思制度缺陷从而做出针对性调整。因此,要找寻正确的问题解决路径,需要在识别确认问题成因的基础上,切实有效地调整政策方向。

9.2.3 公众对收费政策认可度下降的原因

近年来,收费公路政策的公众认可度逐渐下降,有以下主要原因。

1. 现行法规不适应融资要求,公路管理机构普遍违规

《收费公路管理条例》是现行收费公路管理的主要法规依据。无论是媒体

批评，还是政府审计，均是以《收费公路管理条例》为准来对收费公路管理进行分析评价的。从现在收费公路的融资实践来看，《收费公路管理条例》自身存在明显的制度缺陷，主要表现在以下方面。

首先，没有考虑长远的养护资金需求。《收费公路管理条例》把通行费定位于补偿建设投资成本来设定期限、费率，而未对收费期结束后正常运营期内的道路养护资金支出做出长远的制度安排。如果收费政策的规模仅限于早期的京津唐、广深、成渝等少数路段，那么这些路段停止收费后安排养路费或燃油税作为其养护资金来源也未尝不可。但是当收费政策已从最初仅作为零星路段建设的筹融资工具转变为现在路网发展高度依赖的投融资政策时，该设想已不现实。

其次，合理回报原则在实践中无从谈起。《收费公路管理条例》确定了收费公路合理回报定价的基本原则。但是在实践中合理回报率如何确定非常模糊，公路管理机构只是机械地根据条例最长期限来确定收费时间，根据价格部门对当地收费公路的统一标准来收取费用。这样，在一个具体收费公路项目中，收费费率、期限、成本等要素之间无法体现出清晰的定价原则，合理回报根本无从谈起。

最后，完全的商业项目逻辑与统贷统还相矛盾。采用收费融资建设高等级公路的法国、西班牙等国家实践表明，如果要把收费政策作为大规模发展高等级公路网的融资基础，那么就必须建立项目之间的交叉补贴制度。中国收费条例缺少这样的制度设计，对收入必须在项目范围内专款专用的限制，同路网整体发展的融资要求产生了内在冲突，在很大程度上导致违反法规和规避法规问题在行业内普遍存在。

2. 建设发展速度过快，收费政策被过度利用

凡事利弊相伴。如前所述，近年来中国公路建设投资继续较快增长，收费政策和债务融资是支撑公路建设投资的主要渠道。公路债务融资建立在收

费政策基础上。庞大的建设投资和债务压力必然转化成收费规模大、期限长和费率高等公众非常敏感的问题。如果再从基础设施建设与通货膨胀、物价的关联角度来认识评价公路建设形成的债务，那么收费政策面临的社会压力无疑会更加严峻。

3. 收支信息不透明，政府与媒体、公众的交流缺乏应有基础

收费公路信息透明问题一直是媒体诟病的焦点。现行法规虽然要求收费公路项目公开收费起止时间、收费标准、监督电话等内容，但上述信息公开仅限于表面上的内容，社会公众更想了解和关注的是收费公路的收支状况、交通通行状况、收费的总规模等关键信息。由于各种因素制约，这一局面直到《2013 年全国收费公路统计公报》的发布才得到根本改观。

公众不知情、管理者垄断着收入与支出的信息，就使得政府与媒体、公众的交流缺乏应有基础，造成政策制定者有理说不出。例如，基于长远养护投入和交叉补贴需要而延长收费期限问题，政策制定者刚公开透露推行"低费率、长期限"修改方案，就招来媒体的广泛批评。这是因为，在目前信息不透明和政策法规滞后的条件下，非专业的公众和用户群体更加关注政府行为的合法性问题，习惯于把公路收费当作增加政府收入的手段，不可能考虑交叉补贴的合理性。

4. 政策解释宣传逻辑不清，理念与现实反差过大

如何描绘事件及如何对事件做出反应，在一定程度上决定着实际结果。目前政策制定者在收费公路的宣传解释中存在明显的逻辑缺陷。

长期以来，政策制定者一直都强调"公路的基本属性是公益性基础设施，应以政府为主投资建设和管理"，"以非收费公路为主，适当发展收费公路"。事实上，这样的政策理念与公众感触到的现实之间存在着巨大反差。针对媒体对我国收费规模过高的批评，政策制定者宣称现行公路网中只有 4% 的公路在实施收费政策。另外，为了强调收费政策的功绩，又主动披露我国公路建设约有 61% 的资金是通过银行贷款和集资获得的。在我国现有公路网中，超

过 98% 的高速公路、61% 的一级公路和 42% 的二级公路，是依靠收费公路政策建成的。这样的论断很难使人相信"路网中仅 4% 收费公路"。

再以公路债务为例。当把消除公众质疑作为目标时，政策制定者宣称目前的公路债务是可控的。当公路债务规模和风险引起关注时，专项清理工作又面临着化解债务问题的阻力和障碍。

政策制定者在解释收费政策利用程度过高的原因时回避发展问题而往财政推卸责任，似乎公路发展随着国家财政收入的提高理应获得更多的财政投入。但是从财政角度看，正是因为实施了专项资金和收费还贷政策，一般预算不再可能大规模向公路建设养护安排财政资金。这亦是世界各国公路融资的普遍性做法。目前国内在探讨公路投融资问题时，往往已经假定建设投资需求是合理的，似乎多大的建设规模都能找到资金来源。这样使大家在分析收费公路问题时，自然避开了建设发展这一核心问题。

当然，乱收费、乱罚款、特权车等问题也会影响媒体和公众对收费公路的评价。这些问题尽管非常严重，但都处于执行管理层面，各方在认识上并无明显分歧。

从上述分析中可以看出中国公路通行费的政策逻辑：法规不适应融资要求，造成了公路管理机构违规，由此降低了公路部门的社会公信力，同时加大了政策在需求侧的压力。需求侧减免通行费的压力和供给侧的投融资压力成为收费政策难以平衡的矛盾。历史给我们的教训是，我们在设计政策时，在供需两侧总是难以统筹协调两方压力，顾此失彼情形反复出现。问题和教训对条例修订提出了紧迫要求。要找寻解决问题的正确路径，需要结合上述问题及成因，对公路收费的经济合理性进行深入研究。

9.3　定价机制分析：解读审计结果公告

审计署 2008 年第 2 号审计结果公告，对收费公路建设运营管理中的问题做了全面的总结。审计结果公告后，各方批评更为激烈。审计结果公告指出的黄河大桥违规延期收费问题，引发了收费站存废之争。审计结果公告之后，虽然国家出台了取消政府还贷二级公路收费等政策，但是审计结果公告所揭示的问题依然存在，因此需要认真查找制度层面的缺陷。

9.3.1　收费公路问题的重新分类

从财政角度看，审计结果公告反映的收费公路管理问题可以归结为通行费的收入与支出两类基本问题，其他问题都建立在收支问题的基础之上。

1. 收入问题

收费收入问题可进一步分为直接违规和间接规避两类，共同特征是多获取增量收费收入。

直接违规问题具体有如下几方面的表现：有些公路项目建设中未使用银行贷款或使用了银行贷款但已归还，仍违规设站收费；有些较短期限内能还清贷款并有合理经营收益的收费公路，也批准按规定的最高收费期限30年收费；有些收费公路被其他项目的债务并入，债务规模人为加大，收费期限违规延长；有些收费公路提高收费标准，违规多收取通行费。

间接规避问题主要表现如下：收费多年、经营效益较好的公路"改头换面"，违规重新批准和计算收费期限。一般是把政府还贷公路通过划转给国有企业使之变为经营性公路，并重新批准收费30年。这种变性的方式，由于作为投资管理主体的国有企业仍属于《公路法》第五十九条中的"国内外经济组织"，所以很难判定直接违规，但是从经济实质上看，其中的政府财政性投资从无偿性变成了收益性。

2. 支出问题

法规对通行费收入的支出做了明确的专款专用要求。《收费公路管理条例》第三十六条规定，政府还贷公路的车辆通行费，除必要的管理、养护费用从财政部门批准的车辆通行费预算中列支外，必须全部用于偿还贷款和有偿集资款，不得挪作他用。

根据提供资金的项目与使用资金的项目之间的关系，可以将违反专款专用规定的问题分为三个层次。第一层次是用于其他公路项目建设，如安徽、江苏等省利用提高公路收费标准，将多收取的通行费设立专项建设资金，用于农村公路等其他公路项目建设；第二层次是用于城市道路等基础设施建设，如18个省市政府和交通部门将政府还贷公路应专项用于还贷的通行费收入，改用于其他公路和城市基础设施项目建设及偿还其他贷款、支出经费等；第三层次是用于与交通无关的非建设性开支，如在财政性资金投入经营性公路形成的国有股权收益及转让公路国有资产取得的转让收益中，有58亿元闲置或被挪用，没有用于公路再建设或偿还贷款，其中17.9亿元被挪用于建楼堂馆所、投资股票、发放奖金福利和对外投资等。一些从通行费中列支的项目是否合理，涉及道路筹融资与一般财政预算的深层关系，如辽宁的交警经费、河北高速公路巡警经费这类开支到底应该由一般财政预算负担，还是利用公路设施服务的使用者付费方式，目前国家并没有明确的标准。

审计以法律法规为直接依据和标准来发现问题、分析问题。因此，审计结果公告不仅体现出政府管理问题，也提醒我们去反思法规的经济逻辑。

通行费的收入与支出两个问题是相互关联的。通过提高收费标准和延长收费期限获得的增量收入，依据现行法规标准已被审计报告界定为违规，所以在其使用上也就没有合法性可言，必然是违背专款专用要求的。反过来看，正常收费期内的收入如果被用于其他项目支出，那么其征收也并不合法。两方面的问题实际上可以概括为"如何处理收费公路收入与支出关系"这一基本问题。

9.3.2 单一项目范畴内的问题

当收入与支出限定在项目范围内时，不涉及专款专用问题。但是项目自身的财务逻辑是否具备经济合理性，不仅同延长收费期限获得增量收入这一问题有关，同时也会影响到能否正确引导公路的商业投资效果。

1. 收费期限规定执行中的问题

根据上述分析，在项目范畴内，收费期限的设定是否能够实现"收回投资并有合理回报"呢？

从法规条文和官方解释可以看出，收费公路政策是国家公路交通发展的阶段性权宜之计。因此，法规对收费期限做了严格规定，在坚持公平报酬的财务平衡原则同时，附加了最长年限的规定。从法规本身的经济逻辑看，鉴于收费标准在一个特定省份区域范围内往往是相同的，而收费公路的车流量和效益不一，如果再把收费期限固定取值，那么效益差的项目在法规规定年限内正常经营，就存在无法实现财务平衡目标的可能，从而并不具备市场化融资的财务能力。除非给予相应的财政补贴，否则最长收费年限的条款设定在定价机制上就排除了低效益项目的融资可能性。

从国内私人资本和银行信贷资本对收费公路普遍高涨的投资热情推断，在法规限定的最长收费期限内，收费公路的效益足以支撑财务平衡目标的实现。但是，审计结果公告例证了除国家主干线公路的效益相对较好外，部分地方高速公路等项目的使用效率明显低于预期。审计结果公告同时指出效益好的项目在执行收费期限规定中出现的问题：一旦设定最长年限，项目建设中未使用银行贷款或使用了银行贷款但已归还的公路仍设站收费；较短期限内能还清贷款并有合理经营收益的收费公路，也批准按规定的最高收费期限收费。

种种问题和矛盾表明，就单一项目单元内的财务独立性而言，现行法规存在着技术缺陷，并不符合基本的财务经济原则。在此制度环境中，收费公路的商业投资目标很自然地偏离了单纯的财务平衡。审计结果公告指出的转让经营权不规范问题和债务风险等问题印证了这一判断。

2. 养护的持续性资金需求问题

即使不考虑最长收费年限的规定，单一项目单元内"已经偿清所有贷款的政府还贷公路和已经收回投资获得合理回报的经营性公路停止收费"的规定，是否符合公路投融资的实际要求呢？

基础设施的资金需求包括资本性支出和经常性开支两方面。在政策语境中，投融资一般直接针对建设投资的筹融资，但事实上经常性开支也是其中不言自明的必要内容。在许多产业大型基础设施的公平报酬价格管制方法中，运营成本和投资成本共同构成了定价的成本基数。基础设施的投融资涵盖了正常建设与运营不同阶段的持续性融资活动，并不是建设之前一次性完成的行为①。

现实中，中国的高等级公路在收费期限内，通行费实际上担负了资本性支出与经常性开支的双重任务，是偿还投资成本、管理成本及养护成本所有开支的来源。养护工作贯穿于公路的整个运营期，现行法规并未对收费期结束后正常运营期内的道路养护资金支出做出长远的制度安排。如果没有收费期限这样的规定，那么收费收入不仅可以为项目自身的养护提供资金，而且可以转移到其他效益差的项目中。可见，在单一项目范畴内，即使没有最长收费期限的限制，《收费公路管理条例》把收支财务平衡原则局限于补偿投资成本阶段而不考虑养护的持续性资金需求，"已经偿清所有贷款的政府还贷公

———————————
① 埃莉诺·奥斯特罗姆、拉里·施罗德、苏珊·温：《制度激励与可持续发展——基础设施政策透视》，陈幽泓等译，上海三联书店，2000。

路和已经收回投资获得合理回报的经营性公路停止收费"，也并不符合公路发展的实际需要。

显然，现行法规关于公路收费期限的界定缺乏基本的经济合理性，造成执行困难和违规，到期取消收费的政治承诺难以兑现。

9.3.3 路网整体融资的要求

路网是由相互联系的公路路段项目构成的整体系统。收费公路的融资必然要与路网发展的整体要求相适应。当收费公路的规模在路网中占有较高比例时，那么在收费公路体系内部，如何在不同项目之间科学地处理通行费收入与支出关系，就显得尤为关键。效率定价原则为在路网范围内统筹需求管理与成本补偿两个目标、实现路网整体发展奠定了理论基础，同时与资金的专款专用并不冲突。

1. 基于路网整体发展的效率定价原则

路网整体发展对定价的要求包括补偿成本的筹融资与合理分配交通流的需求管理两方面内容。国内现有文献普遍认为，需求管理与筹融资对于通行费政策目标而言是相斥的，两者只能取其一。互斥论观点看似有道理，事实上其成立的前提条件是仅针对特定单一的公路项目而言。如果从路网整体发展的角度来看，道路定价是可以实现筹融资和需求管理兼容的。

Winston 提出的交通基础设施效率定价原则认为，如果道路使用基于边际成本的有效定价，那么将会减少对新建交通基础设施的需求，并能从中获得足够多的收入用于改善那些存在堵车问题的道路，而无须依靠税收资金[1]。海

---

[1] Clifford Winston, "Efficient transportation infrastructure policy", *The Journal of Economic Perspectives*, 1991, 5 (1).

根和维克斯进一步指出，当道路交通堵塞的年度成本等于道路容量扩张的年度成本时，应对道路容量进行扩展①。

　　当然，拥挤堵塞程度是相对的。对于经常发生拥堵的城市交通而言，通过需求定价来调节特定路段甚至特定时间的交通需求，同时这部分收入用于收费道路自身、其他道路及城市公共交通领域。对于很少发生大面积拥堵的城际公路而言，从效率定价原则同样可以引申出两层相互关联的政策含义。一方面，通过定价可以有效地调节需求、合理分配交通流量。对发展成熟的拥挤公路收费是最为合理的，因为收费能够将稀缺的公路空间留给那些最需要它的用户②。反之，停止任何一条已到期的公路收费，即使不考虑养护和路网发展的资金需求，单从路网特性和交通流的合理平衡来看，都也会对相邻路段产生重要和不确定的影响。另一方面，利用从车流量大的路段上获得的收费收入，可以产生更广泛的可行用途：或补偿新建路段的投资成本，或被重新分配到贫困地区，或用于资金严重不足的公路养护。因此，基于单一项目收回投资成本获得合理回报而到期取消收费的法规限定，既不利于交通需求的合理分配，又无法为路网发展提供资金，在现实中执行的难度很大。

　　传统的利用收费政策修建公路和政府定价机制是基于路段项目的潜在交通流量和盈利能力，因而在路网中只有那些交通流大的少数公路才实施收费政策。效率定价则否定了单纯以项目交通流量作为衡量是否修建高等级公路的决策标准，相应的交叉补贴使得收费政策可以为路网的整体发展提供资金，更大范围的用户得以享受到收费公路政策对交通整体状况改善的益处。两种定价思路的差异并非意味着相互排斥。通过精心的政策设计，在路网整体发展的定价框架中可以嵌入项目层面的市场化融资机制，实现两者之间的相互

---

① 艾·G. 海根、皮尔斯·维克斯：《道路的商业化管理及融资》，财政部预算司译，中国财政经济出版社，1999。
② 荷雷·H. 阿尔布里奇：《财政学——理论与实践》，马海涛、顾明、李贞译，经济科学出版社，2005。

兼容。

2. 专款专用的理性化

效率定价意味着不同项目之间会发生交叉补贴,这是否背离了审计结果公告指出的"专款专用"要求呢?

"专款专用"在不同语境中存在不同的含义。一般字面意义上的"专款专用"概念是各单位用款必须遵守的一条基本原则,使用范围比较广泛,泛指对于有规定用途的专项资金,各用款单位要按规定使用,不得相互挤占、挪用。财政意义上的专款专用,指各级政府凭借法律条款的规定,将来源于某一种或某一类税收的全部收入,都直接用于满足政府特定领域或活动的支出需要。

公路资金的专款专用建立在财政受益原则基础之上,把来源于公路用户的税费收入专门用于改善公路交通。亚当·斯密在《国富论》中提出了道路发展资金的自筹原则,对专款专用和预算的关系进行了界定。斯密认为,公共工程的费用,似乎不必在通常国家收入项下开支,使它们自身提供足以支付自己费用的特别收入,而无须增大社会一般收入的负担[①]。按这一理论,只要公路用户税费用于公路支出,那么就属于专款专用的范畴。在公路使用税(费)收入体系中,燃油税收入无法与特定路段项目相联系,因而只能从区域路网范围内实现专款专用。相比较而言,通行费的特殊性在于它既可以在特定项目中把收入与支出对应起来,实现项目范围内的专款专用,也可以通过交叉补贴或统收统支专用于区域公路发展,实现区域路网范围内的专款专用。世界银行甚至建议中国实施全国性的收费政策帮助欠发达地区的公路建设融资,将成熟高速公路上的收入转移到欠发达省份低流量和非营利公路的建设

---

① 亚当·斯密:《国民财富的性质和原因的研究》,郭大力、王亚楠译,商务印书馆,1974。

上①。《收费公路管理条例》中对政府还贷公路收费收入专用于偿还贷款、偿还有偿集资款的限定，是在项目范围内界定专款专用，审计因此把特定项目的通行费收入用于其他公路项目建设问题列为违规。而如果按照区域路网发展审视，这就是项目之间正常的交叉补贴，资金并未转移到公路交通之外，也可以视为专款专用。

专款专用与预算是相对的。从预算收入角度看，公路用户税（费）依然是预算内收入，征收管理应该按照财政程序要求进行；从支出角度看，公路用户税（费）就要按照专款专用原则专门用于交通支出，不能用于平衡一般预算，属于预算外支出。当范围限定在交通行业范围内时，把公路用户税（费）合理分配到不同类型公路、建设和养护不同环节，甚至细化到不同项目的支出中时，仍然要按照预算支出的要求进行，这时又成为一个部门预算内的问题。效率定价原则为在路网范围内科学处理通行费收支关系提供了一个合宜的理论思路。

世界各国公路发展中，一旦确定了公路车辆用户税费的专项资金，就很难再争取到一般预算的大规模财政支持②。所以更现实的政策是在使用者支付"道路费用"的基础上，实施道路网络交叉补贴原则。通常做法是，将现有道路系统看作一个统一的网络，在这个网络中交通量较高的"条件较好道路"帮助交通量较低的"条件较差道路"。世界上收费公路实践时间最长、经验最丰富的法国和西班牙两国实践表明，如果不实行交叉补贴制度，一个广泛的、真正的全国性城际高速公路系统是不可能仅仅依靠收费融资来支撑的③。

《收费公路管理条例》虽然提出"省、自治区、直辖市人民政府交通主管

---

① 世界银行：《中国的高速公路：连接公众与市场，实现公平发展》，2007。

② 荷雷·H. 阿尔布里奇：《财政学——理论与实践》，马海涛、顾明、李贞译，经济科学出版社，2005。

③ 约瑟·A. 戈曼兹 – 伊伯尼兹、约翰·R. 迈耶：《走向民营化——交通运输业民营化的国际经验》，曹钟勇译，中国铁道出版社，2000。

部门对本行政区域内的政府还贷公路，可以实行统一管理、统一贷款、统一
还款"，但这些规定与现行的最长收费期限、项目收入专款专用要求是相冲突
的。统贷统还接近于西方的交叉补贴，在这种模式下的通行费用于区域路网
整体发展，包括非收费公路的建设与养护，没有用于平衡一般财政预算，并
不违背专款专用。只是受到体制的影响，这些本来体现预算理性的一般做法，
在中国现实的制度环境中却成为违规问题。

9.4 重新认识收费公路政策的经济合理性

对收费公路实施交叉补贴，并不意味着可以无限制地扩大规模。通行费
不仅可以增大公路投资，同时也内含使用者付费机制。目前中国公路税费和
融资政策诸多问题的根源恰恰在于过分强调投融资，不从使用者付费角度反
思需求的合理性。

9.4.1 公路收费本质上是一种市场机制

资源是稀缺的，价格机制能够反映这种稀缺性，引导资源分配到最需要
的地方。这就是经济效率。所以在基础设施和公共服务行业，经济学家一般
都倡导使用者付费的市场机制。对于公路而言，只要收费的成本限制在一定
程度内，通行费比一般预算资金具有更好的经济效率，能更好地反映出合理
的需求水平。当然城市和农村道路网实施收费政策是不现实的。因为其收费
成本过高，道路的通行效率也会大受影响。

通行费作为使用者付费的一种，依然具有价格的一般功能。一方面可以
获得收入来为基础设施建设和养护融资；另一方面用户的需求信息可以在交
易中显现出来。政府利用这种价格信号显示机制就可以合理分配运输需求和

运输资源。由于收入建立在用户的支付意愿基础上，所以筹融资和需求信号对于收费政策而言，就如同硬币的正、反两面，密不可分。

在我们政府的观念中，特别是从交通部门来看，收费公路政策是公路交通发展最重要的筹融资工具。"没有收费公路政策，就没有中国交通的成就。""坚持收费公路政策是筹措资金和保障我国交通事业健康发展的需要。"这些言论反映了政府看待收费政策的视角，就是只看到了硬币正面的筹融资，没有从反面的需求信号和制约机制来思考问题。

政府要通过使用者付费来为公路筹集资金，需要考虑用户的支付意愿。因此在管理中强调信息的公开透明，在决策中需要加强车辆用户的充分参与。在西方国家，即便是民营化，也要按照一定的政治程序取得公众的认可才能实施。世界各国的收费公路都处在民主政治的风口浪尖上，这种制约机制决定了规模不会太大。中国收费公路规模之所以全世界最高，而老百姓的意见又如此之大，说明我们的收费政策可能缺乏应有的制约机制。无论规划任务多重、目标多么宏伟，地方政府都可以通过这项政策来解决资金缺口的难题。可见收费公路政策非但没有被用来作为确定有效率投资水平的工具，相反却助长了地方政府的预算软约束毛病。

收费政策在我国实施30多年来，国家对收费公路政策的定位一直停留在筹融资角度，没有随着社会主义市场经济体制的确立、公路快速发展造成的供需形势变化而进行调整，没有通过需求方对这项政策的反应来反思支出需求水平，更没有从资源配置效率优势来定位这项政策。但是不管政府是否明确定位，通行费的价格信号功能都是客观存在的。用户过路交钱，是实实在在的服务交易行为。

17世纪，担任路易十四财政大臣的柯尔伯特曾经形象指出，征税是拔鹅毛的艺术，既要鹅毛拔得多，又要尽量不让鹅叫，鹅的叫声即纳税人的支付意愿。现在用户和公众对收费公路的批评质疑，实质上就是显示交通需求信息和表达支付意愿的一种价格信号。交通部门应该反思的问题是，现在的公路发展速度是否过快、规模是否过大，从而传导到价格上，让车辆用户感觉痛了。

9.4.2　交通规划与市场原则相冲突

政策制定者和筹融资专家不从价格信号角度来认识交通需求的合理性，存在根深蒂固的原因。因为传统意义上交通需求属于技术规划的领地，是由作为技术专家的工程师以预测的方式来完成的。

目前国内的交通规划文本的编制基本上遵循预测需求、建设供给和筹融资的三段论体例。在这种模式下，技术专家根据未来经济社会发展的趋势预测运输需求，再通过布局规划工程建设项目来满足上述需求，最后想办法解决资金问题。这样的筹融资政策不会从需求端来考虑投资水平的合理性。因为规划隐含了这样一种前提，即所有运输需求都是合理的，都要被满足。

在1984年国家出台收费公路政策的时代，公路基础设施的投资不足对经济发展形成明显的瓶颈约束，那时通过引入收费制度来解决资金问题，无须评价需求的合理性，也容易被公众所接受。在收费公路政策的引领下，中国掀开了波澜壮阔的公路发展篇章，公路行业逐步形成了"国家投资、地方筹资、社会融资、利用外资"和"贷款修路、收费还贷、滚动发展"的建设投融资体制模式。地方交通部门开发了多种市场化融资方式，可谓"八仙过海，各显神通"。在这样的氛围中，久而久之就落入了"就融资谈融资"的陷阱。在行业看来，只要能解决资金问题即可，筹融资专家很少考虑财政的可持续性和用户的支付意愿。

但是当交通发展到一定阶段后，供需形势发生了根本变化，决策需要认真评估确定有效率的需求水平。资源的有限性决定了没有任何一种产品和服务的需求是可以无限满足的。在现行的交通规划逻辑中，技术专家预测的需求已经被假定合理，所以收费公路政策只能作为一种筹融资工具，不可能再把它作为价格工具从需求端用户的反应来反思需求水平的合理性。正是这个道理，交通部门的人员和专家在各种场合谈及收费公路政策，必从筹措资金和保障我国交通事业发展需要的角度出发。

事实上，当公共决策放弃经济机制方法而采用单一的技术路线时，技术很容易丧失独立客观性。目前政府决策对技术的态度是矛盾的。一方面重视技术，决策大多是通过技术规划的途径来表现其科学性。另一方面总是强调公路建设对经济增长、就业等的贡献，这在很大程度上使技术层面的项目评价工作流于形式，从而失去了应有的意义。2010年末中国科学院的一份咨询报告就引发了一场关于"我国交通建设是否过度超前"的争论①。当时的争论主要是在技术范围内进行的，并没有考虑经济因素。后来，不断有媒体披露收费公路可行性研究中车流量预测的行政干预问题。显然，如果从价格信号的角度来理解公众和用户对收费公路的质疑批评，那么公路交通发展是否过度超前这样的技术争论结果是不辩自明的。

赵坚教授指出，中国相当多的地方行政区领导还把修建更多的高速公路作为推动本地区经济增长、增加 GDP 从而提高政绩的重要手段②。他们认为，即使现在没有车流，但随着经济增长，车流也会增长，修了高速公路就留下了看得见的政绩，而增加的政府债务是下一届政府的事情；银行贷款是国家资源，本行政区不用，就会被其他地区拿走作为增加其政绩的资源。于是，各省（自治区、直辖市）利用制定五年规划的时机，纷纷编制一个比一个更宏伟的、更高增长速度的高速公路建设规划。

在市场经济时期多大规模的基础设施才算合适？这样的决策行为已经不

---

① 陆大道：《关于避免中国交通建设过度超前的建议》，《地理科学》2012年第1期。
② 赵坚：《收费公路清理面临"两难困境"》，《中国改革》2011年第10期。

能单纯依靠技术专家的自说自话。交通运输业需要规划和市场两种原则协调起来共同引导发展。政府应该从当前社会公众对收费公路的批评意见中反思现在的公路投资规模是否处在有效率的提供水平上。

9.4.3 公益性概念模糊了市场机制

目前交通行业的政策文件和宣传习惯于使用"公益性"概念,"公益性意味着应该免费"的逻辑在很大程度上模糊了公路基础设施内含的市场机制。

一方面,公益性概念并不能很好地刻画公路的经济特性。从字面上看,公益性指的是公共利益。亚当·斯密在《国富论》中提出,在竞争性市场中,追求私人利益的个人能促进公共利益:他只在意自己的利益,如同其他许多情况。这样,由"一只看不见的手"引导着,促成了不属于他本意的结果。不是他的本意并不总对社会无益。通过追求自我利益,他通常比他真的想促进社会利益而更有效地促进了社会利益①。现代福利经济学的一个基本原则是,在存在充分竞争、信息对称,没有公共物品和外部性的情况下,公共利益与私人利益之间是无差别的。所以,经济学家普遍认为,"公益性"作为一个概念太过宽泛,能说明政府应该发挥作用但不能说明如何发挥作用,在政策研究中的作用非常有限。

另一方面,公益性概念无助于一般预算资金对公路的更多投入。中国公路行业的政策制定者、专家和媒体习惯于把公益性概念作为政策探讨的出发点,无非是想把公路作为一种公共物品明确财政责任,争取一般预算资金对公路的更多投入。所以在分析收费费率过高、债务规模过大时,总是从财政

① 亚当·斯密:《国民财富的性质和原因的研究》,郭大力、王亚楠译,商务印书馆,1974。

角度上找原因。前文已述，在国家已经设立各种专项税费政策的前提下，公路行业已经不可能获得多大规模的一般预算资金。

多年来，公路政策制定者一直把公益性奉为圭臬。"公路是公益性设施，从理论上讲，应当全部由政府无偿提供。""贷款修路，收费还贷"政策只是政府在财力不足、公路建设压力巨大的情况下采取的特定政策。从公益性出发推出公路免费的规范结论，公路收费、市场化都是无奈的权宜之计，这已在中国公众心目中成为关于收费公路的基本价值判断。

有趣的是，当收费公路的外部政治环境趋紧时，政策制定者通常会公开重申公益性。现实情况是，在全国庞大的收费公路体系中，迫于行业发展的资金压力，鲜有公路按照规定到期停止收费。一旦"到期停止收费"的政治承诺转化成公众预期，同现实之间的巨大反差就会成为吸引公众兴趣的媒体焦点。当法规制度在政府公共机构中得不到遵守时，政治表态的结果反而使公众对通行费的误解和对收费公路管理效果的不满情绪进一步加深，造成公众对政策的认可接受程度下降，进而在技术与政治之间落入一种恶性循环陷阱。

9.4.4　收费期限、费率与规模三个问题的异同

收费期限、费率与规模是目前社会批评最为集中的三个问题。2011 年 6 月五部委开展的收费公路专项清理工作主要围绕公路的超期收费、通行费标准过高及不合理的收费三个方面展开。

1. 目前的社会认知

超期收费。目前社会的批评集中在公路管理机构的违法违规问题上，许多已经还清贷款的路桥项目依然在收费。例如，山东济南黄河大桥收费金额已过建设成本 10 倍以上，收费期限也超过 25 年的最高收费年限。这些超期

收费的公路大多属于交通量和财务收入较高的项目，因而被媒体批作地方政府的"印钞机"。客观讲，这些超期收费收入主要用于路网交叉补贴和养护投入。

费率过高。批评意见把收费费率同物流费用、产品价格与竞争力联系起来，指责目前收费公路过高的费率水平。相关数据显示，中国货物运输总量的75%是由公路承担的，过路过桥费占到了运输成本的20%～30%。

规模过大。过去收费公路规模一直集中在里程和站点对路网效率的影响方面。通过撤销政府还贷二级公路收费，里程站点规模得到了显著降低。但是从2011年五部委专项清理工作调查摸底结果公布后，收费公路的债务规模又成为另一个令人关注的问题。巨额债务规模和孱弱财务能力似乎传递着不可能取消收费或财政埋单的政策信号。时至今日，流行的观点仍把收费规模大归因于交通需求高而财政投入少。

2. 基于使用者付费的新认识

多年来，中国交通的筹融资政策假定了运输需求都是合理的，都要被满足。当所有的运输需求都被满足时，本身具有价格工具特征的燃油税和通行费仅仅作为补偿设施成本的融资工具，失去了调节需求的功能。这也不难理解为什么需求管理、外部性内部化等绝少出现在中国的交通政策议程和文件中。

通过解读中国的交通决策模式，再来讨论中国的收费公路问题，可以发现我们过去对收费期限长短、收费费率高低和收费规模大小三个不同问题的认识存在共同之处，就是都忽略了使用者付费的需求显示与引导功能。

收费期限。世界银行在2007年对中国收费公路到期停止收费的规定提出过质疑[①]。它认为，对那些高流量的成熟公路收费是最为合理的，因为收费能

---

① 世界银行：《中国的高速公路：连接公众与市场，实现公平发展》，2007。

够将稀缺的公路空间留给那些最需要它的用户。利用从车流量大的路段上获得的收费收入，可以通过再分配满足路网建设与养护的多种资金需求。

收费费率。不论是发达国家还是发展中国家，公路都是最重要但又是高成本的运输方式。考虑到公路的环境影响，欧盟倡导提高公路定价以便补偿负外部性，这样既有利于鼓励人们使用污染少的运输方式和相对不拥挤的运输网络，同时还获得收入为建设基础设施做好准备①。在中国，社会各方似乎还没有从资源产品价格改革和运输结构调整角度理解收费公路定价，没有认识到公路费率高低对各种运输方式资源配置的作用。

收费规模。里程规模和债务规模完全是发展问题。一直以来，在宣传公路交通所取得的辉煌成就时，政策制定者很自然把收费融资与建设发展相互联系起来肯定收费公路政策的融资贡献，但始终都没有把它作为确定有效率投资水平的工具。我们从公布的财务数据中最应该反思的是交通需求的合理性和建设发展的过度超前问题。

世界银行认为，"道路建设投资主要是来自向道路使用者征收的不同形式的税费，以及偶尔对特定设施收取的使用费。这种投资的方式一旦确立，就会形成一套影响公路设施使用者行为与公路设施提供者决策的激励构架。如果这套激励构架运用得当，可使道路基础设施更有效地服务于各类车辆的运营，并使交通需求在道路系统与其他竞争交通模式（如铁路系统）间的分配更有效率，而通过这种方式也能为道路的养护与建设提供更好的财务基础"②。显然，如果跳出单纯筹融资的认识局限重新审视收费公路政策，可以发现对收费期限长短、收费费率高低和收费规模大小问题的认识解读在资源配置方面具有重要决策价值和舆论引导意义。

---

① 李扬：《中国公路交通可持续发展模式研究》，人民交通出版社，2013。
② 世界银行：《可持续发展的交通运输——政策改革之优先课题》，中国建筑工业出版社，2002。

9.5　近年来的政策评述

9.5.1　"两个路网体系"的政策逻辑

作为中央交通主管部门的交通运输部近年来一直都在推动"两个路网体系"建设。"两个路网体系"，就是把路网分成以高速公路为主的收费公路体系和以普通公路为主的非收费公路体系。其中，"非收费公路体系"占全国公路总里程的96%以上，主要解决通达的问题，以政府财政资金为主。"收费公路体系"约占全国公路里程的将近4%，体现的是更高品质的公路服务，主要解决快捷高效的问题，其收费不以营利为目的，资金主要是靠银行贷款、社会融资来解决（见表9-3）。政策制定者和许多专家学者认为，构建"两个路网体系"，是解决公路收费问题、促进公路科学发展的治本之策。那么，"两个路网体系"果真是解决收费公路问题的长效机制吗？

表9-3　"两个路网体系"概念的比较

类别	构成	融资渠道	服务定位
非收费公路体系	以普通公路为主	政府投入	基本出行服务
收费公路体系	以高速公路为主	使用者付费	持久的高品质出行服务

"两个路网体系"的政策逻辑值得商榷。高速公路与普通公路、高效服务与普遍服务、收费融资与财政融资之间不存在必然的对应关系。高效服务与普遍服务都是公路基础设施提供的目标要求，两者并不矛盾。人员出行和货物运输服务的高效和普遍均依赖于路网整体功能的发挥，把两者分别独立归属于高速公路与普通公路，实在太过牵强。普通公路虽然不再利用通行费作

为融资基础，但是燃油税一样是用户对用路服务的支付，同样属于使用者付费的范畴。根据公路是否收费来区分普遍服务和高效服务的政策逻辑站不住脚。

"两个路网体系"概念的提出，就收费公路面临的困境而言可能会转移部分公众注意力，但无助于问题的根本解决。根据"两个路网体系"概念提出后的 2011 年收费公路摸底调查结果，当时全国高速公路债务达到了 1.9 万亿元，约占全部收费公路债务的 83.9%；2010 年收费额 2436 亿元，占全部收费公路收入的 85.2%。相比较而言，高速公路在里程和站点方面所占比例低得多，分别为 47.5% 和 30.5%（见表 9 - 4）。这就意味着，通过构建"两个路网体系"把收费政策控制在高速公路范围内，表面上看可以大大缩减收费里程、减少收费站点，似乎给公众一个降低收费规模的印象，但实质上并不能改变目前公路发展对收费政策的融资依赖。

表 9 - 4 高速公路在全部收费公路中的比重

项目	里程 （公里）	债务余额 （万元）	2010 年收费额 （万元）	收费站点 （个）	平均站点间距 （公里）
全部收费公路	154926	229118592	28594616	2429	64
收费高速公路	73563	192343600	24355245	740	99
高速公路占比	47.5%	83.9%	85.2%	30.5%	

资料来源：交通运输部收费公路专项清理网站。

显然，把建设"两个路网体系"作为解决收费公路问题的长效机制，实际上回避了发展问题，仅仅把收费公路政策作为一个管理改善问题，没有从根本上改变公路发展的融资格局。

9.5.2 节假日小客车免费通行政策

当一些大城市正在研究征收拥挤费以缓解城市交通拥堵问题时，2012 年

7月国家五部门却推出了高速公路重大节假日免收通行费的新政策。评价一项政策不能简单得出好坏的定论,应该对成本和收益在不同群体之间的分配效果做出评估,把优点和局限性都清清楚楚、明明白白摆出来,让利益相关者参与进来讨论决策。探讨收费公路相关政策,需要建立在对使用者付费的正确定位和对中国交通基本问题的基本认知基础上。

公众出行有多种模式选择来满足可达性要求,道路交通的比较优势是门到门的便捷性,其不足在于高成本和外部性。绿色交通和可持续发展并不提倡小汽车出行,相反倡导通过合理的全成本定价,正确反映出行成本,以合理分配需求。高速公路重大节假日免费通行政策同绿色出行、低碳交通是相悖的。在我国外部性内部化远未进入财税政策议程的情况下,高速公路免费进一步扭曲了本已存在市场失灵的交通定价体系。

高速公路同城市道路一样,都是机动车出行的载体。在机动化浪潮背景下,目前关于收费公路的舆论多是小汽车使用者的声音和利益表达。流动是所有社会公众的基本权利,不是机动化群体的特权。追求快速、低廉的交通出行,是车辆用户的理性选择,但从全社会看并不是集体理性。让一般纳税人来为私人交通的成本埋单,并不符合交通的社会可持续要求。

高速公路重大节假日免费通行政策的受惠人群被限定为乘坐7座以下(含7座)载客车辆的驾乘人员,包括允许在普通收费公路行驶的摩托车,这意味着能够享受免费政策的是极少数有车族。因此,免费政策降低了有车族而非全体公众的出行成本。如果当车流量激增时,拥堵成本会大大抵消掉节省的出行成本。

一年免费20天,上市公司和民营企业的利益会受到影响。但是作为高速公路更为普遍的运营管理主体,国有公路公司或高管局这些公共机构并没有真正的利润激励。要提供基础设施服务,这些机构总是会有资金来源的。

随着高速公路免费范围的扩大,类似城市道路的拥堵问题不可避免产生。

当"囚徒困境"形成时，免费政策就没有受益者可言了。在免费导向的政策环境中，拥堵给了政府进行工程建设的充分理由。要建设就要筹融资，在中国现有制度环境中，筹融资还要寄望于收费公路政策。零敲碎打的免费政策不会改变行业发展对收费公路政策的融资依赖。只要政策宣扬的公益免费不能实现，机动化群体的抱怨就不会停止。这样，政府交通主管部门会深陷融资债务和公众舆论的双重压力之中。随着免费拥堵状况的恶化，各方会重新认识定位收费的作用。

我们从多模式交通和绿色出行角度审视收费政策，机动化群体是私人交通相关舆论声音的主动引导者，但不能忽视他们又是基础设施建设养护成本的被动承担者。收费公路的舆论，是公众在政策制定者既定的制度框架和价值理念标准下对现实问题做出的评价。如果稍微留心观察，就很容易发现，指导21世纪交通发展的理论概念与40多年前改革开放初期并无二致。多年流行的公益免费政策观点，实质是公路建设养护由公共财政来承担。无论是使用者付费还是纳税人埋单，都应该对投资形成预算约束，而不能无限制地建设。相比较而言，合理的使用者付费更有利于反映基础设施的需求规模，从而达到有效率的投资水平。

现在的问题是，公路管理机构出现了普遍的违反法律法规问题，政府所宣扬的免费之理想价值观同现实鸿沟越来越深。不论多大规模的建设投资，都能通过收费公路渠道获得融资支持，最终这些负担是要转嫁到车辆用户头上的。收费公路政策的公众压力本是对公路交通建设发展的制约因素。如果刻意回避发展来解决收费问题，为缓解舆论困境而图一时之快地"挠痒"，只能加重矛盾和困境。

9.5.3　收费公路管理条例修订稿2013版的评估

2013年5月，交通运输部发布《收费公路管理条例（修正案征求意见稿)》，向社会公开征求意见。收费公路政策是今后相当长的时间内我国公路发展仍然需要坚持的政策。只有建立在清晰的经济原则基础上全面理解把握使用者付费机制，法规的修订完善才能既有助于化解当前的社会矛盾，又能满足可持续性的战略要求。条例修改完善要谨防两个极端：第一，把收费妖魔化，认为公益性就是要免费，这样势必造成高速公路建设正常合理的融资需求无法通过收费政策满足；第二，回避发展，期望取消收费期限设置来无限度地满足高速公路建设发展的资金需求。

1. 满足正常的运营养护资金需求

当前《收费公路管理条例》修改的难度在于，既要回应社会公众对问题的关切，又要满足发展运营的融资要求。制度完善必须建立在上述对使用者付费的正确理解基础上，具体问题具体分析。

改扩建、养护等资金需求是行业发展和正常运行所必需的。过去当收费政策仅限于零星路段时，这些路段停止收费后安排养路费或燃油税作为养护资金也未尝不可。但是当高速公路普遍依赖收费政策时，该设想已不现实。交通运输部正在构建"两个公路体系"，即统筹发展以政府主导的高速公路为主的低收费、高效率收费公路体系和以普通公路为主的体现政府普遍服务的非收费公路体系。那么依据改扩建和养护资金需求来调整高速公路收费规则同"两个公路体系"建设的要求也是相一致的。

因此，通过条例修改来为公路长远发展建立可持续发展的资金渠道，具有合理性。

2. 正视建设投资与债务的发展问题

条例修改不能回避发展债务问题，相反，应该实事求是、一分为二地分析应对。一方面，条例完全按照项目单元的定价机制，仅适应于收费公路规模不大的发展初期阶段。当收费公路政策成为路网发展高度依赖的融资政策时，再沿袭完全按照项目单元的定价机制，明显不能满足路网整体融资要求。

目前全国大多数省份的收费公路还款机制实际上是通过统贷统还、借新还旧等方式进行的。这同条例按照项目收入专款专用来设定收费期限是相矛盾的。就融资而言，该条例修改依然没有触及具有再分配性质的统贷统还问题。因此，从过去项目单元转为区域路网整体来评价公路的融资可持续性，是当前条例修改的关键性难题，不容回避。

另一方面，作为高等级公路发展的法规制度，《收费公路管理条例》本质上就是发展所遵循的金融财务规则。即使依据改扩建、养护管理、免费补偿来延长收费期限的立法通过，我们也必须承认借助收费公路政策进行市场化融资是有限度的。本来收费最根本的问题是公路建设本身的债务偿还问题，这一根本问题没有厘清解决思路就考虑改扩建、养护管理以及免费补偿多种因素，无疑会使局面更趋复杂化。庞大的建设投资和债务压力必然转化成收费规模大、期限长和费率高等公众非常敏感的问题。

一直以来，在宣传公路交通所取得的辉煌成就时，政府很自然把收费融资与建设发展相互联系起来，肯定收费公路政策的资金保障作用。当面对公众批评质疑时，却没有从发展角度来认识目前困境成因。该条例修改实质上回避了发展债务问题。如果要使《收费公路管理条例》成为公路发展所遵循的规则，就需要讨论是否增加关于融资能力标准的条款。

3. 调整通行费的基本定位

中国收费公路的管理困境与认识分歧说明，由于缺乏应有的经济合理性，目前制度既不符合公路融资实践的要求，也偏离了用户的支付意愿。现行法规是按照从单一项目单元内回收建设投资成本的思路制定的，没有考虑持续性的养护资金需求，关于收费期限和项目专款专用的界定标准已经难以适应目前公路过快发展形成的筹融资形势，造成了收费政策的过度利用，加重了行业超期收费的违规问题。违规问题同理论的滞后、宣传的不当引导等因素叠加，使公众对收费公路不满的情绪进一步加深，进而在经济合理性与政治可行性之间落入一种恶性循环陷阱。

收费公路政策是今后相当长的时间内我国公路发展仍然需要坚持的政策。只有建立在清晰的经济原则基础上，法规的修订完善、政策的重新定位才能既有助于化解当前的社会矛盾，又能满足可持续性的战略要求。

理解公路收费的经济合理性，需把握几项基本的经济原则。第一，使用者付费是一种特殊的市场机制和供需平衡手段。通过使用费可以获得收入来为基础设施建设和养护融资，同时用户的需求信息可以在交易中显现出来。长期以来，中国交通行业的政策制定者仅强调通行费在供给方的融资贡献，而没有认识到利用定价对合理引导运输需求的作用。当前从巨额收费规模中最应该反思的是交通需求的合理性和建设发展的过度超前问题。第二，只要制度设计合理，收费公路政策就可以同时兼顾到受益原则与再分配、需求管理与成本补偿、路段项目商业化与路网整体发展的不同功能目标。国外理论和实践均已证明，从车流量大的路段上获得的收费收入，可以通过再分配满足建设与养护的多种资金需求。从长期来看，根据外部性内部化原则对公路定价，可以引导各种运输方式资源合理配置。第三，交通规划和财政预算、收费定价具有内在联系。当忽略制度环境而仅从技术角度探讨交通规划时，后者很容易屈从于行政权力而失去独立客观性。只有注重发掘经济和技术不同机制的潜在联系，才能夯实公路收费制度设计的基础。

当前，政府创造一个能够同公众交流说"理"的制度环境至关重要。在西方国家，公路收费虽然理论上完美，但实践中缴费使得部分出行者的利益受到损害，公众阻力较大，被称为"经济学家的梦想、政治家的梦魇"。在中国，要使公众理解并接受上述收费公路的经济学原理，政策制定者需要在制度建设方面下更大气力，起码要做到收费收入去向的透明化，不回避发展和利益问题，能够坦诚制度缺陷。在此基础上通过正确合理的宣传引导，来不断提高收费公路政策的公众认可度。

笔者认为，中国的老百姓反对收费，并不是反对其更有效率的积极一面，更大程度上是对相关部门管理的不信任。由于缺乏必要的监督约束，收费公路政策偏离了基本的"效率"准则。如果我们能在基本问题上达成共识，在宣传上就可以尽量减少空洞的公益性和"应该免费"这样的简单规范结论，跳出"公路是否姓公"这样的感性争论，正确引导舆论。目前需要通过加强理论研究和舆论宣传，引导公众走出一些习惯的认识误区。

第一，使用者付费不能等同于普通商品的价格。使用者付费总体上体现基础设施用户和服务提供者之间的交易关系，但并不意味着收费公路就是普通的商品，不能按照普通商品的价格思路来理解通行费的定价。使用者付费既有商品价格的某些特征，在收支上又要符合财税的管理要求。

第二，使用者付费不能简单定位于"收费还贷"。基础设施的融资与定价是相互联系而又存在差别的。除了建设投资，定价还要考虑养护、改扩建，特别是路网整体发展所需的交叉补贴。从长远的合理性来看，定价不能忽视需求端的功能，要兼顾绿色出行、不同运输方式的协调发展等要求。

第三，使用者付费对交通发展的意义不仅仅是投融资工具。使用者付费对于交通发展，既是投融资工具，也有平衡制约作用。正如财政学家黄佩华所言，城市政府依赖使用者付费和借贷来为市政服务和基础设施融资原本无可厚非，因为全世界的城市都是这么做的。中国的不同之处，也是问题的根源在于，对这类活动的监督和约束微乎其微①。正在进行的收费公路管理条例修改，切不可回避发展的平衡制约问题。

9.5.4 收费公路管理条例修订稿 2019 版的评估

2018 年 12 月，《收费公路管理条例（修订草案征求意见稿）》等"一法

---

① 黄佩华：《改善中国城市财政的几点建议比较》，《比较》2013 年第 1 期。

两条例"公开征求意见向社会公布。

1. 修订条例的调整变化和积极作用

从价财税和投融资的角度分析，该修订最重要的变化和意义在于强调了"用路者付费"原则和调整了收费期限规定两个方面。

一方面，明确基本问题，强调"用路者付费"原则。用路者付费，是使用者付费在公路行业的具体体现，在2004年的《收费公路管理条例》中并不明确，并直接影响了法规的宣传和公众对收费期限的预期。该修订条例在第三条就明确提出，收费公路发展实行用路者付费，通过收取车辆通行费方式筹集养护、管理资金，回收建设投资成本。后续很多新的条款规定和调整内容都建立在用路者付费基础上，从而使得法规整体逻辑更加一致和严密。

实行高等级公路收费是良好的国际惯例，既顺应世界范围内的基础设施商业化趋势，也符合我国投融资体制改革精神，特别是在党的十八届三中全会明确市场在资源配置中的关键性作用后，在基础设施和公共服务领域更好发挥使用者付费的作用，无疑具有重要意义。

另一方面，抓住关键问题，调整了收费期限规定。2013年5月，交通运输部向社会公开征求意见以来，条例修订在收费期限的设定这一核心问题上争论不休，多次反复。条例修订久拖未决，现实中某些公路机构规避法规、违反法规的问题就会始终存在，对政府公信力也存在着侵蚀影响。

现行条例规定没有明确用路者付费原则，对通行费收入与支出的联系仅仅局限于建设投资。用路者付费原则的明确，使得收费公路的定价除了要满足建设投资要求，还要考虑养护、改扩建，特别是路网整体发展所需的交叉补贴。按照用路者付费的原则要求，条例修订建立了偿债期（经营期）收费和养护期收费"两期收费"制度，在很大程度上弥合了制度规则同发展实践之间的鸿沟。

修订条例的具体条款内容大致可以分成两大类。一类是定价的相关问题，如偿债期限和经营期限的确定、"统借统还"制度的完善、转让行为的规范，都是公路定价的应有之义，在目前的中国收费公路的逻辑策略上都是建立在明确的收费期限规定基础上；另一类是提高设置门槛、取消省界收费站设置、保障提高服务质量、强化监管等，更多属于技术性规定，并没有多少争议和阻力，相反，这些可以使得条例修订获得更多社会支持。

总体上看，条例的修订具有明确的问题导向，原则理念和具体条款的逻辑性有了很大提升，在具体条款的设定上相比过去更有操作弹性，面向未来可预期具有更长时间的适应周期。

2. 修订条例的实施难度

基于公路发展的趋势实践和使用者付费的价格原理，可以对修订条例的实施难度做出一些合乎逻辑的大体判断。

一方面，公众对收费期限延长的接受存在一定难度和不确定性。在条例修订过程中，公众似乎更关注公路永久收费是否成为现实，个别观点甚至把"收费公路基于养护管理需要而永久收费"视为洪水猛兽，这与过去的宣传影响有关。作为公路基础设施服务的消费者，车辆用户似乎能理性接受通行费，但对治超罚款等心存较大的顾虑，特别是在运输结构调整背景下，公路超载超限管理力度的加大，客观上又同降本增效要求的减税降费相冲突。这种矛盾和复杂性从一个侧面提出了对运输定价的要求和挑战。

可以预见，围绕无限期收费的合理性争论会持续相当长的时间。在这方面，政府应做好应对甚至必要的应急预案，明确应坚持的原则和底线，提高政策的连续性和可预见性。

另一方面，"两期收费"制度的可操作性不强。修订条例初步建立了偿债期（经营期）收费和养护收费的"两期收费"制度。其中，补偿建设投资成本要求短周期、高费率政策，而基于养护管理资金需求则实行长期低费率政策。从原则上看，"两期收费"制度符合收费公路融资要求，但是在具体操作层面存在很大难度。如果每条收费公路分别单独核定收费期限，难以想象同一区域内仅仅因为建设运营时间早晚的差异，新路和老路执行费率水平高低差异悬殊的收费政策。如是，车流量高的老路在低费率政策下会加重拥堵，而车流量低的新路则会在高费率政策下使得车流和收入雪上加霜。如果考虑利用价格工具来引导平衡交通流和实施交通需求管理，甚至推动运输结构调整，那么价格政策还有很多更为细致的问题需要研究。

即使仅就投融资而言，"两期收费"的难度也很大。随着快速延伸，路网呈现明显的分化。一方面，早期建成的收费公路作为存量资产，具有越来越高的交通流量和财务收入；另一方面，新建公路向中西部地区和山岭重丘地区延伸，建设成本提高，项目收益下降。路网的整体发展客观上要求充分发挥存量资产的作用。这就使得"两期收费"制度难以按照单一项目来实行，很可能在某一区域范围甚至全国范围内在某一时间节点统一实施。

3. 基于用路者付费的政策建议

作为一项经济法规，只有在逻辑上符合基本的经济原理，才能在解决现实问题的同时发现预见潜在问题，从而使法规具备对未来的预见性和更长期的动态适应性。

一方面，用路者付费需要更系统全面的界定。修订条例把通行费政策的定位从仅仅补偿投资成本，拓展到满足养护、改扩建的资金需求，从投融资角度来看更符合用路者付费的原则要求。但是如果仅仅把用路者付费局限于投融资上，则非常值得商榷。

用路者付费更一般的财政角度表达是"使用者付费"。使用者付费不仅为融资创造收入，而且使使用者的偏好需求在交易中表露出来。采用合理的定价方式，可以把用户对基础设施服务的需求限制在合理并符合效率的水平上，同时也有助于用户了解服务的社会成本。随着世界各国和地区对基础设施的需求急剧增长，人们逐渐认识到，单纯依靠建设供给的增加来适应满足需求，越来越不现实。使用者付费不仅可以为供给端提供资金，也可以在需求侧调节抑制需求，从而对供求产生双向调节作用。

目前国内学术研究和政策文件关于使用者付费的表述很少，且多数的理解停留在字面含义上。在收费公路领域，人们更多关注用路者付费的融资收入贡献，而没有意识到其在资源配置和投资效率中的功能作用。公路债务风险问题实质是投资效率问题，也就是大量债务资金的支出形成了效益不相匹配的资产。用路者付费要求公路的发展一定要遵守市场规律和财务规则，继而提供了显示公路投资效率高低的机制。政府提供者要根据资产的效益水平，利用好这一机制来优化调整支出的优先顺序和轻重缓急，促进有效投资的实现。

修订条例同时表达了对发展问题和用路者付费的重视，但是并未把握住两者之间的内在逻辑。例如，第四条提出坚持"规模适当、风险可控、投资多元、监管有效"所针对的正是收费公路的发展投资问题，但是后续的条款似乎没有落实到具体的实现路径上。建议条例在投资决策和债务风险防范等方面设立一些基本标准门槛，以体现用路者付费在促进公路有效投资和高质量发展方面的基本功能。

另一方面，差异化收费需要明确的功能目标。对用路者付费的狭隘定位也使得许多具体的定价条款难免产生偏差或扭曲。其中最为典型的就是关于差异化收费的政策定位。修订条例第十五条规定，"收费公路可以根据车辆类型、通行路段、通行时段、支付方式、路况水平、服务质量、交通流量等因素实行差异化收费"。差异化收费是使用者付费的细化，应该说，上述规定基本界定了差异化收费的政策实施空间，但是对其目标和功能并不明确。

单从字面含义上宽泛地理解，相比根据车型固定单一费率标准的模式，农产品运输的绿色通道通行费减免政策、小汽车节假日免费政策、货车分时段或分路段收费政策以及计重收费，外在形式上都具有差异化收费的某些特征。目前的差异化收费主要聚焦于货车的分时段或分路段收费政策。

从经济原理分析，差异化收费的目的是进一步提高定价在资源配置中的效率，使得稀缺的公路空间能够有限分配给那些最需要它的用户。从这个角度来看，根据车型固定单一费率标准和计重收费可以看作实施差异化收费的基准起点，那些旨在提高资源配置效率的分时段或分路段收费政策才应该作为差异化收费应有政策议题，差异化收费不应也不能定位于"降低过路过桥费用"。建议条例明确差异化收费以提高资源配置效率为目标的基本定位。

9.5.5 撤销省界收费站和推广 ETC

收费技术对公路基础设施的主要作用在于推动采用更为合理高效的定价机制。撤销省界收费站及推广 ETC 技术的快速推进与《收费公路管理条例》修订的缓慢进程之巨大反差说明，我国收费公路发展在技术与制度的基本关系上尚未达成共识。要利用技术进步推动我国的收费公路制度改革，关键是要明确公路定价的基本方向和技术的功能目标。

1. 《收费公路管理条例》 修订的艰难缓慢同撤销省界收费站工作的迅速行动形成鲜明对比

我国现有的收费公路制度架构是在 2004 年出台的《收费公路管理条例》基础上形成的。由于法规关于收费期限的设定难以适应路网快速变化的融资要求，公路机构违规问题突出，由此降低了公路部门的社会公信力，同时加大了政策在需求侧的压力。需求侧减免通行费的压力和供给侧的投融资压力成为收费政策难以平衡的矛盾。政策调整总是难以统筹协调供需两侧的压力，顾此失彼情形多次反复出现。这对条例修订提出了紧迫要求。早在 2013 年 5 月，交通运输部发布《收费公路管理条例（修正案征求意见稿）》，向社会公开征求意见。几年来，条例修订在收费期限的设定这一核心问题上争论不休，多次反复。2018 年 12 月，《收费公路管理条例（修订草案征求意见稿）》同《公路法修正案（草案）》等"一法两条例"公开征求意见向社会公布。

2019 年 5 月，国务院办公厅正式印发了《深化收费公路制度改革取消高速公路省界收费站实施方案》。同月，国家发展和改革委员会、交通运输部会同有关部门研究并制定了《加快推进高速公路电子不停车快捷收费应用服务实施方案》。交通运输部和各地交通部门迅速响应，立即部署省界收费站的撤销和 ETC 技术的推广。ETC 的巨大需求，引发市场强烈反响，科技和工程企业、银行等金融机构均欲从千载难逢的机遇中分一杯羹。媒体对交通行业拥抱新技术的开放态度和提升路网畅通度的工作给予了一片喝彩。

透过当前公路收费技术的热潮，我们不难看到收费公路领域技术推广与制度改革工作进程的巨大反差。为什么条例的修订那么艰难缓慢，而撤销省界收费站、推广 ETC 能如此雷厉风行呢？两者之间存在什么样的内在关系？

撤销省界收费站和推广 ETC，不仅符合人们对速度和通畅的追求，同时也顺应了当下人们对未来智慧交通的憧憬，因而得到政府部门重视、受到市场欢迎。但是撤销省界收费站和推广 ETC 作为收费制度改革的重要内容，其工作目标指向同收费制度之间应该是什么联系？撤销省界收费站，是不是开启收费制度改革的催化剂？这样重要的基本逻辑问题，却缺少关注讨论。

2. 技术进步使得公路定价在协调车路关系上更为高效合理

收费技术本身并不是解决方案，必须放在更大的视野里考虑，并与通行费的基本功能、方向策略相结合。采用新技术后，在很多桥梁、高速公路甚至街道上就可以更低的排他成本推行收费融资和定价，并根据交通情况的变化来确定收费。从经济学角度讲，公路使用费将收入流直接与公路的使用（需求）联系起来，使公路的收费定价与融资决策更为有效。

公路收费需要较高的技术条件与费用，存在多种技术解决方案。技术进步可以使经济上更为合理的定价机制能得到更广泛的应用。最简单、使用最广泛的方式是设立收费站。与设站收费相比，ETC 不仅减少了设施空间及人员要求，还有效减少拥堵、减少油耗污染、提高道路使用寿命，同时将间断交通流变为连续交通流，有效提高道路通行能力。另外，公路收费不仅是收取通行费，还可以收取里程费。目前世界上最有效率的公路收费系统之一，是德国高速公路网面向重型卡车的收费系统。自 2005 年 1 月起，德国开始借助OBU 和基于卫星的系统，对利用德国高速公路的、最大允许载重量在 12 吨以上的重型货车征收里程费。该计划利用车辆的实际行驶里程计算公路使用费，收费还会参考道路拥堵情况和车辆的环保性能（欧洲排放等级）。

技术进步对收费的意义不仅仅在于更快速通行和更低的收费排他成本，更为重要的是它可以推动更为合理高效的定价应用，能更精准地反映道路资源的使用和损耗，使得稀缺的道路空间更为合理地分配给车辆用户。很多采用电子收费系统的公路推行了拥堵定价和差异化收费政策，实现了峰谷时段交通流量的错配。这成为目前国际上公路收费定价的主流趋势方向。收费技术的进步在推进定价机制完善、改善收支状况的同时，往往还会在交通管理、数据收集、物联网服务等方面拓展收益来源、创造价值增值空间甚至完善体制架构，从而进一步推动基础设施的商业化运营。技术的进步也使得公路定价可以同时实现更多的功能目标，准确反映车辆对道路的磨损程度、对环境的影响以及对路网的利用程度和拥堵影响。

3. 收费公路制度改革的核心在于正确的公路定价

深化收费公路制度改革，当前的工作重点在于《收费公路管理条例》的修订。《收费公路管理条例》修订多年未能完成，表面上看源于不能平衡多方利益，本质上是对这项定价工具的内在规律和趋势方向的理解认识深度不够，研究大大滞后于实践的需要。

取消高速公路省界收费站既是深化收费公路制度改革中的重要一环，也是目前交通主管部门落实国家政策、体现职能的主要工作抓手。《收费公路管理条例（修订草案征求意见稿）》第十七条明确提出，"收费公路除出入口外，不得在主线上设置收费站"。收费站附近由停车收费造成的局部拥堵，可以通过收费技术的改进来逐步缓解。不同于出入口收费站，省界收费站位于高速公路主干道，对主线交通流具有较大的影响，撤销省界收费站减少了高速公路行驶中经过省界地区的停车、换卡、交钱和再重新启动，可有效降低高速公路的排队时间、减少事故发生、提高通行效率。同时，受高速起步价收费的影响，取消省界收费站也将进一步降低用户的使用成本。

尽管如此，相比收费站的局部拥堵，更普遍的拥堵是由公路的设计能力同车流量之间供需缺口造成的。通过新建和改扩建提高设施能力，是目前交通行业解决问题的主要方式。但是，定价也是影响车流量的重要因素。高效的定价可以调节拥堵，并获得更高的通行费收入，从而在政策目标上一举多得。不合理的定价反而会加重拥堵，甚至使得路网瘫痪。我国的节假日小汽车免费政策，极大地刺激了本来就已经超出正常日期的节假日车流量，造成了路网的普遍性拥堵。很多成熟路段上的收费定价由于已经或即将收回投资成本，面临着取消收费或降低费率的压力。若从控制车流量和缓解拥堵的角度分析，这些路段恰恰需要费率水平相对较高的定价来调整，才有助于实现更高效的车流量分配和路网资源配置。

在目前中国收费公路的制度改革中，理解收费公路定价的"高效合理"，核心是把握用路者付费和差异化收费。用路者付费不仅仅体现在为公路建设养护的融资收入贡献方面，更重要的是在资源配置和投资效率中的功能作用。政府提供者要根据公路资产的效益水平，利用好用路者付费这一机制来优化调整支出的优先顺序，促进有效投资和资产管理；差异化收费是用路者付费的细化，其目的应是进一步提高定价在资源配置中的效率，使得稀缺的公路空间能够有效分配给那些最需要它的用户。小汽车节假日免费等政策并不具备提高资源配置效率的作用，甚至相反。

《收费公路管理条例》修订进程中的困难，集中反映了政府在运用价格和财税政策工具而非依赖工程技术解决交通问题的能力亟须提高。要利用好定价这一公共政策工具，需要更新传统的工程技术思维。工程技术往往聚焦于单一的政策目标，按照这种思维来理解定价，往往把投融资和需求管理/资源配置割裂开来就事论事地讨论问题。而定价本可以把很多目标纳入统一的政策框架中来实现。这是过去政策调整总是顾此失彼的认识根源。

4. 在促进公路高效定价的前提下来考虑收费技术进步

从《收费公路管理条例（修订草案征求意见稿）》和国办文件《深化收费公路制度改革取消高速公路省界收费站实施方案》的政策逻辑来看，我们应该根据收费公路制度改革的需要来推进取消高速公路省界收费站和推广ETC技术。目前行业内外围绕着撤销省界收费站的工程和技术来开展工作，却很少围绕公路通行费的"功能"与"目标"来推进收费公路制度改革，特别是讨论如何根据公路通行费的政策趋势方向甚至协调车辆和基础设施关系的未来趋势来考虑收费方式的选择。

本次撤站工作体现了政府对新技术的包容开放态度，展现了技术进步给经济发展和社会生活带来的美好图景。就通行费的收取而言，除了人工收费和ETC，还有无感支付、扫码支付等收费技术，微信、支付宝同ETC的结合更是丰富了用户的消费体验。通过拆除省界收费站和全国联网为统一的标准体系创造了条件，但是如何兼顾技术的开放性和包容性也是重要的政策议题，特别是要考虑收费技术同电子车牌、无线射频识别（FRID）、自动驾驶等相关前沿技术之间的对接。

我们需要对各种先进的道路收费技术及其未来的发展方向了然于胸，为通过收费技术打开智慧交通大门的喝彩点赞，但更应该思考收费技术的根本功能目标。要理解撤销省界收费站和推广ETC对收费公路制度改革的深层次影响，关键是要明确收费公路制度改革的基本方向。

从《收费公路管理条例（修订草案征求意见稿）》看，收费公路制度改革应该围绕公路通行费这一定价工具，如何完善用路者付费、提高通行费的资源配置效率来展开。例如，完善用路者付费原则，如何细化差异化收费，而不是简单的降价优惠。需要面对的难点问题是如何找到需求侧物流降成本和供给侧 PPP 融资之间的平衡点。收费公路的全国联网必然会对各地五花八门的差异化政策和管理体制产生冲击，为收费公路的制度完善暴露深层次问题、创造改进空间。

以取消高速公路省界收费站和推广 ETC 作为深化收费公路制度改革的核心和重点，难免有避重就轻之嫌。如果脱离了高效合理的定价机制，那么再先进的收费技术、再充分的数据、再广阔的技术想象空间都难免失去基本意义。

中国公路 PPP 的受益机理分析 [*]

要使 PPP 研究跳出具体操作层面的技术性问题、聚焦到根本性问题上来，受益原则恰恰是一个合宜的概念工具。项目资产在横向维度上经常面临着确定项目单元的打包/分拆要求，而在纵向维度上又要实行全生命周期管理。两种问题的实质都是如何合理地加强收入与支出的联系。

10.1　中国公路 PPP 的进展

我国收费公路 PPP 项目起步较早。早在 1981 年广东省就与香港投资方达成广深高速的股权合作意向，

＊　本章在以下文章基础上发展而成：李玉涛、李建瓴《公路 PPP 项目打包模式的比较分析》，《交通财会》2020 年第 9 期；李玉涛《PPP 模式的全生命周期管理及政策应用》，《宏观经济信息研究》2015 年第 15 期。

并于 1988 年组建项目公司，港方负责建设投融资，广东省负责土地及相关劳动力的投入。1996 年，陕西省实施了我国第一个存量收费公路 PPP 项目，将西临高速公路的经营权以 3 亿元转让给陕西金秀交通有限公司，经营期 20年。随后一些公路项目陆续采取了 BOT（建设—经营—移交）模式。在相当长的一段时间内，收费公路是以"政府还贷公路"和"经营性公路"进行区分，很少将引入社会资本的经营性公路项目称作 PPP。如果说早期的收费公路 PPP 项目具有典型的"摸着石头过河"的特征，那么 2015 年之后 PPP 则成为公路等基础设施的主流模式。2017 年全国公路 PPP 项目落地数量高达 210个，总投资规模约为 10700 亿元。① 2018 年以来，PPP 项目在政府规范整治之后增速减缓。

10.1.1 主要的公路 PPP 模式

国际上公路 PPP 的运作流程相对成熟规范。根据项目是否为新建公路或已有公路项目、是否需要融资、是否需要改扩建、运营期满所有权或者经营权是否移交等标准，公路建设领域可以考虑采用的主要的 PPP 运作方式总结如图 10 - 1 所示。

目前我国公路建设利用社会资本主要集中于车流量相对较高的各类高等级公路与大型独立桥梁隧道，并以收费公路为主，从收费的一级路、二级路，到高速公路，均有社会资本进入，而非收费公路则鲜有进入。

进入方式方面，作为公路建设的融资方式之一，社会资本进入的主要方式有两种：一种是新建收费公路项目，也就是我们常说的内资 BOT 或准 BOT，即由投资者建设、运营交通基础设施项目，特许经营期限届满后将该项目移

---

① 明树数据库：《2017 年公路 PPP 落地项目分析》，《中国公路》2018 年第 5 期。

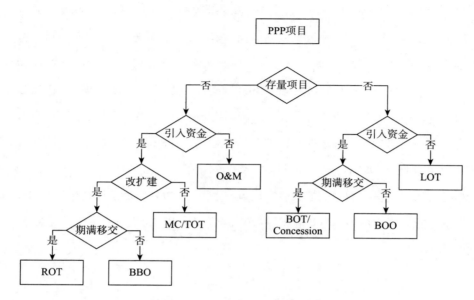

图 10 – 1 公路的 PPP 模式选择流程

资料来源：肖光睿《公路上的 PPP》，《中国公路》2015年第7期。

交给政府交通主管部门；另一种是收费经营权转让，也称作 TOT（移交—经营—移交），即政府交通主管部门将已建成的交通基础设施项目移交给社会资金构成的民营企业，特许经营期限届满后再将该项目收回。从公路建设融资的角度看，转让经营权取得的收入，除用于偿还贷款和有偿集资款外，必须用于公路建设。因此，经营权转让也是重要的建设融资方式。

实现形式方面，在国家积极推行公有制多种有效实现形式的背景下，随着投资主体多元化的推进，公路建设利用社会资本的实现形式在股份制的基础上呈现多样化的态势，既有单一非公有资本形成的私有制企业，也有非公有资本与国有资本、集体资本合资形成的混合所有制经济。

公路上市，从资本实现形式角度看，一般是由国有资本作为原始股吸引社会资金作为流通股构成国有控股上市公司；从进入方式角度看，公开募集资金多数用于收购已建成项目的经营权，少数用于新建项目。前者从交通行业角度看就是转让经营权，后者类似 BOT。

近年来国内一些地区在具体模式等方面，进行了积极的探索，形成了一些如 BOT + EPC（设计施工总承包）、BOT + EPC + 政府补助和 BOT + EPC + 股权合作等衍生模式。这种强调 EPC 的分类方式无形之中忽略了运营商等其他参与方，与全生命周期管理渐行渐远，也因此受到了财政系统专家的批评。

10. 1. 2　政策法规方面的主要工作

早在 1996 年，交通部就出台了 9 号令《交通部公路经营权有偿转让管理办法》。后来国家相继推出的《公路法》与《收费公路管理条例》，成为公路建设利用民资的基础性制度规范。此外，交通部令 2004 年第 14 号《公路建设市场管理办法》、交通部和国家国有资产管理局以交财发〔1996〕866 号文联合发布的《关于公路股份有限公司国有股权管理有关规定的通知》等政策法规对公路建设利用社会资金做出了规范。后来交通部又相继出台了《关于鼓励和引导社会资本进入交通基础设施领域的财务政策指导意见》《经营性公路建设项目投资人招标投标管理规定》《收费公路权益转让办法》等法规。

2015 年后的新一轮 PPP 热潮中，关于收费公路 PPP 模式的一系列政策相继出台。2015 年 4 月，财政部、交通运输部联合发布《财政部　交通运输部关于在收费公路领域推广运用政府和社会资本合作模式的实施意见》，在收费公路领域推广运用 PPP 模式，鼓励社会资本参与收费公路投资、建设、运营和维护，与政府共同参与项目全生命周期管理，提高收费公路服务供给的质量和效率。政府将逐步从“补建设”向“补运营”转变，以项目运营绩效评价结果为依据，适时对价格和补贴进行调整。

2016 年 8 月，国家发展和改革委员会办公厅发布《国家发展改革委办公厅关于国家高速公路网新建政府和社会资本合作项目批复方式的通知》。通知明确，"政府采用投资补助方式参与的国家高速公路网新建 PPP 项目按照核准制管理。政府采用资本金注入方式参与的国家高速公路网新建 PPP 项目仍按照审批制管理，直接报批可行性研究报告"。通知要求，"各省（区、市）发展改革部门在报送国家高速公路网新建 PPP 项目时，需在上报文件中说明政府参与方式，并按照有关规定，向我委提交相关申报材料，履行核准或审批程序"。"各省（区、市）发展改革部门要严格按照上述要求，加强沟通、密切配合，扎实做好项目前期工作，并及时反映实际工作中存在的问题和有关建议"。

10.1.3 公路 PPP 项目的实施流程

2017 年 11 月，交通运输部办公厅印发并施行《收费公路政府和社会资本合作操作指南》（简称《指南》）。《指南》在《收费公路政府和社会资本合作操作指南（试行）》的基础上做了修订完善，明确了新建、改扩建收费公路 PPP 项目的识别和准备、社会资本方选择、执行和移交等方面内容，进一步规范 PPP 项目操作流程。

1. 明确核准和审批管理适用情况

之前不同地方政府对收费公路 PPP 项目采用的审批（核准）制度认识不尽相同。此次《指南》首次明确提出了项目采用核准和审批适用的不同情况，解决了实操中模糊的问题。《指南》明确，政府采用建设期投资补助、运营补贴、贷款贴息方式参与收费公路 PPP 项目，按照核准制管理；政府采用资本金注入、既有资本金注入又有建设期投资补助、运营补贴、贷款贴息一种或几种方式参与收费公路 PPP 项目，按照审批制管理。同时，《指南》对收费公路 PPP 项目涉及各个部门的职责也更加清楚。例如，项目实施机构由各级交通运输主管部门或其指定有关单位承担。项目可行性研究报告或项目申请报告由发展改革部门审批。项目的价值和财政可承受能力报告由财政部门审核等。

2. 明确财政补贴方式

为了贯彻 PPP 以绩效为导向的理念，《指南》明确要求定期对收费公路 PPP 项目进行绩效评价，绩效评价结果应作为项目公司或社会资本方取得项目回报的依据。同时，针对部分单纯靠公路收费或一些支持政策无法满足项目投资方成本回收和合理回报的情况，《指南》提出可考虑给予合理的财政支持。例如，对于符合公路交通发展规划和车辆购置税支持政策的项目，可按照交通运输重点项目资金申请和审核规定，申请车辆购置税资金支持。政府还可以采取建设期投资补助、资本金注入、运营补贴、贷款贴息等一种或多种方式对收费公路 PPP 项目给予支持。不过，在官方对 PPP 项目资本金的严监管下，《指南》明确，建设期投资补助、运营补贴和贷款贴息等作为可行性缺口补助，不作为项目资本金。

10.1.4 基础设施 PPP 的若干基础性问题

目前国内 PPP 关注的问题主要聚焦于项目的进度和规模，大多方案设计围绕着合规性在做文章，很多所谓的融资创新具有显著的名股实债特征。总体上来看，相关研究对规避现有法律法规的技术性问题之关注远远超过了对定价机制、全生命周期、项目打包/分拆等基础性问题的研究。

1. PPP 的本质不是简单的融资而是效率和公平的结合

PPP 是在对民营化实践进程中的问题与教训进行总结的基础上形成的，强调私人效率与公共利益两者的平衡。从长远来看，如果不能把社会资本的高效率转化成质优价廉的公共服务，那么这样的 PPP 无疑是失败的。对于代表公共利益的政府而言，PPP 的本质不是融资。德国联邦财政部指出：PPP 并不是政府财政紧张时期实现融资的手段，而是为国家和公民以更高的效率提供更好服务的一种制度安排。对于企业而言，融资只是社会资本在实施 PPP 项目时的任务之一，此外，还有规划、建设、运营和维护等任务。

2. 全生命周期管理构成 PPP 模式效率提高的源泉

PPP 研究需要分析那些未被主流关注的特征。当前最为突出的就是全生命周期成本。全生命周期是一种管理上的专业技术，社会资本企业基于全生命周期在设计、建设、运营维护方面培育发展了自己的核心专业技术和积累的项目管理经验，构成了企业效率提高的技术源泉；全生命周期也形成了控制成本和提高效率的正确激励结构，能够避免传统公共部门常犯的"政绩工程"和产能过剩行为及由此形成的成本放大现象。

3. 合理的项目经济单元确定是 PPP 方案设计的基础

如何为 PPP 项目确定形成一个单独的、可清晰界定的经济单元，是项目方案设计的起点和基础。项目规模是一个决定性因素。因为项目前期成本相对固定，并不随融资规模的增加而成比例地增加。只有当项目规模超过特定水平时，项目发起人才会启动项目融资。这时经常面临的问题是如何把若干项目打包捆绑在一起。

受益原则作为财政预算与市场价格的理论纽带，在指导分析 PPP 内在机理方面具有先天优势。从受益原则审视，大多 PPP 项目方案的设计，可以归为收入与支出联系的组合调整。

10.2　横向受益：不同项目权益的打包

10.2.1　问题的提出

近年来，中国 PPP 经历了过山车式的起伏发展历程，目前进入一个相对平稳的状态。政府利用 PPP 模式既要增加基础设施和公共服务的供给，又要防止偏离效率、放大政府债务风险，PPP 的实践极易出现过犹不及的结果。由于对项目规模、建设内容、投融资方案缺乏认真精细的分析，PPP 项目规模越搞越大①。PPP 实践中的两难格局，折射出在判定适度规模与合理分配风险的衡量评价标准方面理论研究的滞后。当前在 PPP 冷静回归理性的时期，应尽快形成确定合理项目规模标准的共识，防止未来基础设施投融资回到政府和社会资本企业各自独立提供的老路上来。

项目方案设计中的项目边界和规模，是 PPP 项目可行性研究工作的关键。PPP 项目打包运作，是指采用 PPP 模式将区域内两个或两个以上功能相对独立的子项目整体打包为一个项目操作的运作模式②。打包是国际上公共服务和基础设施项目融资普遍采用的模式，英国将多个医院项目、德国将多个学校项目打包实施项目融资③。近年来中国 PPP 项目包的个数和规模在各省份入库项目中占据着重要地位。2016 年 7 月《中共中央　国务院关于深化投融资体制改革的意见》明确"各地区各部门可以根据需要和财力状况，通过特许经营、政府购买服务等方式，在交通、环保、医疗、养老等领域采取单个项目、组合项目、连片开发等多种形式，扩大公共产品和服务供给"。这意味着，交通项目可以通过打包，把好的项目和差的项目组合，把效益不好的项目和周边的开发相结合，共同增加项目的吸引力。目前中国的政策法规不仅有上述鼓励性条款，也有很多限制性规定（见表10 – 1）。

---

① 韩志峰：《我对中国基础设施投融资前景的几点看法》，搜狐网，https://www.sohu.com/a/275211335_828724，2018 年 11 月 14 日。
② 苏蕾：《应对 PPP 项目打包运作难的七大举措》，《中国招标》2019 年第 36 期。
③ 芭芭拉·韦伯、汉斯·威廉·阿尔芬：《基础设施投资策略、项目融资与 PPP》，罗桂莲、孙世选译，机械工业出版社，2016。

表 10−1　中国 PPP 关于项目打包的相关政策规定

政策文件	时间、主体	政策内容	性质
住房城乡建设部国家开发银行关于推进开发性金融支持海绵城市建设的通知（建城〔2015〕208号）	2015年12月，住房和城乡建设部、国家开发银行	对于纳入海绵城市建设项目储备库并采用PPP模式整体打包运作的项目，在符合贷款条件的情况下给予贷款规模倾斜，优先提供中长期信贷支持	鼓励
中共中央　国务院关于深化投融资体制改革的意见（中发〔2016〕18号）	2016年7月，中共中央、国务院	各地区各部门可以根据需要和财力状况，通过特许经营、政府购买服务等方式，在交通、环保、医疗、养老等领域采取单个项目、组合项目、连片开发等多种形式，扩大公共产品和服务供给	鼓励
关于联合公布第三批政府和社会资本合作示范项目加快推动示范项目建设的通知（财金〔2016〕91号）	2016年10月，财政部等20部委	不得直接以PPP项目为单位打包或成片供应土地	限制
交通运输部　国家旅游局　国家铁路局　中国民用航空局　中国铁路总公司　国家开发银行关于促进交通运输与旅游融合发展的若干意见（交规划发〔2017〕24号）	2017年3月，交通运输部、国家旅游局等六部门	拓展交通运输与旅游融合发展的投融资渠道；积极探索采取基础设施特许经营、政府购买服务、政府和社会资本合作（PPP）等模式，鼓励整合旅游和土地资源，实现沿线交通运输和旅游资源开发一体化发展	鼓励
关于推进政府和社会资本合作规范发展的实施意见（财金〔2019〕10号）	2019年3月，财政部	对于规避新上政府付费项目的限制条件，将新上政府付费项目打捆、包装为少量使用者付费项目，项目内容无实质关联、使用者付费比例低于10%的，不予入库	限制

资料来源：根据相关政府网站自行整理。

　　在实践中，围绕主体项目资产，既有城市污水等多项目的打包捆绑，也有地铁 AB 资产包的拆分。资产标的既有实物资产，也包括权益资产；政府方既要考虑项目自身的财务可持续性，又要顾及相关联的基础设施网络资产的整体效益。很多 PPP 项目的打包方案，还往往牵涉交通和相关产业的融合发展。如何使得行业中观层面的政策在微观项目层面具备可行的制度基础，亦是当前政策亟待研究的命题。

　　换一个角度看，目前中国 PPP 的主要问题都或多或少地与项目打包有关。政府债务风险增大以及民间资本在 PPP 领域的投资项目和投资规模比例"双降"，PPP 项目打包规模过大是重要诱因①。但是当鼓励交通和旅游、土地等产业融合发展时，又往往要诉诸 PPP 项目打包的方式来使得产业融合发展在项目层面落地。回顾近年实践不难发现，中国 PPP 的冷热是同打包联系在一起的。过热时，打包过于宽松，没有经济联系的项目放在一起打包过于牵强。而政策趋紧时，过于严苛的标准又割裂了项目之间的内在经济联系。

　　伴随 PPP 的实践热潮，项目打包开始出现在相关研究文献中。苏蕾对 PPP 项目打包实施中面临的问题进行了针对性的分析，提出充分考虑子项目之间的关联性。打包项目在管理操作上面临相比单体项目更高的难度和复杂性②。因此，对于采用打包模式操作的这一类 PPP 项目，不能一味按照单体项目的思路操作，应充分考虑其特点和特性。孙盈娅指出了海绵城市 PPP 项目打包范围不明晰、打包依据不合理的问题，为此需要加强项目各子系统之间的衔接性，避免出现局部打包问题③。周兰萍和宋茜在对美国马萨诸塞州 3 号公路北段修缮扩建项目采用 PPP 模式的案例分析中关注了对公路沿线进行联合开发和共享收益的打包操作，并提出在设计项目交易结构的过程中，应关注本国经营开发权的授予风险、待开发土地的获取风险等法律要求④。总体上看，目前国内的 PPP 文献，缺乏关于打包的系统性、学理性分析，大多停留在就事论事针对问题做诊断、开药方，并未回归到 PPP 本质层面和内在机理进行深入理论分析。这也从一个侧面反映出目前国内 PPP 整体的研

---

① 章贵栋、肖光睿：《民企参与 PPP 项目"双降"原因探析及政策建议》，《施工企业管理》2018 年第 31 期。
② 苏蕾：《应对 PPP 项目打包运作难的七大举措》，《中国招标》2019 年第 36 期。
③ 孙盈娅：《PPP 模式海绵城市常见问题及对策研究》，《科技创新与应用》2019 年第 15 期。
④ 周兰萍、宋茜：《美国公路 PPP 项目典型案例分析及启示》，《建筑》2018 年第 17 期。

究现状，即研究大多是针对既定制度条款的财务和法律分析，基础性研究相对匮乏。

我们认为，打包的项目方案设计是 PPP 模式的核心问题之一。随着 PPP 项目包越多越大，涉及类型和项目边界也越来越复杂。PPP 项目包由于有着区别于单体项目的特点，在实施操作中面临着诸多难点。项目打包是一个 PPP 模式的技术方案问题，需要有明确的标准依据，需要考虑如何更好地实施。另外，项目打包是 PPP 本质特征的基础性问题。打包项目的运作必然会出现很多单体项目管理标准规范条款所没有覆盖的难题。这时就需要回到 PPP 的本质特征和打包所应遵循的基本原则上来具体问题具体分析。换言之，要廓清当前关于 PPP 项目边界确定中出现的分歧和模糊，需要回归到 PPP 的本质上来进行分析。

10.2.2　PPP 项目打包的分析框架

本节从交易成本和受益原则出发提出关于项目打包的分析框架，用作后续案例分析的指导。

1. 项目打包的内在机理：项目之间的联动效应

子项目之间的经济关联性是在讨论项目打包时聚焦的基础。关联性是指子项目之间是否存在内在的经济联系，服务供给主体是否一致，项目采用一个主体运营是否具有较强的可实现性。项目包内子项目类型差异较小，项目之间关联性强，打包就可以减少在运营、管理、考核等方面的障碍。以项目之间的关联协同效应作为打包依据实质上就是要遵循受益原则，打包应有助于加强项目包的收入和支出之间的经济联系。例如，在交通和旅游融合发展背景下，地方政府热衷于将普通公路及其周边的旅游资源作为整体的 PPP 项目进行打包。这正是基于打包能够发挥普通公路交通带动旅游项目，旅游项目促进公路配套设施及沿线消费增长的联动效应①。因此，PPP 项目打包决策首先要充分考虑子项目之间的关联性以及是否有利于提高公共服务供给效率。

2. 项目打包的基本动因

任何项目投融资方案的设计，都要考虑如何通过最大限度地降低交易成本的方式来实现项目的公平回报。而打包是实现上述目标的最现实路径。

第一，从投资回报率来谋划项目边界。

项目单元的范围大小，与投资回报机制直接相关。如果项目单元范围和资产规模设置得足够合理，就可能在盈亏部分之间取得平衡②。在基础设施特许经营协议准备过程中经常遇到的困难之一，就是如何使项目单元既能够从财务角度吸引私人部门的注意力，又能最大限度地扩大投资规模。财务效益好的项目资产单独引资，虽然容易利用社会资本，但是会使得效益差的项目资产无人问津，不利于从总体上扩大投资规模；财务效益差的项目单独引资，如果没有必要的补贴，难以吸引社会资本，而补贴的资金来源、透明度和寻租等一系列问题也是政策难题。因此项目方案设计往往从有利于确定公平回报出发来确定项目单元范围和边界。也就是说，打包项目应尽可能地接近特许经营合同设定的投资回报率，减少对政府补贴的依赖③。

第二，充分利用规模经济效应。

项目范围内容，与其他方面一起，依赖于规模经济效应和预期竞争程度。PPP 项目的前期成本相对固定，并不随融资规模的增加而成比例地增加。对许多高速公路路段打包组合以提供大的批量规模，具有减少管理成本、有效

---

① 陆炎和：《交通旅游融合发展与 PPP 融资模式探讨》，《管理观察》2017 年第 19 期。

② Franck Bousquet, Alain Fayard, "Road Infrastructure Concession Practice in Europe", based on a document of 1999 entitled "Analysis of Highway Concession in Europe", 2001.

③ 当然，打包和拆分都是相对的，主要是最初对主体项目的理解。如果一开始主体项目比较大，那么后续的工作往往是拆分；如果最初主体项目单元范围较小，那么后续的工作主要是打包或捆绑。

节省时间的优势。只有投融资规模达到一定水平，才值得开展项目融资。很多基础设施由分散的、规模较小的主体进行建设，难以实现规模效益及成本比较优势，并直接影响融资能力及资金筹措成本。

3. 项目打包的制约因素

第一，竞争机制和对民资的影响。

项目单元范围过大时，也会牺牲竞争机制。在特定区域内，多项目单元可以提供充分绩效评价参照标准，会在不同项目之间形成竞争效应。从需求角度看，有些平行路段之间本身具有相互分流影响，这本身也是项目之间价格服务综合竞争的最好体现。

PPP 项目打包竞争机制效应的损失往往也意味着可能对民营企业的参与产生重要影响。地方政府在制定项目合作范围和合作边界时，通过打包来提升项目实施规模虽然能节约实施成本和采购成本，但打包项目规模过大会造成实施项目社会资本资格要求门槛的提升，长此以往，会导致部分行业寡头的垄断性地位，损害规模较小的民营企业的参与机会和本地中小型企业的生存环境[1]。民营企业作为 PPP 项目牵头人或单独中标的项目规模普遍较小。一些地方项目整体打包后，中标单位大抵为国企或央企，而中标单位又将项目分包给民营企业，将资金压力和风险变相转给了民营企业。因此，只有避免不合理打包实施和采购 PPP 项目的行为，才能更好吸引民营企业。

第二，统一实施的难度。

随着 PPP 项目包越打越大，涉及类型越来越多，项目边界也越来越复杂。在前期工作中，常见做法是针对整个 PPP 项目包做一份可行性研究报告或项目申请报告，再在 PPP 项目推进过程中完成具体子项目的可研、初设工作。

---

[1] 章贵栋、肖光睿：《民企参与 PPP 项目"双降"原因探析及政策建议》，《施工企业管理》2018 年第 31 期。

由于每个子项目都具有自身特点的经济特征，行业规范与要求存在很大差异，打包给项目的统一立项和监管带来了很多新的问题。从投融资角度来看，PPP 项目包一般投资额较大，相比于单体项目，项目公司具有更高的融资需求和融资压力，项目存在更多不确定性风险，对于金融机构来说该类风险把控难，因此项目同样面临着融资风险。

第三，地方政府债务风险管控要求。

由于 PPP 项目包一般以政府付费或可行性缺口补助为主，项目投资较大且政府承担年度付费责任较大，该类项目对地方财政产生了较大压力。如果打包的规模过大，会加大地方政府财政支出压力和债务风险。《关于推进政府和社会资本合作规范发展的实施意见》（财金〔2019〕10 号）要求，财政支出责任占比超过 5% 的地区，不得新上政府付费项目。为规避新上政府付费项目的限制条件，一些地区在将使用者付费项目和政府付费项目打包在一起时，将新上政府付费项目打捆、包装为少量使用者付费项目。这样必然会人为加大地方政府财政支出压力和债务风险。因此，法规对此类打包项目也做了相应的限制。

从上述框架的结构不难看出，不同的动因和约束结合在一起，总体上使得项目包形成一个新的价格平衡机制。从国际经验看，公路领域位居应用 PPP 模式最成功的领域之首，其成功的主要原因在于成熟的定价模式和流程①。基于此，下面选择中国公路 PPP 实践中的三种常见打包模式展开研究，以进一步探究打包的制度规范和内在机理。

10.2.3　类型一：特许经营权权益的打包

从项目整体收支结构来看，PPP 主体项目的特许经营权是盈利模式的核

---

① 邵洁、刘丽梅：《我国公路的 PPP 试点》，《中国公路》2015 年第 15 期。

心，是划分项目边界的起点。在中国，收费公路的特许经营权概念延续了早期《收费公路管理条例》收费公路权益的内涵和外延。

1. 运作模式

就收费公路而言，公路作为主体项目，其整体效益的形成需要在前期、建设和运营各个环节产生支出。为了补偿成本支出，项目公司首先通过特许经营权来获得收入来源。特许经营权包含收费权、广告经营权和服务设施经营权三项权益内容。在 2004 年《收费公路管理条例》实施后，收费公路在建设投资招标和转让经营权招标的实际运作中，三项权益多是打包整合在一起进行商业运作的，但是分开独立运作的情形也经常发生。例如，2016 年吉林省高速公路集团有限公司就以长平高速公路沿线的广告经营权、服务设施经营权向吉林高速公路股份有限公司进行了注资。虽然这种操作不是直接的PPP，但可以说明收费公路的三项权益在 PPP 模式运作中灵活组合的可行性。

从实物资产看，高速公路沿线的广告经营权对应的载体为高速公路沿线的广告牌，高速公路沿线的服务设施经营权的载体为高速公路沿线的服务区服务设施。广告经营权和服务设施经营权是公路收费权的外部经济表现，是收费权资产价值的延伸和附属。显然，实物资产的建安成本远远低于权益资产价值。

鉴于三项权益的协同效应，其在 PPP 模式中广泛的打包组合，是一种合理合法的经济行为。中国公路网发展已经达到比较完善的水平，服务区正逐渐成为依托公路进行综合开发和产业融合的载体。可以预见，未来服务设施经营权、广告经营权同收费权分离开来独立运作的前景非常广阔，这也对相应的政策法规提出了新挑战。

2. 政策法规

我们可以从收费公路权益的政策法规的历史演进来更好地理解公路特许经营权的制度特征。

　　20 世纪 90 年代中国开始对公路的经营管理和产权制度进行改革尝试。为了筹集公路建设资金，加快公路建设速度，国家允许具有资格的国内外经济组织投资建设高速公路，对于已建成的收费公路允许有偿将经营权转让给外商或国内非交通管理部门，这样就产生所有权与经营权分离的状况。由具有资格的法人单位来经营高速公路，作为路产的衍生资源，高速公路广告依托高速公路获得价值。根据权利与义务平衡的原则，高速公路广告所获得收益理应由高速公路投资者享有。1996 年交通部颁布的《交通部公路经营权有偿转让管理办法》明确公路经营权是依托在公路实物资产上的无形资产，是指经省级以上人民政府批准，对已建成通车公路设施允许收取车辆通行费的收费权和由交通部门投资建成的公路沿线规定区域内服务设施的经营权。2004年发布的《收费公路管理条例》第二十条规定，收费公路的权益，包括收费权、广告经营权、服务设施经营权。这一条款在 2013 年的条例修订征求意见稿中得以保留。2008 年《收费公路权益的转让办法》规定可转让的收费公路权益包括收费公路的收费权、广告经营权和服务设施经营权三种，可以合并转让，也可以单独转让，但不能将收费公路项目分成若干段转让收费权，且必须为有偿转让。长度小于 1000 米的二车道独立桥梁和隧道、二级公路、收费时间已超过批准收费期限 2/3 的路段，收费权益中的收费权不得转让。

　　2015 年 4 月 20 日，财政部、交通运输部以财建〔2015〕111 号印发《财政部　交通运输部关于在收费公路领域推广运用政府和社会资本合作模式的实施意见》指出，收费公路项目实施 PPP 模式所涉及的收费公路权益包括收费权、广告经营权和服务设施经营权。不同的项目可根据实际情况，将各项权益通过有效打包整合提升收益能力，以促进一体化经营、提高运营效率。

　　3. 案例分析：泉州刺桐大桥的权益纠纷

　　1996 年底通车的泉州刺桐大桥，是国内首例 BOT 的项目。作为国内最早引入民资进行基础设施建设的项目，曾被树立为典型榜样在国内大面积推广宣传。但是这个项目因为政府和民营资本参与方之间存在利益分配、权责契约等方面不清晰的界定，陷入尴尬境地。其中在权益界定方面的问题教训，直接推动了后续相关法规的制定和完善。

20 世纪 90 年代初，泉州市只有一座跨越晋江的泉州大桥。因不堪车流重负，1994 年泉州市政府决定再建一座跨江大桥。经过竞争性谈判，本土民营企业泉州名流实业股份有限公司成功取得刺桐大桥的建设权。该公司随后与政府授权的泉州市路桥开发总公司按照 60∶40 的出资比例成立泉州刺桐大桥投资开发有限公司。1994 年，泉州市政府下发了《关于泉州刺桐大桥及其附属工程建设的通知》，正式批准了刺桐大桥用 BOT 模式进行建设运营。1995 年 1 月开工，1996 年底投入运营，特许经营期为 30 年。

泉州市政府的特许经营协议为泉州刺桐大桥 BOT 项目融资成功发挥了至关重要的作用，开创了以中国本土民营经济主体为主组建特殊项目公司（SPV）投资基础设施项目建设的先河。其采用的以刺桐大桥特许经营权质押贷款和按揭式还本付息的模式，为中国长期受困的大型基础设施建设融资提供了示范和借鉴①。但是，由于签订的项目特许经营协议不完善，刺桐大桥在后续的运营中出现了许多问题和纠纷。除了股权变更、车辆分流和收费调整问题，收费权益界定不清是其中的重要问题之一。

收费公路权益包括收费权、广告经营权、服务设施经营权。在这些权益中，对于刺桐大桥的投资方而言，只有收费权得到了保障，其他权益并未得到很好落实。投资方在大桥两侧管辖范围内自设的广告牌后被泉州市政府拆除，所提交的广告经营权、配套服务设施经营权申请始终没有得到地方政府相关部门批复和回应。刺桐大桥关于权益界定方面的教训，使得人们对收费公路权益有了更为清晰的理解。收费权既可以同广告经营权、服务设施经营

---

① 贾康：《PPP 机制创新：呼唤法治化契约制度建设》，《经济研究参考》2019 年第 13 期。

权放在一起，也可以单独特许经营。但是无论哪种方式，作为收费公路权益的资产内容，都只有事先在特许经营合同中进行明确界定，才能在后续的合同执行中最大限度地降低交易成本。

从目前中国公路融资的现实需求考量，刺桐大桥在权益方面的教训具有重要的案例价值。当年刺桐大桥的特许经营协议仅仅从单一路段项目的融资考量，并没有从路网层面来考虑路段项目的打包，这也引发了一些项目竞争分流的法律纠纷。但是毋庸置疑，权益的划分越细，越有利于吸引民营企业和促进高速公路的多种经营。

10.2.4　类型二：不同路段项目的打包

针对不同路段项目的打包行为，实际上建立在特定路段项目的特许经营权基础之上。

1. 运作模式

不同路段项目打包的具体做法是，将交通流量不同、盈亏状况存在差异的高速公路路段项目捆绑实施 PPP，实现"以丰补歉"。收费公路 PPP 项目在更多路段项目范围内的打包运作模式，是早期公路统贷统还方式的延伸。

1998 年，为应对亚洲金融危机的不利影响，国家开始实施旨在扩大内需的宏观经济政策，当年 12 月颁布实施的《国家开发银行公路项目统借统还贷款管理暂行规定》指出，公路项目统借统还贷款是指由一个借款人对多个公路项目统一向开发银行提出借款申请，签订统借统还借款合同，负责项目实施并统一偿还贷款。借款主体的资格方面，省级及计划单列市政府负责管理、收取和使用公路交通规费，有关建设资金的交通厅（局）、市政局、公路局可优先考虑作为借款人，独立企业法人资格的省级投资公司或高速公路投资公司亦可以充当。公路项目统借统还贷款的还款资金来源则包括建设项目自身的收益，借款人的综合收益，以及地方各级政府安排的用于归还项目贷款的公路交通规费和有关建设资金、各级政府安排的用于偿还项目贷款的财政预算内和预算外资金。

国家开发银行这一规定的出台实施，使地方养路费资金收入能够作为偿债资金来源发挥抵押贷款财产作用。在这一规定的示范作用及当时的经济环境下，许多地区将若干公路项目捆绑筹措贷款融资。通常既有收费项目也有非收费项目，一部分打包项目将所借债务统一列入收费项目的还债规模。一些省份的地市级政府甚至县级政府也与其他商业银行开展了类似的贷款融资业务。

在国家新一轮 PPP 热潮中，很多省份的高速公路投融资在过去统贷统还的基础上结合 PPP 的新要求推出了收费公路路段项目打包模式。大范围的 PPP 路段项目打包，一方面进一步扩充了公路建设的资金规模、加快了公路建设速度，另一方面由于财政纪律约束的软化而大大增加了省、地、县级地方政府的债务负担规模。

2. 政策法规

国家层面的政策法规，没有直接对路段项目打包行为给予明确鼓励还是限制。2017 年，财政部和交通运输部联合印发的《地方政府收费公路专项债券管理办法（试行）》要求收费公路专项债券的发行和使用应当严格对应到项目。"根据政府收费公路相关性、收费期限等因素，收费公路专项债券可以对应单一项目发行，也可以对应一个地区的多个项目集合发行，具体由省级财政部门会同省级交通运输部门确定。"相比于过去《收费公路管理条例》对政府还贷公路统贷统还的模糊态度，《地方政府收费公路专项债券管理办法（试行）》对打包行为表现出明确的开放态度，这从政策逻辑上间接支持了 PPP 项目的打包行为。

在地方层面，针对收费公路 PPP 项目打包运作的鼓励性法规已经开始出现。四川省人民政府办公厅 2017 年 3 月下发《四川省人民政府办公厅关于规范高速公路建设项目投资模式有关事宜的通知》，鼓励采用打捆招商的方式支持贫困地区高速公路建设。

3. 案例分析：高速公路打包融资的河北模式和四川模式

在近年来的 PPP 热潮中，河北省围绕太行山高速公路的拆分和打包方式，形成了行业内有名的"河北模式"。河北省将太行山高速公路与津石、京秦等高速公路共九个项目进行捆绑打包，分成两个项目包进行社会投资人招标。一个项目包，包含太行山高速公路京蔚段、涞曲段、西阜保定段，京秦高速公路和唐廊高速公路唐山段，全长约 346 公里，总投资约 470 亿元。另一个项目包，包含太行山高速公路邢台段、邯郸段，津石高速公路河北段和新元高速公路，全长约 342 公里，总投资约 428 亿元①。

"河北模式"很快受到其他省（自治区、直辖市）的关注和效仿。内蒙古自治区借鉴河北省经验，谋划将国家和自治区事权范围的高等级收费公路项目按照 PPP 模式"打包"实施，引领带动全区公路交通建设领域 PPP 模式的推广和运用；四川省按照"效益搭配、区域打捆、规模适度、远近结合"的原则，创新高速公路项目打包招商模式，将一批预期收益较好的项目资源与效益较差但亟待实施的贫困地区高速公路项目合理搭配、打包招商，推动全省高速公路"一盘棋"协调发展。

河北、内蒙古、四川等省区采用打包招商方式支持贫困地区高速公路建设，可增强高速公路项目对投资人的吸引力、激发高速公路投资市场主体活力和发展潜力，推动一批能带动贫困地区发展的高速公路项目落地。但是

---

① 王奕霖：《PPP 模式在河北太行山高速公路项目应用研究》，硕士学位论文，西南交通大学，2017。

由于项目包规模过大，该模式客观上存在牺牲竞争机制、挤出民间资本等问题。

10.2.5 类型三：基础设施和资源的打包

1. 运作模式

不同类型的基础设施，其收益存在很大差异。有些基础设施的开发虽然难以通过直接的排他性收费获得足够的资金收入，但是其服务的资源开发项目具有高收益，如房地产、旅游等。这时就可以利用资源开发的收益来补偿基础设施的投资成本，从而保证基础设施的投资者获得合理的投资回报。这种以附加资源捆绑的方式来提高项目整体盈利能力，从而确保项目投资者获取合理回报的模式，我们称为基础设施的资源补偿融资模式，简称 RCP 模式①。

RCP 模式的实质是基础设施和关联资源的打包。其具体操作过程是，政府部门通过特许权协议，授权项目公司进行基础设施项目的融资、设计、建造、经营和维护，在规定的特许期内向该项目的使用者收取适当的费用，以便收回项目部分的投资、经营、维护等成本，特许期满后项目公司将项目无偿移交给政府；同时政府以对项目投资进行补偿的方式给项目公司提供一定土地、旅游、矿产等资源进行高收益项目的建设和经营。

RCP 模式充分利用了基础设施与土地、旅游、矿产等资源之间的经济联系和协同效应。但是在基础设施和资源打包运作中，需要区分相互之间的主次关系。在 RCP 模式中，基础设施往往作为打包的主体项目，而资源补偿是

---

① 刘方强、周心愿：《RCP 项目融资模式解析》，《建筑经济》2008 年第 3 期；朱蕊、王守清：《资源补偿项目（RCP）融资模式特许权要点设计——以某湿地公园项目为例》，《建筑经济》2011 年第 9 期。

作为附属部分出现的。

2. 政策法规

国家对于 RCP 既有鼓励政策，也有限制规定。2017 年 3 月，交通运输部、国家旅游局等六部门联合印发《交通运输部 国家旅游局 国家铁路局 中国民用航空局 中国铁路总公司 国家开发银行关于促进交通运输与旅游融合发展的若干意见》，指出要拓展交通运输与旅游融合发展的投融资渠道。积极探索采取基础设施特许经营、政府购买服务、政府和社会资本合作（PPP）等模式，鼓励整合旅游和土地资源，实现沿线交通运输和旅游资源开发一体化发展。

一些地方政府为了将没有收益的政府付费项目包装成 PPP 项目，将土地等经营性的资产与项目进行打包。其中很多打包操作既没有考虑土地与项目的经济联系，"生搬硬套"倾向严重①，同时又增加了政府债务风险。为此，财政部出台了相应的制度规范。2016 年 10 月财政部等 20 部委发布了《关于联合公布第三批政府和社会资本合作示范项目加快推动示范项目建设的通知》，不得直接以 PPP 项目为单位打包或成片供应土地，以遏制通过 PPP 项目违规取得未供应的土地使用权、变相取得土地收益、借未供应的土地进行融资等问题；2019 年 3 月《关于推进政府和社会资本合作规范发展的实施意见》（财金〔2019〕10 号）明确要求，对于规避新上政府付费项目的限制条件，将新上政府付费项目打捆、包装为少量使用者付费项目，项目内容无实质关联、使用者付费比例低于 10% 的，不予入库。目前全国有不少地市及区县政府支出责任占比在 5% 以上，而地市及区县政府是实施普通国省干线和农村公路的主体，这就意味着这些普通国省干线、农村公路等无收益项目融资难题将更加严峻②。除中央车购税资金外，地方财政资金和一般政府债券投入

---

① 赖行健：《现行 PPP 项目用地政策不足与改进建议》，《中国经贸导刊》2017 年第 5 期。
② 翁燕珍：《PPP 新政策对交通运输行业的影响分析及对策研究》，《交通运输研究》2019 年第 4 期。

非常有限，普通公路采用 PPP 模式也因政府债务风险防控而空间越来越小。

3. 案例分析：公路和旅游资源的打包

旅游行业的快速发展与周边交通设施的便利程度息息相关，普通公路的建设能够大幅带动人迹罕至而又风景优美的旅游景点的相关收益。因此将普通公路与周边旅游资源打包进行捆绑开发，以旅游开发收益及配套设施收益弥补普通公路建设及营运资金的不足，能够产生资源共享的规模经济优势[①]。

重庆南天湖旅游公路是中国早期采用 RCP 模式的项目[②]。丰都县政府一直都想修建一条通往南天湖的旅游公路，以便对南天湖旅游资源进行全面开发。由于通往南天湖的旅游公路项目的预期收益无法满足投资者的投资回报要求，当地政府部门又缺乏公路建设资金，该旅游公路迟迟无法动工建设，进而导致南天湖旅游项目始终没有投资者进行旅游开发。为了使当地的公路建设和旅游开发实现良性循环，重庆市某公路投资公司与当地政府经过协商达成投资协议。该投资公司投资 5.27 亿元修建通往南天湖的旅游公路，当地政府无偿将南天湖的整体开发经营权（期限为 50 年）交给该投资公司，以补偿公路建设的投资建设成本。

中国高速公路以使用者付费为主，流量和收入低的高速公路项目往往诉诸区域路网内不同路段之间的交叉补贴方式，较少寻求资源补偿方式。早期采用 RCP 的普通公路可以采用收费政策，近年来普通公路在逐渐转向非收费公路，独立的普通公路 PPP 项目本身采用的是政府付费模式，需要可行性缺口补助才能进行 PPP 项目融资。这就极大压缩了普通公路采用资源补偿方式融资的空间。由于 PPP 项目包一般以政府付费或可行性缺口补助（缺口补助占比超过 50%）为主，项目投资较大且政府承担年度付费责任较大，该类项

---

① 陆炎和：《交通旅游融合发展与 PPP 融资模式探讨》，《管理观察》2017 年第 19 期。
② 舒灵智：《RCP 融资模式在西部基础设施建设中的应用研究》，硕士学位论文，中南大学，2010。

目对地方财政产生了较大压力。2017 年下半年以来，在"遏制隐性债务风险、审慎开展政府付费类项目"原则指导下，各省份对该类项目从严把关，大大增加了入库难度。

10.2.6 比较结论

通过对公路 PPP 项目方案设计中的三种打包模式及相关政策法规和典型案例的比较分析，可以大致做出如下判断。

第一，特许经营权三项权益之间的经济联系和关联效应非常紧密，以致打包成了一种常态，而拆分却成了政策创新。把特许经营权的三项权益看成三个子项目，而由三项权益构成的特许经营权看成项目包。这样处理的意义在于，可以为实现公平回报或者吸引民间资本等而增大项目方案设计的灵活性，同时也不存在扩大政府债务风险、牺牲竞争机制等问题。

第二，收费公路不同路段项目打包可以降低相关交易成本，规模效应非常显著。同时由于属于同类项目，前期工作中易于统一实施操作。缺陷亦非常明显，投资以中央企业为主，不利于吸引民资和发挥竞争机制作用，规模较小的民营企业和本地中小型企业的参与机会很少。由于政府债务统计口径的变化，目前的收费公路债务并未直接体现在现有的政府债务中，但是确实存在增加政府债务风险的问题。从长期来看，收费公路项目打包还面临着修订《收费公路管理条例》以消解交叉补贴法规限制的压力。

第三，路桥基础设施与土地、旅游资源之间具有密切的经济联系和协同效应，因此通过打包实现外部效益内部化具有经济合理性。一般采用 RCP 的项目包内子项目数量和投资规模有限，因此实施中面临的政府债务和统一实施约束并不突出。值得关注的是，公路采用 RCP 模式不仅不会"挤出"民营资本，相反可能会吸引民营资本进入以促进项目的开发和价值增值。

不同类型公路 PPP 项目打包模式的策略结构见表 10 - 2。

表 10 - 2   不同类型公路 PPP 项目打包模式的策略结构

打包模式	关联效应	基本动因		制约因素		
		公平回报	规模效应	竞争机制/ 挤出效应	统一实施	政府债务
特许经营权	+ + +	+ +	+	－	－	－
路段打包	+	+ +	+ + +	+	+	+ +
资源补偿	+ + +	+ +	+	－	+	+

注："＋"表示需要考量，"－"表示基本不需要考量；"＋"个数多少表示重点考量的程度。

10.3   纵向受益：全生命周期管理

全生命周期管理是项目不同阶段的打包捆绑。只有实施全生命周期管理，才能体现完整的受益原则。项目生命周期的人为割裂，本质上偏离了受益原则。

10.3.1   全生命周期管理的效率机理

基础设施的前期投入往往决定和影响了后续使用期的耐久性和运营成本。当初始阶段设计合理、材料质量可靠、养护投入稳定时，设施的耐久性和运营成本都会有所保障；相反，如果建造阶段为追求低造价而盲目降低材料质量，或者忽略预防性养护投入，那么设施的耐久性、运营成本都会受到影响。在 PPP 模式中，政府将基础设施的建造和运营捆绑在一起交给同一个企业承包商，企业得以做出全生命周期总利润最大化的决策。由于建造阶段的投资影响运营阶段的成本，因而 PPP 模式的捆绑特征可以激励私人部门内化建造阶段对运营成本的影响，从初始阶段就重视基础设施的整体效率质量。

全生命周期管理可视为一种管理上的专业技术。社会资本企业基于全生命周期在设计、建设、融资、运营养护方面培育发展的核心专业技术和积累的项目管理经验，构成了企业效率提高的技术源泉；另外，全生命周期形成了控制成本和提高效率的正确激励结构，能够避免传统公共部门常犯的"政绩工程"和产能过剩行为以及由此形成的全成本放大现象。

PPP 模式将设计、建设、运营养护等捆绑成为一个一揽子合同，这对实现环保、可持续发展的目标是非常有利的①。在 PPP 模式下，除了考虑最初的资本投入以外，合同上有了直接的经济动力去综合考虑设计、全生命周期运营成本以及最终处置等成本因素。某些项目虽然初期投资较高，但全生命周期内的运营养护成本较低，从而促使全成本降低，合同上就会在设计阶段投入更多资源，形成一个更优化的方案，既不牺牲项目全生命周期的资金使用价值，又满足环保要求。

全生命周期是相对的，它并不必然要求 PPP 必须涵盖所有的业务环节。PPP 包括一系列的功能组合，通过这些组合形式，私营部门的资源可以被用于提供基础设施或服务。这些功能包括：融资（Finance，F）、设计（Design，D）、建设（Build，B）、资产所有（Own，O）、运营（Operate，O）、养护（Maintain，M）等。根据这些功能的组合状况，就形成了一系列不同类型的 PPP 模式。PPP 模式中不同功能组合在一起的捆绑特征构成了 PPP 的效率来源。如果能够把建设和运营不同阶段功能组合在一起，那么无疑可以激励私人部门从全生命周期考虑提高基础设施和公共服务的质量。当然，BOT 的融资直接用来增加基础设施的供给，投资效果更为直接，效率提升空间更大，风险也更高。TOT 相比 BOT 涵盖的功能业务环节少一些，但是同样也存在全

---

① Darrin Grimsey, Mervyn K. Lewis, *Public Private Partnerships*: *The Worldwide Revolution in Infrastructure Provision and Project Finance* (Edward Elgar Publishing Limited, 2004).

生命周期管理的要求。

10.3.2　一体化的监管与政策制定

在传统的政府提供方式中，人们似乎相信，权力的划分越细，则否决票就越多，而这种否决票可以制约专制的政府行为，并可以将竞争机制引入各个环节，为缓解资金难题起到了积极作用，特别考虑到基础设施领域常常伴随腐败问题，于是很长一段时间投资、建设、运营、监管等相互分开的体制模式广受推崇。但是，这种相互分离体制的固有局限使得政府作为提供主体往往不能从项目的全生命周期进行统筹管理。在复杂多变的体系中，总体效率是要以某些局部效益在某种情况下的牺牲来取得的。体制分割形成的是局部的效率，每个个体的理性选择并不能带来项目全生命周期的集体理性，并且基础设施的理性和效率常常以社会效益为代价。PPP 的全生命周期管理特征，要求政府尽可能地给企业创造提高效率的空间，这就需要一体化的监管与政策制定机制，当前有必要检讨我国在推进 PPP 过程中的部门政策一致性。

PPP 的各种具体模式，既可以用来发展新的基础设施，又可以用来改造和扩建现有的基础设施，还可以用来提高现有基础设施的绩效。这些不同的模式又往往与不同部门的政府职能联系在一起。财政部门更关心财政收支状况，发改部门着眼于通过解决投融资问题提高基础设施服务的供给水平，交通等业务部门会考虑交通建设发展和交通专项资金的专款专用。对存量项目转换为 PPP 过程中获得收益如何使用的不同态度，反映了不同部门的职能差异。

发展和改革委员会推进 PPP 的工作，是把 PPP 作为投融资改革的工具，体现和履行投资主管部门职能来展开的。《国家发展改革委关于开展政府和社会资本合作的指导意见》（发改投资〔2014〕2724 号）明确了 PPP 的目的是，

"鼓励和引导社会投资,增强公共产品供给能力",充分体现了国家发展和改革委员会的投资管理职能。文件提倡的 PPP 操作模式,BOT、建设—拥有—运营(BOO)、建设—拥有—运营—移交(BOOT)等模式,基本上以"B"开头。即使"鼓励通过 PPP 方式盘活存量资源",也依然强调"变现资金要用于重点领域建设"上。这与传统的着眼于固定资产投资、为建设投资而融资的投资管理思路是一致的。

财政主管部门的 PPP 政策,主要循着资本性支出与经常性开支关系、收入与支出关系两条主线展开。前者聚焦到了政府举债机制的改革上,后者则集中表现在全口径预算的推出上。从项目全生命周期的角度考虑问题,财政部门强调把显性和隐性的补贴控制在财力可承受的范围之内,各级财政部门要从"补建设"向"补运营"逐步转变,可以明确和强化政府全生命周期的财政责任。相对于新建项目,财政部门更加倡导从存量项目着手推进 PPP 工作。在财政系统看来,存量项目转为 PPP 模式,可以尽快将 PPP 理念运用到基础设施运营管理中去,也可以提前回笼资金,开发更多的"绿地"项目。更进一步分析,财政系统对存量项目的偏爱是因为可以直接缩减政府债务并增加一般预算,本质上是迅速改善财政收支,财政政策文件特别要求将民营化收益纳入一般预算管理统筹使用。

对于行业主管部门而言,PPP 仅是手段工具,根本目的是推进行业的发展壮大。对于存量项目转换为 PPP 过程中获得的收益,行业部门主张专款专用、滚动发展。

交通部门是 PPP 应用最广的基础设施领域。我国之前的收费公路法规中也明确,转让政府债务性公路权益的收入,除用于偿还债务外,必须全部用于公路建设;机场迁建项目,原机场土地开发收益应优先用于新机场建设投入。这一问题并不是只出现在中国。美国的法律规定,出售机场所获得的收益不能用于机场之外的其他用途。而在欧洲,机场转让收益则要纳入一般预算。

水利行业作为另一重要的基础设施领域也存在类似问题。《关于鼓励和引导社会资本参与重大水利工程建设运营的实施意见》（发改农经〔2015〕488号）明确"盘活现有重大水利工程国有资产，选择一批工程通过股权出让、委托运营、整合改制等方式，吸引社会资本参与，筹得的资金用于新工程建设"。

总之，PPP要求跨部门的一体化政策机制，我国当前部门碎片化的政策机制，与企业全生命周期管理的要求不符。要想把不同的动机目的和管理职能统一起来，需要两种基本策略：一是求同存异，把PPP的各种不同的具体目标统一到效率和公平上；二是加强决策过程的公开透明和公众参与。PPP中的Public不是政府，而是公众。政府只是公众利益的代理人，政府的决策不能脱离民主政治。

跨部门协作机制，不仅是PPP项目自身的需要，也是公共管理改革的方向。在中国现有的部委架构中，国家发展和改革委员会在跨部门的协调作用方面的地位作用最为突出。目前，国家发展和改革委员会仅仅从投资管理职能的角度制定PPP政策或者推动改革，这种定位是值得商榷的。

10.3.3　投融资体制改革的方向

PPP既可以作为项目运作模式，也可以成为促进体制改革的政策工具。只要设计得当，PPP模式就能考虑到一个项目全生命周期内可能出现的新服务需求以及未来监管和政策要求，从而指引政府管理改革的正确方向。治理体系现代化，尤其是经济体制改革，是PPP发挥作用的必要条件。如果仅仅局限于微观项目层面来推进PPP，体制改革滞后，那么PPP也很难发挥真正作用。另外，如果体制改革滞后，即使政府集中调动行政资源力量，也不可能"抓出几个真的PPP项目出来"。反之，如果不能明晰和建立PPP和体制改革的互馈机制，那么即使有所谓成功的PPP示范性项目，也只是形式上实现了短期融资目的，而并不是真正能够促进效率提高的可持续融资。PPP企业经营管理的成功实践，为政府重新审视体制、推进新公共管理改革提供了新的视角。

虽然目前国内对 PPP 的定位上升到前所未有的高度，但是这种人为的拔高多属泛泛而谈，对 PPP 的定位、作用之描述过于笼统、空泛，并没有表达出 PPP 和具体改革事项之间的微观机理和问题关联。PPP 有助于推动政府自身改革，可是如何通过 PPP 完善政府职能、政府管理自身的问题是什么，则很少被提及探讨。民营部门的管理可以作为一个标杆，用来衡量类似项目的效率。这最终将有助于提高未来基础设施建设项目的公共管理绩效。PPP 企业微观层面的全生命周期管理技术，对公共管理具有直接而显著的标杆作用，可以为重新思考和管理公共事务、推进改革提供重要思路，特别是为分析政府投融资体制改革提供全新视角。

在我国的政策语境中，投资体制一般是指固定资产投资活动的运行机制和管理制度，主要包括投资主体行为、资金筹措途径、投资使用方向、项目决策程序、建设实施管理和宏观调控制度等方面，投资体制也称为投融资体制。长久以来，投融资体制改革以筹集建设资金为目标，所以投融资之前往往有"建设"限定，也就是建设投融资。基础设施在全生命周期内需要持续不断的投入，但是"建设投融资"概念常常给人一种错觉，投融资似乎是基础设施开发初始阶段的一次性完成的事情。

国发〔2013〕33 号文件《国务院关于改革铁路投融资体制加快推进铁路建设的意见》提供了一个理解交通基础设施投融资的范本。从标题来看，"筹集建设资金"似乎成了"铁路投融资体制改革"的目标。这也是目前国内对一般基础设施投融资的主流认识。从铁路投融资推而广之，目前对一般基础设施建设投融资的常规含义也基本在既定的发展投资前提下，拓展资金渠道，即为投资而进行融资。投融资体制改革，实际上假定了发展的合理性，在这一前提下寻求新的资金来源。事实上目前国内的交通规划与可行性研究报告都假定能够获得实施所需资金，但是缺少相应的分析论证来确认这个假定。"筹集建设资金"是不是基础设施投融资体制改革的目的？或者说，两者是否可以画等号？我们可以从项目全生命周期投资管理的逻辑中来比较分析。

按照全生命周期管理的原则，投融资具有可持续性，并非初始阶段一次性完成的活动，充足的建设资本、足以支付运营成本的收入及潜在的利润都是项目在市场化环境中实现财务平衡的必要条件。从财政的角度看，投资本身属于资本性支出，投资管理工作的目标是增加（公共）产品/服务的"有效"供给，但是这并不意味着投资管理不考虑运营期的经常性开支，因为投资效率需要从建设和运营全生命周期来评价。投资管理工作忽视运营期的经常性开支，就意味着投资效率损失。

投融资不单是开发建设期一次性的资本支出行为，漫长的运营期需要持续性的债务偿还和养护经常性费用开支。当社会资本企业在金融市场上进行融资时，这些道理都是市场规律和财务规则中不言自明的内容而无须提醒。同 PPP 社会资本企业的全生命周期管理相类似，政府作为基础设施的开发主体也一样应该从全生命周期角度开展投融资工作。可惜的是，当公共机构的投资决策制度缺乏透明和审慎的预算过程时，融资行为极易忽视未来的债务风险和养护资金需求，脱离全生命周期、只顾眼前、寅吃卯粮的教训在发展中国家非常普遍。

如果投融资体制改革简单以筹集建设资金为核心目标，缺乏对运营养护费用的应有关注，那么投融资工作本身就会不断积累债务风险。在很多情况下，由传统概念认识支撑的投融资政策实践根本没有认真考虑发展需求的合理性和建设投资的正当性，忽略平衡制约因素和监督控制机制，成为金融财政风险不断放大的推手。

显然，把投融资定位于为建设筹集资金、忽略经常性开支需求的狭隘认识，必然助长过度投资的错误激励。党的十八届三中全会之后，财政改革与投融资改革看似齐头并进，但若细致分析，两者在很多方面又缺乏内在逻辑的一致性。从长远来看，要建立可持续的投融资机制，就必须将合理的预算管理和举债机制统一融入投融资管理工作中，重新定义投融资概念。科学发展意味着投资效率，只有明晰科学发展与融资机制之间的关系，破除一系列根深蒂固的观念障碍，才能把党的十八届三中全会确定的改革蓝图转化成有针对性的可操作方案。

10.3.4　可持续公路资产管理政策

"可持续"包含但不限于环境问题。通过调整初始投资成本和养护经营成本，从而降低全生命周期成本，目前被认为是实现可持续发展的重要途径。如前所述，在项目的全生命周期内，公路的资金需求主要包括三方面：①常规和阶段性养护；②修复和重建；③新公路的资本投资。从全生命周期来看，初始阶段的资本投资甚至影响后续养护投入，常规阶段预防性养护的好坏决定了项目重建改造的时间早晚。使公路预算分配的决策在上述三方面达到适当平衡，对于确保在公路网上投入巨大资源的可持续性而言是非常重要的。

一方面，关注设计特征和建造材料可以减少整个项目合同全生命周期的成本。如果采用柔性基层沥青结构，虽然初期造价高，但使用寿命长，不易损坏。相反，如果采用半刚性基础层结构，虽然前期投入成本低，但容易出现裂缝等问题，进而较普遍地导致早期的水损害。

另一方面，常规和阶段性养护具有投资少效益好、花小钱防大病的优势，养护投入的效益持续地体现在后续的运营中，这同建设投资截然相反。国内外经验表明，定期进行预防性养护，可以延长使用寿命，大大降低建设和养护成本。忽视预防性养护，就会缩短小修变中修、中修变大修的进程，导致重建——新的资本性投资的过快来临。

全生命周期是一种管理技术。在市场化制度环境中，社会资本企业会根据效率最大化原则自动选择。在 PPP 模式下，公路企业把建设、养护和设施管理等整合在一个合同中，能够从全生命周期实现上述养护、重建和新建三种不同资金投入之间的平衡，对设施设计的特别关注可以在不降低资金最佳使用价值的情况下，制订出更完善的计划、减少浪费、满足环境要求。如果项目的高额初始费用可以通过项目经营期内的较低养护投入和经营成本相抵消，承包商会选择具有高成本设计特征的项目进行投资。欧洲投资银行使用1990~2005年200多个欧洲公路项目的成本数据进行分析，发现PPP模式下公路的建造成本比传统模式高出大约24%[1]。该银行的分析认为，这是由于PPP模式特有的全生命周期管理特征令私人部门有动机去加大投资，提高基础设施和公共服务的质量，以便在运营阶段减少运营成本。

由于部门职能分工，公共管理体制并不能使政府自发选择全生命周期管理技术，公路行业存在初始阶段忽视设计特征和材料质量、常规阶段缺乏预防性养护的问题，从而导致使用周期缩短和全生命周期成本的提高。借鉴全生命周期管理，我国公路部门提出了"建设是发展，养护也是发展，而且是可持续发展"的全新发展理念。理念并没有改变公路行业"重建设轻养护"的现实。显然，将私人部门的管理技术引入公共领域，难度并不在于理念和技术本身，而是其所处的制度环境。若使全生命周期管理技术转化为政府提供基础设施和公共服务的有效政策工具，必须通过矫正性的制度安排来推进实施。

10.4　理论总结

10.4.1　PPP模式提供了一种基于价格工具的市场化平衡机制

PPP模式提供了一种基于价格工具的市场化平衡机制和评估标准。项目方案设计，不能仅仅停留在增加项目的吸引力和投资回报上，或者缓解财政

---

[1]　姚东旻、李军林：《条件满足下的效率差异：PPP模式与传统模式比较》，《改革》2015年第2期。

负担等某一方面。项目方案设计的核心是根据技术、财务、法律方案，构建价格形成机制、价格调整机制和成本费用与价格监督机制。项目单元范围设置的核心标准应该是加强项目的收支联系，更趋向于价格机制。公路基础设施可以从两个角度来实现。

第一，项目层面严格的专款专用等同于价格机制发挥作用。如何理解财政收支与价格工具之间的关系和异同？在财政理论与政策中，存在两种截然不同的财政思路。如果弱化收入与支出的联系、严格遵循收入与支出两条线管理，那么就是体现财政支付能力原则、趋向集权和统收统支；如果加强财政的收入与支出之间的联系、倡导以收定支和专款专用，就是强化受益原则、趋向分权和市场机制。收入与支出之间的联系程度是相对的。收入与支出限定在特定的项目单元内、在严格遵循专款专用时，使用者付费就成了价格工具。

专款专用是指特定的公共收入用于特定的支出方向。公路行业存在多种税费，不同范围的专款专用是理解财政收支与价格工具相对关系的最好例子。不同公路税费专用的范围不一，可以直接指向具体项目，如公司以通行费为基础进行融资的项目；也可以指向某个子行业，如很多国家的公路基金；或者更宽泛的某个行业，如德国的交通基础设施基金（VIFG）。专款专用的程度越高，越接近于价格工具。当特定路段项目的通行费收入完全用于自身的经常性开支和资本性支出时，受益原则就等同于价格机制。

第二，通过外部性内部化来进一步完善价格工具。传统的收费公路 PPP 是在特定路段项目内通行费收入与设施建养支出一起形成价格机制。基础设施往往会产生很多正外部性。路桥基础设施从建设开始就已经在改变土地价值，合理有效地回收部分增长的区位价值，用于反哺基础设施建设；另外，公路收费技术的进步在推进定价机制完善、改善收支状况的同时，往往还会在交通管理、数据收集、物联网服务等方面拓展收益来源、创造价值增值空间甚至完善体制架构，从而进一步推动基础设施的商业化运营。

无论是土地增值，还是技术进步拓展的收益，公路设施的正外部性都可以通过内部化措施，纠正市场失灵、恢复趋向价格机制。

10.4.2 项目打包和全生命周期管理的本质都是创造一个更加合理的价格机制

公路项目的打包和分拆都比较常见。到底是打包，还是分拆，主要立足于在社会资本取得合理回报和政府扩大基础设施供给之间取得平衡。换一个角度审视，全生命周期管理是纵向维度上的另一种打包捆绑方式。

打包的合理性和依据在于资产之间的经济联系和协同效应。只要具备这种联系，通过以丰补歉的组合搭配，在确保社会资本获得合理回报的基础上，政府就可以尽可能地扩大基础设施投资。对于公路而言，打包对象可以是上述案例特许经营权的组合，也可以是路网相邻或相连路段的组合，甚至是受益于基础设施开发的土地资源。在实践中合理的 PPP 项目打包范围常常难以界定，打包范围不明晰，打包依据不合理，反而致使项目子系统遭到不合理切割。

分拆是相对于打包而言的。对于建设期投资规模较大、运营期收费不足的公共项目，可将其进行适当的分割，只对其中与运营成本及效率密切相关的部分工程采取 PPP 模式或对不同部分采取不同的 PPP 模式细分，从而减轻私人部门对该项目的一次性建设投入，提高其盈利水平。目前我们比较熟悉的是一些涉及网运分离的轨道交通项目比较多地采用了 AB 资产包的分拆方式。实际上公路项目标段的划分，都可以看成分拆。

无论是打包还是分拆，项目的内在机制都是在追求价格机制。也就是说，从最终项目资产单元的范畴内加强收入与支出的联系，在机制上趋向于价格工具。前述三种不同的公路 PPP 案例均存在不同的经济联系。第一，公路收费权是广告经营权和服务设施经营权的基础；第二，路网不同路段项目之间，存在竞争分流关系；第三，公路交通项目同相互关联的上下游产业，存在相互的关联影响和进一步融合的空间。因此，PPP 项目的打包方案，应该最大限度地体现项目资产之间的经济联系。相反，如果项目资产之间缺乏经济联系，硬是拉郎配，实际上就会扭曲价格机制。

结论、建议与展望

总的来看，本书完成的工作主要包括以下三个方面。

11.1　理论基础和分析框架的建构

本书从财政学理论和公路融资两个方面对相关的文献进行了搜索、梳理和评述。通过对受益原则的财政学说史回顾，大致粗线条地勾勒出了受益原则的内容体系脉络。从对公路融资理论的回顾可以看出，公路融资是作为公共物品融资的具体应用、沿着受益原则强调收支联系的思路展开的。既有相关文献的整理与述评为本书研究提供了继续深化研究的基础。

本书从受益原则出发，对政府所提供的物品或服务进行分类，发现政府提供的物品或服务的不同特征要求不同的政府筹资方式，进而根据公共物品在不同维度上的收入与支出关系，提出了一个关于公共物品融资的概念框架。从理论角度看，该框架是以受益原则为主线对财政学相关理论的一种整合尝试。从应用角度看，该框架可以把公路融资的多重问题放在受益原则的理论体系中进行系统化研究，包括收入的使用者付费、支出的专款专用、中央和地方财政关系及市场化融资的代际公平。理论部分的主要观点结论可以概括为五个方面。

第一，基础设施的受益与出资是否匹配，是评价融资政策的基本准则。当公路受益对象承担与其受益程度相当的成本支出时，投融资机制成为直接或间接的使用者付费，在类似价格信号的指引下达到社会资源的有效配置，同时在用户使用上也实现了公平。收入与支出的对应关系可以根据受益对象、空间、时间的不同分类，从而形成不同的融资制度安排。

第二，使用者付费是最能体现受益原则的经济工具。使用者付费不仅是一个基础设施的融资工具，而且是一个提高公共服务质量与效率、优化资源配置的准价格工具或市场机制。政策实践中对使用者付费经常出现认识上的误区。一些具有使用者付费性质的收费经常同一般的行政管理费相混淆；其融资功能被过度放大，资源配置上的功能却被忽视。在公路行业，探索可持续的公路资金来源是目前的一种国际性趋势。

第三，专款专用经常作为一种被批评的财政制度安排出现，但现实中始终都无法消灭，甚至经常被加强。显然，存在必然有其合理性。在很多情况下，专款专用和预算具有相对性。专款专用会削弱预算的弹性而遭诟病，但是专款专用恰恰是以预算失灵为存在的前提。国际上公路融资模式主要有预算制和基金制，后者又经历了从传统专项基金向新型商业化基金的转变。新型商业化基金具有实质的使用者付费特征，专项基金只能是一种过渡性制度安排。

第四，在空间维度上，根据受益范围的不同由各级政府分级提供公共物品，由此形成了事权、支出责任、财力和财权四个层次概念。公路功能分类是建立合理路网规划体系的核心，也是划分各级政府事权和投融资责任的基础。世界各国的公路规划体系通常把路网分成三个至四个功能级别。同一类型级别的公路在管理目标、资金安排、建设与养护标准等方面往往遵循一致的标准。公路税费征收的集权化与投资支出的分权化结合可以协调经济效率与区域公平的矛盾。公路资金转移支付制度的设计对于保障路网的可持续性至关重要。

第五，在时间维度上，基础设施融资同样面临着收入与支出的匹配问题，也就是常说的代际公平。代际公平要求基础设施的经常性开支按照现收现付制通过当前税收来筹资，而资本预算可通过贷款等市场方式来融资。不论是政府债务融资，还是 PPP，都需要遵守基本的财政准则。按照收费公路的内在技术经济规律，对收费公路项目投资的债务性融资必须依托于未来具有足够流量强度的通行费收入进行偿还。在借助债务融资工具时，需做好项目与路网之间的财务平衡。

本书把受益原则作为联系市场价格与财政预算的纽带，收入与支出联系加强趋向市场价格，而收入与支出联系的弱化则接近财政预算。通过理论部分的分析可以看出，不同制度模式在收入与支出的联系上呈现不同的特征。专款专用、分权和基建的市场化融资三种制度模式具有明显强调收入与支出联系的特征，而统收统支、集权和基建的资本积累三种制度模式则具有显著弱化收入与支出联系的特征（见图 11 – 1）。

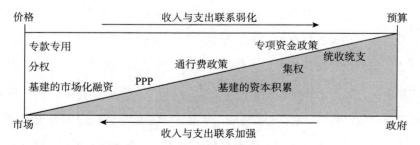

图 11 – 1 受益原则的策略结构：不同制度模式按照收支联系强弱的分布

11.2　公路融资受益机制的国际比较

本书选取美国、法国和中国作为实证案例的研究对象，运用历史分析和比较分析的方法，分别研究融资体制中的受益机制，验证理论部分所提出的分析框架和逻辑思路（见表 11 – 1）。

表 11 – 1　公路融资的比较受益分析

维度	美国	法国	中国
传统维度	燃油税：间接的使用者付费 信托基金：相对的专款专用	特许项目的规模大小 项目内：期限与费率 公司内/间的交叉补贴	使用者付费的定位模糊 专款专用的执行不严
空间维度	物业税与燃油税 转移支付	分权化	事权与支出责任不匹配
时间维度	资本积累	贷款和私人资本	过度的举债和融资创新、重建轻养

首先按照美国前州际公路时代、州际公路时代和后州际公路时代的历史分期，探讨了不同财税政策工具的功能及中央政府的资金分配政策对规划实施效果的影响，从管理体制、资金来源、信托基金和转移支付四个方面对美国公路融资体制进行了总结，从而深化了对受益原则的认识。美国的公路燃油税虽名为"税"，但实质上是一种间接的使用者付费。其信托基金制度具有典型的专款专用性质，但也具有相对性，在发展过程中使用范围经历了多次拓展，但基本结构得以维持存续下来。基金框架内的资金分配同样遵循了预算的基本准则，根据不同时期的不同条件，尽可能配置到高收益的领域。州际公路发展主要通过资本积累的方式进行，对债务的依赖程度很低。

其次对法国高速公路发展融资一波三折的历史回顾，揭示了高等级路网发展进程中收费融资制度从路段项目融资到路网交叉补贴的变迁。围绕受益原则和再分配之间的相对性，从项目规模大小、费率和期限定价机制、风险分配等多角度总结分析了法国收费公路特许经营制度的关键特征。法国通过收费融资方式发展高等级公路的历史经验说明，收费公路的盈利既取决于定价机制、是否采用交叉补贴、项目的规模大小等多重因素，同时也会受到特定时期国家经济社会发展目标的变化、交通部门与财政部门的博弈等影响。交叉补贴作为一项重要的政策工具，在为路网快速发展提供财务支持的同时，也会弱化财务约束、降低投资效率。这对我们研究国内的公路统贷统还政策和 PPP 项目拆分组合具有重要的参考价值。

最后梳理总结了中国公路融资政策的演进和受益机制特征。运用受益分析框架对我国公路融资政策进行了全新的分析评估，得出了一些新的观点。这部分既是对公路融资制度比较受益分析的继续，同时也可为后续我国公路融资问题的进一步深入探讨提供一个较为系统的历史背景。我国在交通专项税费和"贷款修路、收费还贷"等政策基础上形成了"中央投资、地方筹资、社会融资、利用外资"的公路投融资模式，从而调动了各方的积极性，促进了行业的跨越式发展。另外，发展所积累的问题和风险不容小视，使用者付费的定位模糊、专款专用的执行不严、事权和支出责任的不匹配、过度的举债、重建轻养等问题明显偏离了基本的财政受益原则。

11.3　政策应用研究

本书运用受益原则的相关理论概念，聚焦我国交通专项资金政策、收费公路政策和 PPP 三项政策议题展开研究。

第一，遵循受益原则，本书提出了探讨专项资金政策的一般性标准，进而以公路专项资金的改革为重点，指出了目前财政制度在使用者付费方面的缺陷，并对交通专项资金政策的调整方向给出了针对性的建议。专项资金政策往往从预算管理是否高效、合理性是否过期、是否体现受益原则三个方面来进行衡量评价。探讨我国交通专项资金政策，应该正视我国交通供求形势的快速变化、财税制度环境等因素，不能简单化地一概而论。我国公路专项资金的"费改税"进程中，改革目标不断变化，在程序规范化的同时模糊了使用者付费机制。在政策方向上，本书认为对于符合受益原则的专项资金政策应予鼓励加强，相反，对于不符合受益原则的专项资金政策则应逐步取消。

第二，本书把供给方与需求方整合于同一视角，深入分析了公路收费的经济合理性。通过对审计结果公告的解读，提出了兼顾受益原则与再分配、需求管理与成本补偿、路段项目商业化与路网整体发展的公路定价思路。通过对使用者付费机制的解析，对公路收费期限长短、收费里程规模、收费费率高低给出了新的政策解释，进而对流行的政策观点做出了有力回应。收费公路政策在支撑中国公路快速发展的同时，面临的批评质疑和认识分歧越来越大。收费公路的舆论困境折射出当前理论认识和制度设计大大滞后于发展实践的局面。研究认为，公路收费是一种特殊的市场机制和供需平衡手段，既可提供融资贡献，也影响运输需求。收费政策完全可以把公路融资和需求管理结合起来，促进公路行业投资效率和运营效率的提高。公路收费制度既要满足正常的运营养护资金需求，也要正视建设投资与债务的发展问题。从长远和根本来看，需要把通行费的基本定位从单纯的投融资工具调整为使用者付费的准价格工具。

第三，PPP 旨在通过政府与社会资本的合作，在基础设施和公共服务上实现企业效率与公共利益的兼容。受益原则作为财政预算与市场价格的理论纽带，在指导分析 PPP 内在机理方面具有先天优势。无论是横向的项目打包和分拆，还是纵向的全生命周期管理，实质上都是如何合理处理收入与支出之间的联系。本书的研究表明，PPP 模式提供了一种基于价格工具的市场化平衡机制，项目打包和全生命周期管理的本质都是创造一个更加合理的价格机制。

　　把上述三项政策议题放在受益原则的策略结构图（见图 11 - 1）中，可以更清晰地看出三者都处在市场价格与财政预算的过渡带或接壤线上，都需要在加强公路税费收入与支出之间联系的基础上，再在行业内部或项目包内部进行更具体的再分配。

后　记

　　本书的形成经历了几个不同阶段，受益于多位领导同事师长亲朋。

　　在交通系统工作期间，我参与主持了交通运输部和地方政府委托的多项课题，有机会接触了解各级政府交通主管部门的决策机制。2006 年北京大学"公共财政改革与中国和谐发展国际研讨会"期间的学习交流强化了自己对财政学理论之于公路投融资研究意义的认识。2008 年汶川大地震后在四川抗震救灾的挂职锻炼，使我得以更近距离、更深入细致地理解观察基层公路工作。这些经历，为本人扎根行业、研究政策提供了宝贵的机会。在完成工作任务的同时，我亦写成了些许文章，发表在《改革》《中国交通报》《中国公路》等报刊上。这些早期成果观点构成了本书思想认识的源头。

　　来到中国宏观经济研究院后，研究院和综合运输所的领导和同事们在诸多方面对我的研究工作给予了指导和帮助。在院基础课题和所发展基金课题的支持下，我在《调查研究建议》《综合运输参考资料》等内刊和《中国软科学》《宏观经济研究》《地理研究》《价格理论与实践》《中国物价》等期刊上发表了多篇文章。这些文章，亦成为本书的阶段性成果。近年来，我还多次参加交通运输部的决策咨询会和世界银行等机构的研讨会，同国内外专家的交流进一步开阔了视野。

　　博士学位论文写作期间，我进一步把纷繁复杂的价财税与投融资问题还原成收入与支出联系，从而建构了一个公路融资的分析框架。有了框架体系的支撑，国际比较分析和政策专题探讨的思路逻辑更为清晰，本书的基本骨架亦得以基本成形。最近几年，我尝试从政府－市场、价格－预算的相互关系角度进一步诠释受益原则，并把受益原则从税费政策分析拓展到 PPP 项目方案设计中。

作为受益人，我谨以本书的出版向各位提供支持的专家朋友表达诚挚的谢意。借此机会特别向北京交通大学的荣朝和教授和南开大学的吴浙教授两位导师致敬。他们给予的不仅是在学期间的谆谆教诲，而且有人生道路上的前行鼓励。从他们身上，我得以领会并保持着学术的单纯和研究的热情。在书稿准备过程中，社会科学文献出版社在帮助提高文稿质量的同时保证了出版进度。

最后，由衷感谢父母和妻子儿女。家人的理解与支持是我研究工作的不竭动力。

当然限于本人学识功底和精力能力，本书定存不足与缺漏，权作抛砖引玉，恳请指正与交流。

2020 年 8 月 10 日

图书在版编目（CIP）数据

公路融资的财政逻辑／李玉涛著． -- 北京：社会
科学文献出版社，2020.10
ISBN 978 - 7 - 5201 - 7103 - 8

Ⅰ.①公…　Ⅱ.①李…　Ⅲ.①道路工程 - 融资模式 -
研究　Ⅳ.①F540.34

中国版本图书馆 CIP 数据核字（2020）第 146426 号

公路融资的财政逻辑

著　　者／李玉涛

出 版 人／谢寿光
组稿编辑／恽　薇
责任编辑／田　康

出　　版／社会科学文献出版社·经济与管理分社（010）59367226
　　　　　　地址：北京市北三环中路甲 29 号院华龙大厦　邮编：100029
　　　　　　网址：www. ssap. com. cn
发　　行／市场营销中心（010）59367081　59367083
印　　装／三河市龙林印务有限公司

规　　格／开　本：787mm × 1092mm　1/16
　　　　　　印　张：17.5　字　数：239 千字
版　　次／2020 年 10 月第 1 版　2020 年 10 月第 1 次印刷
书　　号／ISBN 978 - 7 - 5201 - 7103 - 8
定　　价／98.00 元

本书如有印装质量问题，请与读者服务中心（010 - 59367028）联系